Hans Habe
Leben für den Journalismus

Band 1
Reportagen und Gespräche

Band 2
Meilensteine

Band 3
Artikel und Glossen

Band 4
Reden und Antworten

Der ungarische Freiheitskämpfer Lajos Kossuth (1802–1894).
Siehe dazu den Beitrag Seite 104.

Hans Habe

Leben für den Journalismus

Band 2
Meilensteine

Droemer Knaur

Vom Autor bearbeitete und zusammengestellte
Original-Taschenbuchausgabe
Droemersche Verlagsanstalt Th. Knaur Nachf.
München/Zürich
© Droemer Knaur Verlag Schoeller & Co., Locarno,
und Hans Habe, Ascona, 1976
Umschlaggestaltung Hans Numberger
Satz Georg Appl, Wemding
Druck und Bindung Ebner, Ulm
Printed in Germany
ISBN 3-426-00430-5

Inhalt

Eine fröhliche Hinrichtung	9
Vor Kleist und Lessing	11
»Meine Suppe ess' ich nicht ...«	14
Das getötete Weib	16
An Kadidja Wedekind	18
»Ich lasse dich nicht«	21
»Gott is a guter Mo«	23
Der Vater des Naturalismus	26
Überall ist Wunderland	28
Mit Mitleid und Härte	30
»Wart' nur, ich sag's der Mama!«	32
Graphologe der Sprache	35
Der Kritiker, der ein Dichter war	38
Brief nach Kilchberg	42
Doch der Dichter blieb	45
Ein guter Schriftsteller	47
Der Schreibtisch des Herrgotts	50
Versöhnung mit Gott	54
Tristan und Tristesse	57
Zwischen Christus und Freud	59
Babbitt, der keiner war	63
Vom Winde nicht verweht	67
Onkel Toms Wandlung	69
»Bitte, vernichtet meine Briefe!«	72

Der Mann im Lehnstuhl	75
Ein produktiver Snob	77
Ein einziger Genieblitz	79
Seltsame Geburtstagsfeier	82
Der vergessene Vater	84
Die Tragik der großen Seele	86
Ein Gruß von Mata Hari	88
Betrachtung zum Massenwahn	91
Miss Church, Stewardeß	93
König der Maîtres d'hôtel	95
Der Tod einer Zirkusartistin	98
Retter der Kinder	100
Nobelpreis für Dr. Salk!	103
Die Fackel der Freiheit	104
Waffenstillstand statt Frieden	140
»Dank für Zuckerwerk und Theebrot«	142
Weihnachten des Reporters	144
Was uns noch alles blüht	148
An einem Juniabend in Dresden	151
Pioniere der Demokratie	153
Die Aufwertung der Spione	159
Das Bekenntnis der Lady Montagu	161
Die Prinzessin und der Pilot	163
Berlin – Nr. 2344042355	172
Schwieriger Mai	174
Der Tod im Hôtel Crillon	176
Chaplin und Dulles	178
Unfall in Hamburg	180
Der Schüler Lysikow und der Kalte Krieg	182
Sputnik oder Gott	187

Laika und Goliath	192
Das duftende Wasser	194
Jubiläum einer Schande	196
Wunder auf der Insel	198
Einmal um den Père Lachaise	201
Liebeserklärung an eine Straße	204
Die Legende vom Kaffeehaus	206
Das traurige Paradies	208
Wenn einer keine Reise tut ...	211
Fünfzig Jahre Wochenende	214
Das Ende der Neugierigen	216
Ein selbstloser Gruß	218
Gedanken zum Kalender	221
An ein Buch	223
Autor mit Schreibmaschine	225
Lob des Bleistifts	228
Abschied vom Fingerhut	230
Das Jahrhundert der Bequemlichkeit	232
Frau Schornsteinfeger	235
Der gute Mensch von San Franzisko	237

Eine fröhliche Hinrichtung

Kinder, Kinder, ist es wirklich schon fünfzig Jahre her?

Ja, es war neunzehnhundertundzehn. In Berlin gab es damals eine Zeitschrift, dergleichen die Welt nie wieder gesehen hat. Knapp anderthalb Jahre erschien sie: Das ist das Schicksal von Zeitschriften, die weder an den Massengeschmack noch an die Snobinstinkte appellieren. Sie hieß *Pan*. Wer das Glück hat, einen Sammelband zu besitzen, kann nicht fassen, wer da alles arbeitete. Heinrich Mann veröffentlichte den Einakter *Varieté;* Oskar Loerke publizierte Gedichte, die er im Proteststurm nicht lesen konnte; Robert Musil spekulierte über *Das Unanständige und Kranke in der Kunst;* Wilhelm Herzog träumte von der *Kommenden Demokratie;* Julius Maier-Graefe durfte sagen: »*Die Würde war unser Ruin*«, und Herbert Eulenberg, dieses Glück vom Rhein, lehrte seinen Sohn im *Brief eines Vaters unserer Zeit* den Unterschied zwischen Erotik und Sexualität. Das Blatt aber gestaltete Alfred Kerr, Deutschlands größter Kritiker seit Lessing, gewiß seit Börne.

Die Zensur nun, sie hatte es mit dem *Pan*. Es war vier Jahre vor dem Ersten Weltkrieg – die »herrlichen Zeiten« Wilhelms II. lagen in Agonie. Regime sterben unruhig. Überall witterten die Zensoren Landesverrat. Und weil sich die politische Unterdrückung immer sehr sittlich gebärdet, wurde der *Pan* als unsittlich abgestempelt. Er hatte ja auch ein Verbrechen begangen: mit der Veröffentlichung des *Tagebuches des jungen Flaubert* von der ägyptischen Reise. Darin war von Freudenhäusern die Rede. Das konnte die Polizei nicht dulden. Fast jeden Monat holte sie die gesamte Auflage des *Pan* ab, gleich von der Druckerei.

Dem Polizeipräsidenten von Berlin, Herrn von Jagow, ging es natürlich nicht um die guten Sitten. Sondern um die politisch Unbequemen.

Dieser Herr von Jagow, der sich übrigens durch seinen tapferen Kampf gegen die Hutnadeln der Damen unsterblich gemacht hat, übte die Theaterzensur persönlich aus. Dabei begegnete er im Parkettraum einer Künstlerin, und es war keine andere als die großartige Schauspielerin Tilla Durieux. In der Nummer vom ersten März 1911 beschrieb es Alfred Kerr in seinem *Vorletzten Brief an Jagow* so:

»*Am selben Nachmittag äußerten Sie schriftlich folgendes:*

Alexanderplatz 6
Verehrte gnädige Frau!
Da ich die Theaterzensur auszuüben habe, hätte ich gern auch persönliche Fühlung mit Schauspielerkreisen. Es wäre mir Freude, unser heutiges Gespräch fortzusetzen. Würde Ihnen mein Besuch genehm sein? Etwa Sonntag ½ 5?
Sie setzten hierunter nicht nur die Worte ›In hochachtungsvoller Ergebenheit‹, sondern fügten in Vorsicht hinzu: ›Bitte ‚eigenhändig‘ adressieren.‹
So voller Hingabe sind Sie hinter Ihrem irdischen Ziel her, hinter den Pflichten gegen die Kunst.
Darf man, lieber Herr und Präsident, ein paar Betrachtungen daran knüpfen?
Wollen Sie mir gefälligst sagen, was der Zensorberuf mit Schauspielerinnen zu tun hat? ... Ich dachte, Sie hätten's mit den Stücken. Wollen Sie gefälligst mitteilen, wozu Sie mit Darstellern jene ›Fühlung‹ brauchen – die Sie bei der Fühlung mit einer Darstellerin beginnen. (Auffallend ist es.)«

Tilla Durieux empfing den Präsidenten nicht. Sie gab seine Visitenkarte Alfred Kerr. Dieser publizierte sie im nächsten *Pan*. Er tat es auf eigene Gefahr und ohne den Verleger der Zeitschrift einzuweihen. Denn der Verleger war – »*so viel Pech gibt es nie wieder*«, schrieb Kerr – Paul Cassirer, der Mann der Durieux. Das hatte der Vertreter der »*sittlich-gottesfürchtigen Nepotenkaste*« leider übersehen. »*Seit Erschaffung des Erdballs*«, wiederholte Kerr, »*ist ein solches Pech nicht dagewesen.*

In den ›Ratten‹ von Hauptmann sagt jemand: ›Erfinden Sie so was mal, Spitta!‹« Kerr schritt zu der »*fröhlichsten der Hinrichtungen*«.

Eine ergötzliche Geschichte gewiß, *Der zerbrochene Krug,* modernisiert. Aber warum soll sie heute erzählt werden? Um zu zeigen, daß wir doch in besseren Zeiten leben, in denen Flaubert nicht konfisziert wird? Um zu zeigen, daß wir moralischere Polizeichefs haben, oder besser informierte?

Mitnichten, wie es damals geheißen hätte. Mit einer gewissen Wehmut vielmehr. Weil doch heute literarische Zeitschriften viel zu fein wären, um einen Polizeipräsidenten Adam so fröhlich hinzurichten. Und weil die Geschichte ein schier unglaubliches Ende hat. Die Jagow-Nummer des *Pan* wurde nicht konfisziert. Flauberts wegen ging es, Jagows wegen ging es nicht – man nennt das öffentliche Meinung. Mehr als das: Der von Jagow mußte demissionieren. Er war über eine Visitenkarte gestolpert und brach sich den Kragen. Ungehöriges geschieht immer. Die Frage ist, ob es Konsequenzen hat. Fünfzig Jahre des Fortschritts. Oder ... ?

Saarbrücker Allgemeine, März 1960

Vor Kleist und Lessing

I.

Die Literaturgeschichte, die deutsche nicht allein, verfährt etwas leichtsinnig mit ihren »Uraufführungen«. Sie datiert das deutsche Lustspiel von Lessings *Minna von Barnhelm,* zuweilen sogar vor Kleists *Zerbrochenem Krug.* In Wirklichkeit erblickte der erste deutsche Lustspielautor von Rang in jenem Jahr das Licht der Welt, in dem Shakespeare zu Grabe getragen wurde. Am elften Oktober 1616 wurde in Glogau dem protestantischen Prediger Gryphius ein Sohn geschenkt, der in der Taufe den Namen Andreas erhielt.

II.

Gewiß: Die Bedeutung dieses fruchtbaren Pioniers, der neben seinen Lustspielen – *Die geliebte Dornrose, Horribilicribrifax* und *Peter Squentz* – auch Dramen, Tragödien und einige der schönsten Gedichte des deutschen Barocks geschrieben hat, ist nur noch literaturhistorischer Natur. Die Geschichte der Kunst ist jedoch ein einziger Beweis, daß die Talente Bahnen bauen müssen, damit die Genies fahren können. Für keinen deutschen Dichter gilt das mehr als für den Frühverwaisten, der den Tod seines Vaters so betrauerte: »*Eh' sich das vierte Jahr,/ der vierte Winter fand, lag dieser auf der Bahr'/ dem ich mich schuldig bin und dies mein müdes Leben./ Er fiel durch Gift, das ihm ein falscher Freund gegeben.*« Als Gryphius geboren wurde, war Martin Opitz erst neunzehn Jahre alt, ein Jahr später veröffentlichte Opitz seinen lateinischen Aufsatz *Über die Verachtung der deutschen Sprache:* Von einer deutschen Literatur konnte kaum gesprochen werden, die deutschsprachige Dichtung lag in der Wiege und war alles eher als ein willkommenes Kind. Wenn die Literaturgeschichte Gryphius vorwirft, er habe die Holländer und Franzosen nachgeahmt, sie zum Teil sogar abgeschrieben, so wird der Pionier mit dem Plagiator verwechselt: Erst das Werk des Andreas Gryphius bewies, daß die deutsche Sprache kein ungeeignetes Mittel der dramatischen Darstellung, der gesellschaftskritischen Posse, des lyrischen Ausdrucks war. Das war unerhört – rund hundert Jahre vor der Geburt Goethes.

III.

Wäre es heute auch ein Wagnis, ein Stück von Gryphius aufzuführen – vielleicht mit Ausnahme eben des Lustspiels *Die geliebte Dornrose,* in dem die Mischung aus ländlichem Humor, symbolischer Tiefe, robustem Menschenverstand und religiösem Mystizismus Hofmannsthal ebenso hätte entzücken können, wie ihn *Jedermann* entzückte –, ist der Dramatiker Gryphius auch tot, so bleibt sein Schaffen doch von genialer Originalität. Er hat nie ein Stück von Shakespeare gesehen; dennoch hat er in seinem *Peter Squentz,* von Paul Wiegler als »Schimpfspiel« bezeichnet, das gleiche Motiv verwendet, das in dem Zwischenspiel der Handwerker des *Sommernachtstraum* zu grober Köstlichkeit erblüht. Der Vater des deutschen Lustspiels war zwar ein Großimporteur von Ideen, zugleich war er aber so »deutsch« wie keiner seiner Zeitgenossen. Der deutsche Humor verbirgt sich seit eh und je hinter einer mehr oder weniger tiefen Skurrilität, so daß von Gryphius' *Horribilicribrifax,* in dem Personen wie die Diener des Daradiridatumtarides und der Windbrecher von Tausendmord auftreten, ein direkter Weg zu Jean Paul führt. Wenn der Expressionismus nicht mit der falschen Prätention des unbedingt Neuen aufgetreten wäre, hätte er sich des Ahnherrn aus Glogau erinnern müssen.

IV.

Ein eigenes Kapitel bilden die Gedichte des späteren Universitätsprofessors zu Leiden, von denen beileibe nicht nur »*Die Herrlichkeit der Erden / Muß Rauch und Asche werden*« bewahrt zu werden verdient. Es gibt Zeilen bei Gryphius, die drei Jahrhunderten trotzten: »*Was sind wir Menschen doch? Ein Wohnhaus grimmer Schmerzen, / ein Ball des falschen Glücks, ein Irrlicht dieser Zeit, / ein Schauplatz herber Angst, besetzt mit scharfem Leid, / ein bald verschmelzter Schnee und abgebrannte Kerzen . . .*« Sein Gedicht *Über den Untergang der Stadt Freystadt* aber, mit dem wunderbaren Wort: »*Recht eine Nacht voll Nacht*«, ist von keiner Ruinenpoesie nach dem Zweiten Weltkrieg übertroffen worden. Es zeigt, wie sehr es sich lohnt, demütig zurückzuwandern zu den Quellen.

Flensburger Nachrichten, Oktober 1966

»Meine Suppe ess' ich nicht...«

I.

Vor hundertfünfzig Jahren wurde der Frankfurter Arzt Heinrich Hoffmann geboren. Sein Name ist wenigen bekannt, sein Werk jedem. Er ist der Verfasser des immer noch am meisten verkauften deutschen Kinderbuches, des *Struwwelpeter*. Die Frankfurter Stadtväter haben die Originalblätter des Büchleins für 41 000 Mark erworben.

II.

Es ist unpopulär, eine Geburtstagsfeier zu stören – doppelt unpopulär, wenn es sich um ein hundertfünfzig Jahre altes Geburtstagskind handelt, mit dessen Werk unsere Kindheitserinnerungen verknüpft sind. Aber wir sollten nicht an unsere Kindheit, wir sollten an unsere Kinder denken.

III.

Kurzum: Der *Struwwelpeter* ist ein Märchenbuch des Sadismus, wie es nur ein krankes Gehirn ersonnen haben konnte. Da ist die *Geschichte vom Daumenlutscher*. Redet die Mama dem Konrad zu, gibt sie ihm, zur Not, ein paar Ohrfeigen? Sie droht ihm mit dem Schneider, der ihm die Daumen abschneiden wird. Was dieser auch prompt besorgt: »*Als die Mutter kommt nach Haus/Sieht der Konrad traurig aus/Ohne Daumen steht er dort/Sie sind alle beide fort!*« Keine Bewährungsfrist, keine Halbheiten, beide Finger müssen es sein. Nicht anders ergeht es dem Kasper, der seine Suppe nicht essen will. »*Er wog vielleicht ein halbes Lot/Und war am fünften Tage tot.*« Onkel Heinrich ist ein Anhänger der Todesstrafe für Kinder. Nicht zu sprechen von Paulinchen, das mit dem Feuer spielt und – was denn sonst? – auf dem Scheiterhaufen endet. »*Verbrannt ist alles ganz und gar/Das arme Kind mit Haut und Haar;/Ein Häuflein Asche bleibt allein/Und beide Schuh', so hübsch und klein.*« Die niedlichste Hinrichtung. Ein Hauch von Auschwitz.

IV.

Dazu: eine Anleitung zum Justizmord. Der *Struwwelpeter* lehrt, daß zwischen Vergehen und Strafausmaß kein vernünftiges Verhältnis zu bestehen brauche: Unter der Todesstrafe tut es der Doktor Hoffmann nicht. Weder die Kindern innewohnende Grausamkeit noch die Erwachsenen innewohnende Gedankenlosigkeit erklären die Volkstümlichkeit eines Buches, dessen Probleme veraltet, dessen Illustrationen grotesk wirken. Die Nostalgie, manchmal eine Orchidee, ist zuweilen auch ein Kaktus. Wir drücken den *Struwwelpeter* unseren Kindern in die Hand, weil er uns an unsere Kinderzimmer erinnert. Und wir vergessen, daß wir auf die Generationen, denen der *Struwwelpeter* gesittetes Betragen beibringen sollte, beileibe nicht stolz zu sein brauchen.

V.

Wir leben im Jahrhundert des Kindes. Wir regen uns schrecklich über einen Kriminalfilm oder eine Wildwestschießerei im Fernsehen auf. Eltern studieren geflissentlich die Werke von Kinderpsychologen. Neue deutsche Kinderbücher werden unter der Anleitung erfahrener Kinderpsychologen geschrieben. Es gibt Leute, die dafür bezahlt werden, Publikationen nach »Schmutz und Schund« zu durchschnüffeln. Aber wir werden ganz sentimental, wenn wir vom Friedrich lesen, dem argen Wüterich, der sein Kindermädchen auspeitscht. Deutschlands beliebtester Kinderbuchautor war – beim Jubiläum sollte man sich daran erinnern – Chefarzt der Städtischen Irrenanstalt zu Frankfurt. Man kann sich denken, woher er seine Inspirationen bezog. Solange der *Struwwelpeter* in den Kinderbibliotheken steht, wirkt das Wort »jugendgefährdend« wie blanker Hohn.

Bild-Zeitung, Juni 1959

Das getötete Weib

I.

Man ist noch intoleranter geworden in dieser toleranten Zeit. Was würden doch heute Klatschblätter, illustrierte Zeitschriften und Nachrichtenmagazine mit dem Mann treiben, dessen Privatleben so anfechtbar wäre, wie es das Leben des vor hundertfünfzig Jahren geborenen Friedrich Hebbel gewesen ist! Es dürfte sich lohnen, die Existenz des am achtzehnten März 1813 im Dithmarschen zur Welt gekommenen bettelarmen Maurersohnes von dieser Seite zu betrachten.

II.

Frauen haben in seinem Leben, und deshalb in seinem Werk, die entscheidende Rolle gespielt. Frauen, die er benützte, ausbeutete, ausschöpfte und wegwarf. Eine alternde Frau stand am Beginn seiner Karriere: Man würde es ihm heute nicht verzeihen. Er kam aus unvorstellbarer Not. Sein Vater Maurer, seine Mutter Taglöhnerin. »*Selten durften wir ein Stück Brot verzehren, ohne anhören zu müssen, daß wir es nicht verdienten.*« Sein Vater so hart, daß Hebbel das schreckliche Wort über ihn schrieb: »*Die Armut hat die Stelle seiner Seele eingenommen.*« Nach dem Tod des Vaters Unterschlupf bei einem Kirchspielvogt, der dem Jungen die primitivste Schulbildung verwehrte. Kein anderer deutscher Dichter, dem das Leben so geringe Chancen geboten hätte und der so ganz und gar zum Dichter geboren war. Er ist schon zweiundzwanzig – für einen Dichter damals kein Jüngling mehr –, als er nach Hamburg geht, wo ihn eine schlechte Autorin, aber gute Mäzenin, Amalie Schoppe, unter ihre Fittiche nimmt. Hundertfünfzig Taler sammelt sie in der Stadt für ihren Schützling. Nun kann er studieren, sich entwickeln, schreiben. Dies vor allem. Er nimmt, was sie ihm gibt – und liebt jüngere, hübschere Frauen. Die »*rücksichtslose*

Käuferin meines Ichs« nennt er sie später: ein korrupter Mensch und ein nie zu korrumpierendes Genie.

III.

Dann: Elise Lensing. Die schwindsüchtige Hamburger Näherin beherbergt den schönen blonden Mann mit den seidenweichen Haaren und den lauernden Augen. Bis tief in die Nacht arbeitet sie, damit er sorgenlos arbeiten kann. Sie gebärt ihm zwei Kinder – und hat nur den Wunsch, Frau Hebbel zu werden. Sie wird es nicht. Er flieht nach Heidelberg, schreibt ihr verzweifelte Briefe. Sie schickt ihm hundert Silberstücke. Er begibt sich auf Wanderschaft und erlebt in München die ersten glücklichen Jahre. Peppi, die Tochter des Tischlermeisters, bei dem er wohnt, wird sein *»Sonnenschein«*. Als er keinen Pfennig mehr besitzt, zieht er zu Fuß nach Hamburg. Es ist März, sein Geburtsmonat, ein kalter Vorfrühling. Elise nimmt ihn auf, als ob nichts geschehen wäre. Sie nährt ihn, während er an seiner *Judith* arbeitet, diesem politischen Liebesdrama, ohne das weder Ibsen noch Arthur Miller denkbar wäre. Wie er im Leben rücksichtslos gegen andere ist, so ist er in seiner Arbeit rücksichtslos gegen sich selbst. Er ist nur als Schöpfer menschlich.

IV.

Im Jahre 1845 geht er nach Wien, wo er ein Jahr später Christine Enghaus heiratet, die beste Interpretin seiner Gestalten. Sie gibt für den nun eminent erfolgreichen Bühnenautor ihre Karriere auf und rettet Elise Lensing vor dem Selbstmord. Die beiden unehelichen Kinder, Max und Ernst, sind tot; unter Christines gütigen Augen versöhnen sich der Dichter und die Näherin. Zuvor hatte er ihr geschrieben: *»Ich will die Erde herausfordern, ob sie einen Unglücklicheren trägt wie mich; sie soll mich verschlingen, wenn sie ihn mir zeigen kann.«*

V.

Das war keine Phrase, geschweige denn das wohlfeilste der Gefühle: Mitleid mit sich selbst. Von dem Märztag an, vor hundertfünfzig Jahren, als das schöne düstere Land im Norden diesen schönen düsteren Menschen der Welt schenkte, war Friedrich Hebbel von Dämonen umstellt. In jenem geringen Teil des Künstlerlebens, den man Privatleben nennt, beantwortete er die Kriegserklärung des Schicksals mit einer Kriegserklärung an die Moral. Unmoralisch für die Schulliteraturgeschichte, besaß er in hohem Maße das künstlerische Gewissen, welches das Leben ständig durch das Werk zu rechtfertigen sucht. Er wurde ein Schulbeispiel für die eigenen Gesetze des Genies, die man nicht in Pandekten zwingen kann, weil jedes Genie sie für sich selbst schafft. So gilt für ihn, der mit den Frauen grausam umging, das Frauenwort seiner unsterblichen Marianne: »*Du sollst das Weib, das du erblicktest, töten/Und erst im Tod mich sehen, wie ich bin.*«

Rhein-Neckar-Zeitung, März 1963

An Kadidja Wedekind

Meine liebe Kadidja!

Ach, was war das für ein Jahr, dieses Jahr 1864, in dem Dein Vater – es war der vierundzwanzigste Juli – das Licht der Welt erblickte! Richard Strauss war im gleichen Jahr geboren worden, Jacques Offenbach hatte seine *Schöne Helena* komponiert, Jules Verne veröffentlichte seine *Reise zum Mittelpunkt der Erde,* Karl Marx gründete die Erste Internationale, Bismarck zog gegen Dänemark, der Bayernkönig Ludwig – ich erinnere mich des vorzüglichen Films, den Du über ihn geschrieben hast – bestieg den Thron, und im Duell fiel Ferdinand Lassalle, der Romantiker unter den Sozialisten.

Ein solches Jahr, darauf bedacht, die ganze wilde Schönheit

des Lebens zu zeigen, mußte Deinen Vater gebären, in dem die ganze wilde Schönheit des Lebens eingefangen war. Nun werden sie ihn wohl, den Rebellen, den Sexbefreier, den Bürgerschreck, den Hopp-hopp-Menschen, als Klassiker feiern. Laß Dir dadurch die Feier nicht verderben, Kadidja! Es ist kein Schaden, wenn die Rebellen zu Klassikern werden. Was könnte denn in der Tat die Dummheit der Zeitgenossen, ihre Engstirnigkeit und Kurzsicht, besser aufzeigen als der verspätete Respekt der Nachfahren, die diese den Toten zollen? Und noch eines. Fast alle, die das Bedürfnis empfinden, zu schreiben, sind Rebellen, aber das macht sie noch lange nicht zu Genies. Erst die Zeit beweist, nicht ob sie recht gehabt – das ist nebensächlich –, sondern ob sie das Richtige richtig ausgedrückt haben.

Damit bin ich beim Wesen Frank Wedekinds angelangt. Als der Sohn des ostfriesischen Arztes und der ungarisch-kalifornischen Schauspielerin – welche Mischung! –, der ehemalige Jurastudent, Journalist, Maggiwürfel-Reklamechef, Zirkussekretär, Regisseur, Rezitator, Bänkelsänger und Beleidiger Seiner preußischen Majestät, 1891 mit *Frühlings Erwachen* hervortrat, wurde er wie eine Flasche Wein mit Etiketten beklebt, und wie das bei Weinen geschieht, waren sie falsch. Er habe dem Naturalismus ins Gesicht geschlagen, hieß es – dabei konnte ein so großer Menschendarsteller und Erzähler gar nichts anderes als ein Naturalist sein; nur war er es etwas zu früh, man wollte damals Mensch und Natur noch nicht natürlich sehen. Er stürze Sitte und Sittlichkeit, hieß es – dabei hatte die deutsche Bühne seit Schiller keinen größeren Moralisten gekannt; nur wußte Dein Vater, daß die Gesetze, auf die es ankommt, nicht in dumpfen Amtsstuben geschrieben werden. Gegen Obrigkeit und Ordnung revoltiere er, hieß es – dabei zeigt das ganze Lebenswerk dieses Bohemiens jene hohe Disziplin, ohne die nichts Bleibendes gedeiht.

Zwei tragische Unfälle können dem Propheten zustoßen – Frank Wedekind war Prophet und Poet –: Die Zeit beweist, daß sie unrecht hatten, oder sie beweist, daß sie recht hatten, in welch letzterem Fall sie überflüssig werden. Bevor die Wedekind-Renaissance begann, deren Zeugen wir jetzt werden, schien es, als hätte sich der Staub des Rechthabens über Wedekinds Werk gelegt. Du und Deine wunderbare Mutter – grüß mir Tilly, die unvergeßliche, unvergleichliche, unverwüstliche Lulu –, Du, Deine Mutter und Deine Schwester Pamela haben dazu beigetragen, den Staub fortzufegen. Doch hättet Ihr es nicht vermocht, hätte Dein Vater, indem er seine Finger auf die Wunden der Zeit legte, nicht zugleich Menschen geschaffen: das verständliche Biest Lulu eben, und Doktor Schön, den »eingefleischten Teufel«, und die einzige bisher gültige Teenager-Gestalt der Literatur, Wendla Bergmann, und den Narren-König Nicolo und den Zwergriesen Hetmann und meine Lieblingsgestalt, den Marquis von Keith.

»*Wedekind*«, schrieb Thomas Mann, »*hat Größeres, Krasseres, äußerlich Kühneres entworfen, das ist sicher. Aber in meinen Augen ist die letzte Szene zwischen Scholz und Keith das Schrecklichste, Rührendste und Tiefste, was dieser tiefe, gequälte Mensch geschrieben hat.*« Was aber nicht heißen soll, daß Frank Wedekinds Unsterblichkeit, obwohl das beileibe genügte, allein von seinen Gestalten wie von Karyatiden getragen wird: Der Rebell war – ein glückliches Paradoxon – der eigentliche Repräsentant seiner Zeit; er war der singende Vorläufer der Tiefenpsychologen, er war als Dramatiker, wie Gundolf schrieb, »*ein Besessener bis in seine Berechnungen hinein*«, und er durfte, vor allem, von sich sagen: »*Das wahre Tier, das wilde schöne Tier,/das, meine Damen, sehen Sie nur bei mir.*«

Du hast mir oft gesagt, Kadidja, wie weh es Dir tut, Deinen Vater, der 1918 starb, kaum noch gekannt zu haben. Was verschlägt's? »*Komm, Kind!*« sagt der vermummte Herr in *Frühlings Erwachen*. Und die Instruktion lautet: »*Er legt seinen Arm in denjenigen Melchiors und entfernt sich mit ihm über die Gräber hin.*«

St. Galler Tagblatt, Juli 1964

»Ich lasse dich nicht«

Als ich im November 1960 in der »Rhein-Neckar-Zeitung« diesen »modernen Courths-Mahler« veröffentlichte, konnte ich nicht ahnen, daß eine Courths-Mahler-Renaissance, grotesker Ausdruck der Übersättigung mit der Literaten-Literatur, vor der Tür stand.

»Ich lasse sie nicht«, rief die immer noch schöne, wenn auch nicht mehr ganz junge Freiin Xanthia von Utzenputz, als ihr Sohn, Rüdiger Freiherr von Utzenputz, den großen, in modernstem Geschmack eingerichteten und mit mehreren Kandinskys geschmückten Salon des Herrenhauses betrat.

Der siebenundzwanzigjährige, dunkelbraune, athletisch gebaute, jedoch feinsinnige Rüdiger warf seinen Dufflecoat auf einen in Nierenform gehaltenen Lehnstuhl und stürzte mit jener Sohnesliebe, die ihn von seiner Geburt an gekennzeichnet hatte, auf seine schluchzende Mutter zu.

Baronin Xanthia, welche die altehrwürdige Dortmunder Waffenfabrik von ihrem Gatten geerbt und mit der ihr eigenen Tatkraft auf Atomraketen umgestellt hatte, trocknete ihre Tränen mit einem rosa Dior-Taschentuch.

»Wen läßt du denn nicht, Mutter?« fragte Rüdiger tief bewegt.

»Anni!« rief Baronin Xanthia vielsagend, und die Tränen überwältigten sie von neuem.

Rüdiger begriff sogleich die tiefe Not, in der sich seine Mutter befand. Seit beinahe vier Monaten diente die Hausgehilfin Anni Guckerl als Zimmermädchen treu und ergeben dem Hause Utzenputz. Obwohl über ihre unverbrüchlichen Rechte bestens unterrichtet, arbeitete die liebliche Anni mindestens fünf Tage in der Woche; nahm sie nie mehr als zwei Zimmerstunden am Tag, und hatte sogar, als Baronin Xanthia einmal ihre Freunde nicht in dem benachbarten Gasthaus bewirten wollte, die Uraufführung eines Films mit Peter Kraus versäumt.

»Oh, meine Ahnungen«, rief Rüdiger händeringend aus. »Anni hat gekündigt!«

Die Baronin erhob sich zu ihrer ganzen Größe von ein Meter einundachtzig. Ihre opalgrünen Augen funkelten, als sie sich ihrem zweitgeborenen Sohn zuwandte:

»Es ist deine Schuld, Rüdiger! Seit genau vier Monaten übersiehst du beharrlich ihre zärtlichen Werbungen. Bemerkst du denn nicht, Verblendeter, daß diese Prinzessin der Raumpflegerinnen bereit ist, mit dir den Bund fürs Leben zu schließen?«

Die Lippen des jungen Barons nahmen die Farbe des von ihm so geliebten Emmentaler Käses an.

»Mir schwant Schreckliches«, sagte er. »Soll ich auf Comtesse Trautliese, meine Braut, die doch zweifellos das väterliche Werk für Kugellager erben wird, verzichten?«

»Kugellager hin, Kugellager her!« rief die Freiin zornentbrannt aus. »Ich habe es satt, mir deine gesellschaftlichen Vorurteile anzuhören.«

Zum bassen Erstaunen Baronin Xanthias malte sich jedoch ein Lächeln auf den käsebleichen Lippen ihres Zweitgeborenen.

»Du mißverstehst mich, Mutter«, stammelte er. »Meine Liebe gehört Anni Guckerl. Es ist meine Schuld nicht, daß du mich zu einem so schüchternen Manne erzogen hast. Der Onkel Doktor behauptet, ich habe einen Oedipus-Komplex.«

»Oedipus, Schnödipus«, rief die Baronin aus. »Hauptsache, du liebst deine Mutter.«

»Ich habe es nicht gewagt«, entrang sich das Geständnis endlich dem Munde des jungen Raketen-Erben. »Ich konnte doch fürwahr nicht ahnen, daß eine Hausgehilfin vom Range Annis bereit wäre, unsereins zu heiraten.«

Gerührt schloß Freiin Xanthia ihren Zweitgeborenen in die Arme.

»Omnia vincit amor«, rief sie lateinisch aus. »Die Liebe kennt keine Vorurteile«, übertrug sie den Spruch frei ins

Deutsche. »Eile zu Anni, sie hat ihren letzten Schrankkoffer noch nicht gepackt.« Und mit einer impulsiven Geste riß sie sich die von ihrem Vater, dem Großindustriellen Hermann von Windelhausen, geerbte Perlenkette vom immer noch schneeweißen Hals. »Reiche diese Perlen der Perle«, befahl sie dem Zögernden.

Vier Wochen später bewahrheitete sich die Prophezeiung der alten Baronin. Glückstrahlend führte Rüdiger Freiherr von Utzenputz seine junge Frau heim in die funkelnagelneue Einzimmerwohnung, die, infolge der dort eingebauten Waschmaschinen, Tiefkühler und Tellerwaschmaschinen, ohne Hausgehilfin bewirtschaftet werden konnte. Uneingedenk des Hochmuts seiner Mutter, die insgeheim freilich gemeint hatte, Anni Guckerl auch weiterhin ausbeuten zu können, rief Baron Rüdiger bei Betreten der Wohnung die vielsagenden Worte:

»Ich lasse dich nicht!«

Und er nahm der strahlenden Anni den Staubsauger aus der Hand.

»Gott is a guter Mo«

I.

Seit gut einem halben Jahrhundert macht man sich über ihn lustig. Wahrscheinlich wird man sich noch ein paar Jahrhunderte lang über ihn lustig machen. Denn er ist unsterblich – der vor hundertfünfundzwanzig Jahren am achtundzwanzigsten November 1839 geborene, genau vor fünfundsiebzig Jahren gestorbene österreichische Volksdichter Ludwig Anzengruber. Man muß nur die Namen von einigen seiner Theaterstücke nennen – *Der Kreuzelschreiber, Der Pfarrer von Kirchfeld, Der G'wissenswurm* –, und schon schleicht sich ein süffisantes Lächeln über intellektuelle Lippen. Aber über die meisten »intellektuellen« Dichter, die vor hundertfünfundzwanzig Jahren geboren wurden, lächelt man nicht, denn sie sind so tot, als hätten sie nie gelebt. Während *Das vierte Gebot,* Anzengrubers bedeutendstes Drama, für immer zu den Schätzen der deutschen Literatur gehören wird. Und im übrigen war es ein Stück revolutionärer Dichtung.

II.

Er hat nur fünfzig Jahre gelebt, der Sohn des kleinen Beamten und Amateurdramatikers, der Schmierenkomödiant, Polizeischreiber und umjubelte Dramatiker Ludwig Anzengruber, der von sich selbst sagte, er sei »*kaum mit der Realschule fertig geworden*«, doch habe er »*eine ganz verteufelt bittere Schule des Lebens durchgemacht, und wenn die Jahre als Schuljahre zählen, so war sie 15klassig*«. Was die bittere Schule des Lebens ihn lehrte, das hat er in das modernste – und heute wie eh und je moderne – Drama seiner Epoche gegossen: *Das vierte Gebot,* das erste Stück der neuen Literatur, in dem nicht die sündige Jugend angeklagt wird, sondern die sündigen Eltern auf der Anklagebank sitzen. Bis dahin war Erziehung tabu: Sie konnte nicht falsch sein, nur ihre Produkte waren es – niemand fragte sich, woher. Die letzte Szene des Stückes, in welcher der zum Tode verurteilte Sohn den letzten Besuch der Eltern zurückweist – »*Nein, sie haben mir nichts zu verzeihen, und ich ihnen nichts abzubitten*« –, hat die bürgerlichen Wohnzimmer einer überaus langen, überaus trügerischen Friedensperiode wie ein Erdbeben erschüttert. Die letzten Sätze: »*Du weißt nit, daß's für manche 's größte Unglück ist, von ihre Eltern erzog'n zu wer'n. Wenn du in der Schul' den Kindern lernst:* ›*Ehret Vater und Mutter*‹*, so sag's auch von der Kanzel den Eltern, daß's danach sein sollen*« – diese letzten Sätze konnte das Bürgertum von 1878 nicht ertragen. Sie wurden vom Zensor gestrichen, und auch der »blasphemische« Titel des Stückes mußte geändert werden – es wurde tatsächlich unter dem Titel *Ein Volksstück in 4 Akten* aufgeführt.

III.

Dabei ist die Bedeutung des Wiener Volksdichters nicht nur literarischer, sie ist auch literaturhistorischer Natur. Ohne Anzengruber ist die Ehe des bis dahin isolationistischen österreichischen Theaters mit der deutschen Bühne undenkbar; jetzt erst vereinten sich die Wiener Romantik und der Berliner Realismus zur Neoromantik, die zugleich ein Neonaturalismus war – mit Recht weist Wolfgang Drews darauf hin, daß von Anzengrubers *Meineidbauer* ein direkter Weg zu Hasenclevers *Sohn* führt, und in Wirklichkeit wohl auch zu Ödon von Horvaths *Geschichten aus dem Wienerwald*. Vielleicht allein die Volksdichtung hat begriffen, daß Naturalismus nicht mit Pessimismus identisch ist, daß die Natur beides umfaßt, das Traurige und das Heitere, den Frühling und den Winter, das Weinen einer Witwe und das Lachen eines Kindes, den Triumph auf dem Gipfel und den Tod im Abgrund. Nach Anzengruber: Ludwig Thoma und Oskar Maria Graf. Der Dramatiker Anzengruber hat im *Kreuzelschreiber* das Lysistrata-Motiv aufs modernste variiert, und der fingierte Abschiedsbrief des ländlichen Romeo-und-Julia-Paares im *Doppelselbstmord* ist von unwiderstehlicher Heiterkeit. Lange vor Brecht hat Anzengruber gewußt, daß Humor die Fähigkeit bedeutet, »trotzdem« zu lachen.

IV.

Man lächelt über ihn wie über die meisten Volksdichter, aber man lacht »trotzdem«. Der Erdgeruchkitsch hat sich, insbesondere in den Anzengruber-Filmen, des Frühverstorbenen bemächtigt, aber er wird der Unsterblichkeit Anzengrubers nichts anhaben können. Noch durch den Kitsch leuchtet das gläubige Herz eines rustikalen Meisters – oder wie die Horlacherlies im *G'wissenswurm* sagt: »*Warum soll i net lustig sein! / Gott is a guter Mo. / Mir g'fallt es Leb'n, mir schmeckt der Wein, / Und niemand geht's was an!*«

Rhein-Zeitung, November 1969

Der Vater des Naturalismus

I.

Als ich, vor einem Jahr, in Berlin über den modernen Roman sprach, fiel mir in der ersten Reihe eine ältere Dame auf: nobel von Angesicht und Gestalt, ein schönes Bild der *belle épocque*. Der Zufall wollte es, daß ich den Dichter Arno Holz erwähnte, den »Vater« – wenn ein solcher Familienbegriff gestattet ist – des deutschen Naturalismus. In der erhitzten Diskussion, nachher, erhielt ich unerwartete, um so mehr willkommene Schützenhilfe von der alten Dame. Und als der Abend zu Ende ging, trat sie auf mich zu, um mir für die Erwähnung Arno Holz' zu danken. Es war Frau Anita Holz, die Witwe des großen Ostpreußen, der jetzt, am sechsundzwanzigsten April, hundert Jahre alt geworden wäre.

II.

Ich spreche von der Berliner Begegnung, weil es mich traurig stimmt, für die Erwähnung von Arno Holz einen Dank empfangen zu haben. Ist er so ganz und gar vergessen, der Dichter des *Traumulus,* des *Phantasus,* der *Familie Selicke* und – zusammen mit seinem späteren Todfeind Johannes Schlaf – des großartigen *Papa Hamlet?* Gewiß: Arno Holz war nicht der Meister der dichterischen Form, die er »erfunden« hatte und für die er stritt. Der Naturalismus Arno Holz' wäre untergegangen, wäre nicht eines Tages ein priesterlich gekleideter junger Mann bei dem Regisseur Otto Brahm erschienen, das Manuskript eines Theaterstückes unter dem Arm, hätte ihn Brahm nicht empfangen, das Stück nicht aufgeführt. Der hagere Jüngling hieß Gerhart Hauptmann, sein Stück *Vor Sonnenaufgang.* Aber Gerhart Hauptmann hatte dieses erste naturalistische Drama der neuen Literatur einem gewissen Bjarne P. Holmsen gewidmet – unter diesem norwegischen Pseudonym hatten Arno Holz und Johannes Schlaf die *Papa Hamlet*-Erzählung erscheinen lassen. Und war Arno Holz nichts als ein Wegbereiter: Er verdiente, wieder gelesen, der Vergessenheit entrissen zu werden.

III.

Aber er war mehr. Die Amerikaner haben »ihren« Arno Holz, Walt Whitman, nicht vergessen. Wie Walt Whitman, der von sich sagte, er habe »*alle Omnibuskutscher von New York gekannt*«, war Arno Holz der Entdecker der großen Städte. »*Der Mond sieht den Dächern in die Schornsteine*«, sang er, und zum ersten Mal sangen in seiner Dichtung die Hämmer und Bohrmaschinen, sangen Zement und Asphalt. Wäre Arno Holz nur ein Theoretiker gewesen, der die strenge Nachahmung des »Wirklichen« predigte – er hätte sich nie widersprochen. Da er ein Dichter war, widersprach er sich unentwegt. Im *Phantasus* stehen – in der von Arno Holz genau bestimmten Typographie – die Zeilen:

> *Sieben Billionen Jahre vor meiner Geburt*
> *war ich eine Schwertlilie.*
> *Meine Wurzeln*
> *saugten sich*
> *in einen Stern.*
> *Auf seinem dunklen Wasser*
> *schwamm*
> *meine blaue Riesenblüte.*

Man muß nur diese reimlosen Zeilen lesen, um zu sehen, daß sich die »Wurzeln« der neuesten deutschen Dichtung nicht in einen »Stern gesaugt« haben, sondern am Fuße des Baumes aus Holzschem Holz befinden. Die naturalistischen Lehren Holz', wie er sie etwa in seinem ungeduldigen Buch *Die Revolution der Lyrik* festgelegt hat, sind eines, seine Dichtung ist ein anderes. Was von beiden bleiben wird, ist hundert Jahre nach seiner Geburt immer noch fraglich.

IV.

Gewiß aber, daß die Vergessenheit, welcher der um die Jahrhundertwende umstrittenste deutsche Dichter anheimgefallen ist, eine paradoxe Tragödie darstellt. Er wurde vergessen, weil er Hauptmann und Fontane inspirierte – und von ihnen übertroffen wurde. Er wurde vergessen, weil die Schar seiner mittelmäßigen Imitatoren bis heute so groß ist, daß sie nicht gern des Karikierten gedenken. Die Wirkung, nicht die Wirkungslosigkeit, wurde Arno Holz zum Verhängnis. Ein Vater, von genialen Söhnen in den Schatten gestellt, von unwürdigen Söhnen schattenhaft kopiert – welch ein Dichterschicksal!

St. Galler Tagblatt, April 1963

Überall ist Wunderland

Eine Geschichte des Grotesken in der deutschen Literatur müßte mit der Untersuchung beginnen, was den »grotesken« Dichtern gemeinsam war. Vor allem wohl, daß sie mit der Ungeheuerlichkeit des deutschen Schicksals nicht anders als durch das Ausweichen ins Groteske fertig wurden. Grimmelshausen konnte den Dreißigjährigen Krieg nur grotesk darstellen, Morgenstern fühlte das Ende seiner Welt nahen und floh in einen grotesken Anti-Naturalismus.

Joachim Ringelnatz, der in diesen Tagen achtzig Jahre alt geworden wäre, in seiner Jugend Leutnant auf einem Minenboot war – er nannte sich Seemann und Matrose, was nicht ganz zutraf – und kurz nach Hitlers »Machtergreifung« in Berlin starb, suchte, trotz seiner Ernsthaftigkeit, das Kabarett. Wenn man damals nicht lachte, mußte man weinen. Das Groteske ist die deutsche Form des Humors. Deshalb ist Ringelnatz ein Repräsentant.

Indes unterschied sich der Sohn des sächsischen Humoristen Bötticher – er selbst hieß eigentlich Hans Bötticher – von seinen Vorgängern und seinen Epigonen durch eine heitere Melancholie, die skeptische Bejahung des Lebens. »*Überall ist Wunderland,/Überall ist Leben./Bei meiner Tante im Strumpfenband/Wie irgendwo daneben.*« So sang der ehemalige Seefahrer mit dem Kopf eines hungrigen Geiers, der in den Kneipen Berlins und Münchens die trinkfestesten Kumpane unter den Tisch soff und in die Kabaretts eines von der Freiheit trunkenen, dennoch durstig gebliebenen Deutschland die tragikomische Note trug.

»*Ich kann eine Bohrmaschine,/einen Hosenträger oder ein Kind/so lieben wie eine Biene/oder wie Blumen oder Wind.*« Diese Zeilen waren ein bezauberndes Programm der modernen Dichtung, Walt Whitmans dunkler Liebe zur Großstadt nicht unähnlich, doch wollte Ringelnatz Bienen, Blumen und Wind aus der Dichtung nicht verbannen, er wollte sie nur mit Hosenträgern und Bohrmaschinen bereichern.

Für Ringelnatz war überall Wunderland. Wenn er im gestreiften Matrosentrikot auf der Bühne des *Simplicissimus* stand und bei Kathi Kobus seine Verse vortrug, wollte er nicht die literarischen Snobs amüsieren, noch gefiel er sich in bloßer Sprachspielerei – »*Drüben am Walde kängt ein Guruh./Warte nur, balde kängurst auch du*« –, noch wollte er im Grunde stürzen, was bestand. Er wollte in einer ziemlich unerträglichen Zeit trotzdem lachen. In seinem Gedicht *An M.* faßte er seine Philosophie zusammen: »*Lebe, lache gut!/Mache deine Sache gut!*«

Die Literaturgeschichte ist an ihm vorbeigegangen, und in neuen Anthologien findet man seinen Namen kaum. In Frankreich wäre dem Nachfahren Villons nie derlei widerfahren. Jenseits des deutschen Sprachgebietes hat man mehr Respekt vor den Respektlosen.

In seinem Gedicht *Ehrgeiz,* einem seiner schönsten, erzählt Ringelnatz: »*Ich habe meinen Soldaten aus Blei/Als Kind Verdienstkreuzchen eingeritzt./Mir selber ging alle Ehre vorbei,/Bis auf zwei Orden, die jeder besitzt.*« Und er fährt fort, zu sagen, was – statt der »Verdienstkreuzchen« – sein Ehrgeiz wäre: »*Ein Gäßchen nach mir benannt, ein ganz schmales und krummes Gäßchen...*« Vielleicht sollte man jetzt den Ehrgeiz dieses großen deutschen Bänkelsängers erfüllen, der verspotten wollte, was sich dann doch aufs schrecklichste erfüllte.

Frankenpost, August 1963

Mit Mitleid und Härte

I.

Am einundzwanzigsten Juli 1963 wäre einer der großen deutschen Erzähler unserer Epoche siebzig geworden. Man erinnert sich einer seiner Buchtitel eher als seines Namens. Der Titel: *Kleiner Mann – was nun?* Der Autor: Hans Fallada.

II.

Es wäre gut, wenn man sich nicht mit seinem Leben beschäftigen müßte, denn er war ein schwacher, schwankender, schüchterner Mensch, einer von jenen, deren Leben fremd neben ihrem Werk einherbummelt. Als Sohn eines Landrichters in Greifswald geboren, übte er sich – darin vielen amerikanischen Romanciers gleich – in den verschiedensten Berufen, war Buchhalter und Nachtwächter, Kartoffelzüchter und Anzeigenwerber, hat einmal auch »aus dem Blechnapf gefressen«. Erst mit vierzig begann sein Aufstieg: Er schrieb *Bauern, Bonzen und Bomben*. Mit *Kleiner Mann – was nun?* wurde er plötzlich weltberühmt. Daß sehr bald der Bücherpyromane an die Macht gelangte, wurde Fallada, wie vielen anderen Schriftstellern – doch eben anders als den meisten – zum Verhängnis. Seine Bücher wurden nicht verbrannt, er ging nicht ins Exil. Die neuen Herren hatten seine Werke mißverstanden, hatten sie als literarische Vorbereitung ihrer Spießer-Revolution aufgefaßt.

Er hatte noch die Kraft, kein Dichter des Dritten Reiches, aber nicht mehr die Kraft, ein Dichter gegen das Dritte Reich zu werden. Mehr als anderen war ihm zum deutschen Schicksal eingefallen, zur deutschen Tragödie nichts. Der Gutsherr im Mecklenburgischen wich dem Nein aus, dem kein Dichter ausweichen darf. Als er 1945 nach Berlin zurückkehrte, war er ein Trinker, gebrochen am Schweigen. In Geheimschrift geschrieben, bezeichnend genug, lag sein Roman *Der Trinker* in der Schreibtischlade. Am siebten Februar 1947 war er tot.

III.

Man wird sein Leben vergessen, nicht sein Werk. Rudolf Dietzen, wie er wirklich hieß, hatte den großen erzählerischen Atem, den man bei den deutschen Romanciers nach dem Zweiten Weltkrieg vergebens sucht. Er blickte nicht zurück in Zorn, sondern sah die Gegenwart mit grimmiger Liebe. Wie vielleicht vor ihm nur Zola, beschrieb er die Zeit, während sie geschah, und beschrieb sie doch so, daß man, bliebe nichts anderes aus den zwanziger Jahren, die Zeit verstünde. Ob er in *Bauern, Bonzen und Bomben* die Bürokratie anprangerte; ob er in *Kleiner Mann – was nun?* die Arbeitslosen beklagte; ob er in *Wer einmal aus dem Blechnapf frißt* gegen ein versteinertes Gefängnissystem zu Felde zog; ob er in *Wolf unter Wölfen,* seinem wertvollsten Buch, das Leben in der inflationistischen Entwertung beschrieb: Die Welt klagte er an, Deutschland, Regierungen, Umstände, Zustände, aber am Menschen verzweifelte er nie. Er hatte den Mut zur Banalität, als er in *Wolf unter Wölfen* schrieb: »*Eine Frau, die liebt und sich geliebt weiß, kennt das Glück, das immer bei ihr ist, wie ein seliges Geflüster im Ohr – den Lärm des Tages übertönend.*« Das leise Glück übertönte bei Fallada immer den Lärm des Tages. Obwohl er zu der »harten« Dichtergeneration gehörte – er schuf einen neuen Stakkato-Stil –, rettete er immer seine verzweifelten Männer auf die Fraueninsel.

IV.

Er schrieb bei Nacht, Dunkelheit um sich – aber er glaubte an den Morgen. Wahre Dichtung ist nie pessimistisch; düster, doch nicht verzweifelnd – bei Ibsen und Zola, bei Kierkegaard und Mauriac. Nur wer den Menschen meidet, kann den Menschen hassen. Fallada war hart und mitleidig. Er versagte in dem Augenblick, in dem sich zu dem Mitleid am Schreibtisch das Mitleid in der Tat hätte gesellen sollen. Aber man muß ihm verzeihen, wie allen, die an ihrem Versagen scheitern. Es ist, wie er selbst sagte, »alles anders geworden ...«

Norddeutsche Rundschau, Juni 1963

»Wart' nur, ich sag's der Mama!«

I.

Am achtundzwanzigsten April wäre einer der größten Journalisten deutscher Zunge, der größte deutschsprachige Reporter unserer Zeit, der in Prag geborene Egon Erwin Kisch, nicht nur seines Buches *Der rasende Reporter* halber so genannt, fünfundsiebzig Jahre alt geworden. Er ist unter ungeklärten Umständen im März 1948 gestorben.

II.

Wir Journalisten haben den Ruf, erbarmungslos gegen die Lebenden zu sein. Wir sind erbarmungslos gegen unsere Toten. Obwohl wir, wie niemand sonst, Gelegenheit hätten, unseren Toten Denkmäler zu setzen, lassen wir Gras über ihre Gräber wachsen. Es soll nicht geschehen im Fall Egon Erwin Kisch. Er war nicht nur ein rasender Reporter. Er ist ein unsterblicher.

III.

Daß er eine unsterbliche Reportage schrieb, sei erwähnt, obwohl das nicht alles ist. Der Fall des Obersten Redl ist heute

Geschichte. Das war der homosexuelle Generalstabsoberst, der den Aufmarschplan der österreichisch-ungarischen Monarchie verriet: *Opernball* hieß das Kodewort, unter dem er die postlagernden Weisungen vom Feind erhielt. Im *Hotel Klomser* in der Herrengasse zu Wien schoß er sich eine Kugel durch den Kopf. Aufgedeckt wurde der Verrat jedoch nicht von der sonst so rührigen Geheimpolizei Seiner österreichischen Majestät. Aufgedeckt hat ihn der kleine jüdische Reporter aus Prag. Das war also das Rendezvous des rasenden Reporters mit der Geschichte.

IV.

Berühmt wurde er durch diese Reportage, aber er schrieb bessere. Seine Schilderung des alten Prag, dieses Capua der Geister, gehört zu den scharfsinnigsten, aber auch zartesten Dichtungen, in denen je eine Stadt besungen wurde. Wie Zille der Maler der Kellerkinder, so war Kisch der präzise Dichter des Berliner Elends der zwanziger Jahre. Dichtungen: Absichtlich ist das Wort gewählt, und nicht vermessen ist es. Einmal wenigstens, am fünfundsiebzigsten Geburtstag Egon Erwin Kischs, darf es ausgesprochen werden: daß den großen Journalisten der Rang der Dichter gebührt, während sich mancher minderbemittelte Dichter um den Rang eines großen Journalisten umsonst bemühen würde. In einer Zeit, die das Handwerk verachtet, sollte man sich erinnern, daß Handwerk zwar keine Kunst, doch Kunst die Vollendung des Handwerks ist. Egon Erwin Kisch wollte nie etwas anderes als Handwerker sein. Aber wer seine gesammelten Reportagen liest – *Der rasende Reporter* oder *Zaren, Popen, Bolschewiken* oder *Paradies Amerika,* von dem autobiographischen *Marktplatz der Sensationen* ganz zu schweigen –, der weiß, daß das Handwerk unter seiner Hand zum Werk gedieh. Die Leidenschaft, die ihn rasend trieb, von Stadt zu Stadt, von Stätte zu Stätte, war nicht die Jagd nach der Sensation des Ereignisses, sondern nach der Sensation des

Menschen. Wie alle Dichter suchte er im Menschenantlitz das Ebenbild Gottes.

V.

Gewiß, er war ein politischer Narr, der, vom Elend des Menschen gepeinigt, annahm, die bolschewistische Revolution würde es beseitigen. Aber eine der zahllosen Kisch-Anekdoten zeigt, wie rührend harmlos dieser Revolutionär war. Im Jahre 1918 besetzte er als Führer der *Roten Garde* die Redaktion der bürgerlichen *Neuen Freien Presse,* in der sein Bruder arbeitete. Als er, Revolver im Gürtel, in das Zimmer seines Bruders stürzte, empfing ihn dieser mit den Worten: »Wart' nur, Egon, ich sag's der Mama.« Egon zog ab. Er mag keine Angst vor Mama gehabt haben, aber er wollte ihr gefallen. Nicht Vater Marx beherrschte sein Denken, sondern Mama Kisch. Der Nationalsozialismus trieb ihn zwar wieder in die Arme der Kommunisten – ein australisches Gefängnis, das mexikanische Exil, Moskau und Prag waren seine Stationen –, aber in seiner *Landung in Australien* zitiert er nicht zufällig den »Theologen« Johannes: »*Das Lamm ist würdig, zu nehmen Kraft und Reichtum und Weisheit und Ehre und Lob.*« Er war ein Hirt, kein Jäger. Und es steht nicht fest, ob ihn, den Verteidiger der Lämmer, nicht am Ende die Verteidiger der Wölfe umgebracht haben.

VI.

Er starb zu früh, knapp über sechzig. Lebte er, er wäre noch immer der rasende Reporter. Seine Reportagen warten darauf, neu aufgelegt zu werden. Es wäre eine Aufgabe für die journalistischen Hochschulen. Dort müßte, was Egon Erwin Kisch schrieb, Pflichtlektüre sein.

Freie Presse, April 1960

Graphologe der Sprache

Die Karl-Kraus-Literatur zu bereichern betrachtete ich nie als meine Aufgabe, aber ich habe mich mehrere Male mit Karl Kraus beschäftigt – so an seinem neunzigsten Geburtstag, im April 1964 im »St. Galler Tagblatt« und an seinem fünfundzwanzigsten Todestag, im Juni 1961, in der »Neuen Ruhr-Zeitung«. Die kurzen Betrachtungen, die sich ergänzen, fasse ich zusammen.

I.

Man spricht heute von einer Kraus-Renaissance, obwohl der Begriff nicht zutrifft: Außerhalb seiner österreichischen Heimat wurde der am achtundzwanzigsten April 1874 im böhmischen Gitschin geborene Dichter, Publizist, Polemiker und Sprachmeister Karl Kraus überhaupt erst nach dem Zweiten Weltkrieg entdeckt.

Woher diese Popularität, die sich neuerdings auch in der ausgewählten oder wahllosen Veröffentlichung seiner Werke, ja in Taschenbuchausgaben äußert? Karl Kraus ahnte nicht, daß er einst in Deutschland zu jenen Unantastbaren gehören werde, deren Namen man nur mit kritikloser Ehrfurcht aussprechen darf. Der Zweiundsechzigjährige, dem vierzig Jahre lang zu allem und jedem etwas eingefallen war, stand erstarrt vor dem Phänomen Hitler, zu dem ihm, wie er selber bekannte, »nichts einfiel«. Er hatte schon den Ersten Weltkrieg für die »letzten Tage der Menschheit« gehalten: Nun war er gewiß, daß sein Ende gekommen sei – egozentrisch hielt er das für das Ende der Welt. Er war ein Meister des Paradoxons, aber daß just Deutschland seine »Renaissance« einläuten sollte, wäre ihm wohl doch zu paradox erschienen.

II.

Die »Renaissance« kommt nicht von ungefähr. Die deutsche Sprache, unter Hitler vergewaltigt, in den Nachkriegsjahren vernachlässigt und schließlich zu einem Spielball der Hemmungslosigkeit geworden, schreit nach einem Präzeptor *linguae Teutonicae*. Der Herausgeber und alleinige Verfasser der *Fackel* war der große Sprachlehrer des Jahrhunderts, der bedeutendste, seit Martin Opitz sein *Aristarchus sive de contemptu linguae Teutonicae* geschrieben hatte, der bedeutendste sicher seit Jacob Grimm. Seine Abhandlungen über die Verwendung von Wörtern wie »bis« und »als« oder über die Unterschiede von »aus« und »von« müßten in den Schulen unterrichtet werden – die meisten Schriftsteller von heute würden bei der Prüfung durchfallen. Die Wichtigkeit des Sprachlehrers Kraus geht indes über Wörter und Worte hinaus. Er ist der »Erfinder« einer, von ihm selbst freilich bis zum Überdruß wiederholten Theorie, wonach man den Menschen an seiner Sprache erkenne: Sie offenbare alle seine Tugenden, entlarve alle seine Schwächen. Er hat die Graphologie der Sprache »erfunden«, ein Schriftsteller, der ein Schriftdeuter war. Der kleine Jude mit dem wundervollen Denkerkopf und den spitzen Schultern wurde zum Gewissen der Sprache. Es gibt keinen Bewunderer, aber auch keinen Gegner Kraus', der nicht von ihm gelernt, sich nicht zuweilen vor diesem spöttischen Oberlehrer gefürchtet hätte: Zu beklagen ist der deutsche Schriftsteller, der nicht manchmal das Gefühl hat, Kraus blicke ihm über die Schulter.

III.

Es gibt andere Gründe für seine Popularität. Oft ertönt der Applaus von der falschen Galerie. Wie alle Menschen, die des Hasses in ungewöhnlichem Maß fähig sind, haßte Kraus vor allem sich selbst. Er haßte den Journalismus, der ihm den frühen Lorbeer versagt hatte, und war doch ein Journalist par excellence. Er haßte das alte Österreich, gegen das sich sein langatmiges Drama *Die letzten Tage der Menschheit* richtete, eine *Divina commedia* abgehackter Feuilletons, und haßte es doppelt, weil er selbst das Produkt dieses *Kaka Österreich* war, wie Robert Musil sagte; ohne die herzlose Schlamperei, den verlogenen Charme, die Kaffeehausluft Wiens hätte er keinen Augenblick leben können. Und er haßte sein Judentum. Vieles, das in der von Heinrich Fischer besorgten *Auswahl aus dem Werk* steht, könnte heute in Deutschland, stammte es von einem »Arier«, nicht gedruckt werden: wie bequem, die Argumente des Antisemitismus im Werk eines Juden zu finden! Nach der Ermordung von sechs Millionen Juden wäre Kraus ganz gewiß kein Antisemit geblieben, vor so viel Haß wäre sein Haß verstummt; er hätte getan, was seine übereifrigen Jünger versäumen, er hätte die Kraussche Gesamtausgabe in einem schmalen Band besorgt.

IV.

Die schier hysterische Verehrung seiner Jünger entspringt den gleichen Quellen: Sie stammt aus Österreich und stammt von Juden. Sie stammt aus einem Intellektualismus, der von der reinen Vernunft den direkten Weg zur Sentimentalität geht, mit Überspringung des Gefühls. Kraus erteilt seinen Jüngern eine Lizenz der Rechthaberei. Es ist kein Zufall, daß Kraus seine *Fackel* allein schrieb; er genoß die Bewunderung, aber suchte keine Gesprächspartner, sein Dialog ist ein Monolog, sein Spruch von jener religiösen Natur, die keinen Widerspruch duldet, überzeugend nur in dem Vakuum, in dem niemand zu widersprechen wagt. In der Wiedergutmachungswelle – welch schreckliches Wort, da man doch eigentlich nichts wieder schlecht machen möchte! – geht die Erkenntnis unter, daß dieser gewaltige Prediger, anders als sein Landsmann Abraham a Santa Clara, fast immer unrecht hatte: Der Haß des vielproduzierenden Unproduktiven galt Thomas Mann, Stefan Zweig, Arthur Schnitzler, Werfel, Salten, Kuh, Kerr, Roth; die schöne Lust Gustav Schwabs, *»begabtere Geister zu begrüßen«,* ging ihm ab; er mußte Heine hassen, den er in *Heine und die Folgen* anklagte, das Mieder der deutschen Sprache gelockert zu haben – als ob es nicht höchste Zeit gewesen wäre. Er haßte die

Grazien, die, auch dies nicht zufällig ein Heine-Wort, »*leider ausgeblieben*« sind.

V.

Er ist eine tragische Erscheinung der Literatur – auch sein später Erfolg ist tragisch. Weil die »Krausianer«, eine verschworene Gemeinde, jedes Wort des Meisters für ein Bibelwort halten, verschwindet der unsterbliche Sprachmeister hinter dem toten Schriftsteller. Er schrieb ein gutes, aber kein schönes Deutsch. Der Sprachlehrer verschwindet auch hinter dem Polemiker, der mit Voltairschen Waffen zu kämpfen wußte, aber nicht Rousseau, sondern die Wiener »Journaille« zu seinem Ziel nahm. Er benützte die Polemik als Angriffswaffe; er mußte sich nicht verteidigen und scheiterte am Schweigen seiner Gegner. Die Kraussche Polemik ist so tot wie die, die er angriff. Die Kraussche Dichtung hat nie existiert. Der Sprachpädagoge und Sprachdeuter wird sogar den unglücklichen Kult seiner Gemeinde überleben.

Der Kritiker, der ein Dichter war

Zum Unterschied von Karl Kraus, dessen Jünger dafür sorgen, daß uns der Name des Wiener Kulturpropheten immer wieder eingehämmert wird, besitzt der größte deutsche Kritiker unserer Zeit, Alfred Kerr, keine »Gemeinde«; die Wiedergutmachungswelle hat den Berliner aus Schlesien nicht erfaßt. Um so erfreulicher, daß die Westberliner Akademie der Künste sich entschlossen hat, den Nachlaß Kerrs zu sichten und herauszugeben. Wenn die Wiedergutmachung kein leeres Wort sein soll, muß diesem ersten Schritt eine Renaissance Alfred Kerrs folgen.

***

Die Wiederentdeckung Kerrs wäre sinnlos, wenn sie nicht mit einer Entdeckung begönne.

Der Kritiker braucht nicht entdeckt zu werden. Seine Rezensionen waren ein einziger Kampf für das Genie – Hauptmann und Ibsen und Hebbel und Shaw und Schnitzler –, ein einziger Kampf gegen die Mittelmäßigkeit, gegen die »Eintagsfliegen«, wie er sie nannte. Er hat »*Töne in die Welt gesetzt, so sie vorher nicht bestanden*«. Er wollte »*lieber Extrakt sein als Limonade; lieber mit Blitzlicht arbeiten als mit angereihten Petroleumfunzeln*«. Sein Ziel war »*Wesentlichkeit, nicht Vollständigkeit*«. Es ging ihm nicht darum, »*ein Buch über den Gang einer Bewegung zu schreiben. Aber jedesmal: den Kern eines Menschen auf eine bleibende Art festzuhalten*«. Er schrieb das beste Deutsch der letzten hundert Jahre – und war nicht unbescheiden, als er reimte: »*Ein Pech scheint mir, dem Wertbemesser, / Noch dieses: – Wenn mein Maßstab mißt, / Wird, was ich spreche, meistens besser / Als das, wovon zu sprechen ist.*«

Seine Davidsbündlerkritik suchte den Ewigkeitszug.

***

Er schrieb in der Einleitung zum *Neuen Drama:* »*Der blöden Abgrenzung: ›Dieser ist kein Dichter, sondern ein Kritiker‹ setzt das Buch ein Ziel.*« Die Wiederentdeckung muß mit der Entdeckung des Dichters beginnen.

Es ist kein Zufall, daß die Deutschen, Patrioten mit Fernweh, seit Alexander von Humboldt die schönsten Reiseberichte geschrieben haben. Es entsprach dem lebensfrohen Wesen Kerrs – »*Und in dem, was ich höre, liegt alles: die Wurstigkeit gegen Einwände, die Belanglosigkeit der Kunst; und die Seligkeit, die Seligkeit, die Seligkeit des Daseins*« –, daß es ihn immer wieder hinaustrieb in die Welt. Dieser dichtende Kolumbus, des Provinzialismus Feind, hat in seinem Buch *New York und London* die beiden Weltstädte gesehen, wie nur ein Bruder aus der Weltstadt Berlin sie sehen konnte. Selbst Manfred Hausmanns entzückende *Kleine Liebe zu Amerika* wirkt heute blaß neben den amerikanischen Skizzen Kerrs.

Nicht minder aktuell, in des Wortes unaktuellstem Sinn, ist seine afrikanische Reise. Der Titel »*Die Allgier trieb mich nach Algier*« ist kein Kalauer – er hatte die Allgier des Lebens. In diesem Reisebericht, wie in allen anderen seiner impressionistischen Reisenotizen, rückt die Ferne so nahe, weil sich der schlesische Jude Alfred Kerr immer als Deutscher empfunden hat, ein heimatlicher Kosmopolit. Er entdeckt die Ähnlichkeit Tunis' mit der Heimat:

> »*Am Morgen hat es frisch getaut,*
> *Die Welt ist sommerschwer –*
> *Mit Himbeerwald und Heidekraut*
> *In Mecklenburg am Meer.*«

Dabei hat Kerr die Welt in einer Zeit durchzogen, die mit Konflikten nicht minder beladen war als heute. In Bozen kam er gerade an, als Mussolini dort das Denkmal Walthers von der Vogelweide schleifen ließ – Walther, so hatte der Duce erklärt, verhalte sich zu Dante wie der Monte Pincio zum Himálaja. In Südtirol höhnte Kerr:

> »*Zwei Dichter wirken in getrennten Kreisen,*
> *Wenn einer Tuba, einer Flöte bläst.*
> *Unsterblich süß erklingen Walthers Weisen –*
> *Wovon du einen Quark verstehst!*
> *Die Politik zeigt auf der Länderkarte*
> *Den vollen Unterschied von Berg und Tal:*
> *Himálaja – das ist der Bonaparte.*
> *Wer ist der Pincio? (Rate mal!)*

Ob Kerr Italien durchstreifte, ob er den »hesperischen Himmel« sah, ob er den »korsischen Wald« besang, ob Südamerika oder »das Glück in Paris«: keine Zeile veraltet. Dieses literarische Wunder erklärt sich wohl aus seinem Impressionismus. Die Impressionisten sahen die Welt weder äußerlich – das Äußerliche wandelt sich unentwegt – noch mit der Eitelkeit der Expressionisten – der Ausdruck ist wandelbar –; wie Degas und

Cézanne und Renoir ließ sich Kerr beeindrucken, und was den Menschen beeindruckt, ist bleibend. Seine präzise Subjektivität ließ ihn eine Definition finden wie diese: »*Fast jeder durchschnittliche Schweizer wirkt in einem gewissen Maß freiheitlich ... obwohl er letzten Endes wohl stockkonservativ ist. (Er ist halt konservativ im Freiheitlichen ... Also: kein Emporkömmling in diesem Gefühl. Das wird es sein.)*«

***

Das kritische Genie Kerrs überschattete den Reiseschriftsteller wie den Dichter – den Dichter zumindest im Sinn der Franzosen, von denen Thomas Mann gesagt hat: »*Man scheidet bequem und verständig / Dort den Reimschmied von Manne der gradausgehenden Rede.*«

In seinen »*Harfenliedern*« hat der »Reimschmied« Kerr die moderne deutsche Poesie ebenso bereichert wie die kritische Literatur in *Welt in Drama*. Er hat seine Eltern besungen:

> »*Stillster Pol im Lebensbraus.*
> *Leuchten. Übers Grab hinaus.*
> *Minne fällt und Freundschaft fällt,*
> *Wenn die Seelen unserer Welt*
> *Sich in Trug und Kampf zerreiben;*
> *Eltern ... bleiben.*«

Er hat eines der schönsten deutschen Liebesgedichte geschrieben, das mit den Zeilen beginnt:

> »*Du bist gekommen, die Zeit ist vollendet,*
> *Von alten Sternen zu mir gesendet,*
> *Du gehst mit Leuchten die wirren Pfade,*
> *Du liebe Erfüllung, du singende Gnade ...*«

Er hat aber auch, dieser deutsche Jude im Exil, der die Heimat so definierte: »*Was ist Heimat? Kindheit. Wiegensang. / Sprachgewöhnung. Und Erinnerungszwang*« der deutschen Widerstandsbewegung das einzige dichterische Denkmal gesetzt.

Von den *illegalen Kämpfern in Deutschland* schrieb er – in der ersten Strophe:

> *»Die Welt erfährt kaum, wie sie heißen.*
> *Sie schweben dahin, dunkel und licht,*
> *Man will den Hut vom Kopfe reißen,*
> *Sie tausendmal grüßen – sie sehn es nicht.*
> *Sie schreiten und gleiten; Stürme tosen,*
> *Manchen packt es, er lebt nicht mehr;*
> *Doch lebt der Bund der Namenlosen,*
> *Das unsichtbare Helferheer.*
> *Die Folter droht, die Qual ist bitter –*
> *Der Kampf geht weiter unbeirrt.*
> *Sie sind die Heiligen und die Ritter*
> *Des Menschenreichs, das kommen wird.«*

Das alles, und vieles andere, will jetzt ans Licht, an das Licht, in dem Kerrs helle Philosophie strahlte – ausgedrückt im Titel seines, wer weiß, reichsten Buches: *Es sei, wie es wolle, / Es war doch so schön.*

Der Tod ereilte ihn, nach der Rückkehr, in Hamburg, der Stadt Lessings, im Theater – welch ein Tod für den Freund des Theaters, den Feind des Todes! In seinem *Torspruch* hat er geschrieben:

»*Ob heut, ob einst: hier sind Quittungen für Erlebtes. Ein Dank an den Schmerz. Ein Gruß an das Glück. Ein Tritt an den Tod.*«

Unter Tod hat er die Sterblichkeit verstanden.

Ergänzt aus dem Manuskript nach einem Aufsatz in der »Rhein-Neckar-Zeitung«, Dezember 1959

Brief nach Kilchberg

Liebe Freundin!

So kommt also der neunte November. Du liegst in Deinem Bett, im Turmzimmer des Hauses zu Kilchberg, von Büchern umgeben, alle griffbereit, sehr praktisch, die Schreibmappe hältst Du auf den Knien, die Bleistifte sind scharf gespitzt, Briefe, Papiere, Dokumente, da sind auch ein paar Gläser und eine Flasche mit Kirschwasser, denn es könnte ja Besuch kommen, es kommt immer Besuch. Arbeitest Du noch am dritten Band der Briefe Deines Vaters, an den Briefen Thomas Manns, des »Zauberers«, oder bist Du schon mitten im Drehbuch für den *Zauberberg*-Film?

Ach, ich habe es ja ganz vergessen, Du hast Geburtstag, den sechzigsten. Das ist der Fluch der Berühmtheit, auch Frauen sind keine Ausnahmen, es steht ja auf den Schutzumschlägen der Bücher, in jedem literarischen Lexikon, es geht aus manchen Schriften Deines Vaters hervor: Erika Mann wird sechzig. Die älteste Tochter Thomas Manns, seine Freundin, Beraterin, Mitarbeiterin. Geboren in München, neunter November neunzehnhundertundfünf. War zweimal verheiratet, erste Ehe mit Gustaf Gründgens. Weltreise mit ihrem Bruder Klaus; das zauberhafte Buch, das darüber berichtet, *Rundherum,* wird jetzt wieder aufgelegt. Und *Muck, der Zauberonkel:* Besseres hat die Jugendliteratur kaum hervorgebracht; es erschien, als der Unmensch schon zur Vernichtung rüstete. Die tapfere Reise durch Europa, mit dem Kabarett *Die Pfeffermühle:* Direktrice, Regisseurin, Autorin und Schauspielerin – die lachende Kriegserklärung an Hitler. Wie keine zweite Repräsentantin einer Generation verloren, aber nicht wehleidig. Emigration. Die Vortragsreisen durch Amerika, überaus peinlich für den Unmenschen, doch auch den Amerikanern nicht so recht genehm, in klingendem Englisch, doch kein Blatt vor dem Mund. Heimkehr. Wohin? In die gastliche Schweiz, dem exterritorialen Territorium des vertriebenen Geistes. Kilchberg, Alte Landstraße – als fügte sich noch der Name der Straße dem Stil des Meisters. Der Tod des Vaters. Der Nachlaß, das Archiv in Zürich, neue Übersetzungen, Anthologien, Verfilmungen nach dem Wunsch des Filmbesessenen, die Briefe. Und die Festung, die nicht fallen darf.

Ach, ich vergesse es wieder, Du hast Geburtstag, den sechzigsten. Was hat Dich so jung erhalten? Manchmal denke ich: Es wird wohl das gewesen sein, was andere dem Alter hinwirft. Die Krankheit, der Du seit einigen Jahren schon so schön die schöne Stirn bietest. Die Entsagung, mit der Du Dein eigenes Werk – jeder Leserbrief, den Du an eine Zeitung schreibst, ist wie ein geschliffenes Juwel –, die Entsagung also, mit der Du Dich, Dich und was Du kannst vergessend, ganz dem Unsterblichen widmest. Die Arbeit, die mit Dir wandert, wohin Du auch gehst: Ich werde das Zimmer im Kantonsspital nie vergessen – Blumen, Kisten mit Briefen, Kartotheken auf dem Kachelofen, Plakate von Toulouse-Lautrec, die Atmosphäre, die jeden Zwang besiegt. Die Familie – Katja, Deine Mutter, die letzte Generalin der deutschen Literatur, Golo, auf den Du stolz bist, die anderen, die Du liebst, Monica auf Capri, Elisabeth in Florenz, Gogoi in Rom, Nica in Paris, Michael in Kalifornien, verstreut alle, alle zuhause in Kilchberg. Und die Gräber. Und alles ganz zwanglos auf einen Nenner zu bringen. Auf den schönsten Nenner, den die deutsche Sprache, Dein und »sein« Heiligtum, gefunden – das Wort »Verantwortung«. Das, worunter andere zusammenbrechen. Das hat Dich so jung erhalten, Erika.

Und natürlich auch die Empörung. Über heuchlerische Kriegsgründe, ein dummes Plagiat, über die Unverbesserlichen, eine üble Regie, über die Polizeiwillkür, schlechte Manieren oder auch nur ein Komma am falschen Platz. Manche nennen Dich streitsüchtig. Und was sonst sollte man sein, in diesem Jahrhundert, in dessen Mißlichkeiten Du vor sechzig Jahren hineingeboren wurdest? Verantwortung ohne Streit wäre keine. Ich wäre tief enttäuscht, wenn ich einmal entdeckte, daß das Burgfräulein von Kilchberg in ihrem Turmzimmer neben Büchern, Briefen, Manuskripten nicht auch ein Schwert bereit hält.

Nur heute nicht. Heute, an Deinem Geburtstag, wenn Verwandte und Freunde nach Kilchberg strömen, wenn in dem nebelumsponnenen Haus über dem See es keiner wagt, eine andere Sprache als die des Zauberers zu sprechen – heute sollen die Waffen ruhen. Sei heute nur, was Du, in Seide gekleidet, von Parfüm umweht, den Spiegel zur Hand, immer in so hohem Maße zu sein verstanden hast – »*klug wie zwei Männer und hold wie ein Bauernkind*«. Empfange heute nur den Gruß Deiner alten Freunde.

St. Galler Tagblatt, Oktober 1965

Doch der Dichter blieb

Warum, frage ich mich, soll gerade ich ihn ehren? Er nannte sich selbst einen »guten Nationalsozialisten«. Die dunkelste Welle dieses Jahrhunderts trug ihn hoch. Die dunkelste Welle begrub ihn. Am achten April 1945, als die Russen sich Wien näherten, beging der Dichter Josef Weinheber Selbstmord. Warum, frage ich mich, soll gerade ich ihn ehren?

***

Zynisch könnte man sagen: Weil jeder Anrecht auf einen Nationalsozialisten hat. Aber das ist es natürlich nicht. Sondern weil die Dichtung des großen österreichischen Dichters, des letzten vielleicht, unberührt blieb von seiner Verwirrung. Und weil ich ihn, da er aus dem gleichen Kinderland stammte, verstehe. Und weil er für seinen Irrtum gezahlt hat.

***

Ich muß gleichwohl bei diesem Irrtum verweilen, bei seinen Wurzeln vielmehr. Das österreichische Dichterlos war seit je ein Los der Bitterkeit. Das hat viele Gründe – österreichische Dichter sind deutsche Dichter und doch keine Deutschen –, doch ist der wichtigste: Österreich, so klagte die Ebner-Eschenbach, »haßt seine Genies«. Von Grillparzer, der gedichtet hat:

»*Man gab mir die Gewißheit/Mein Streben sei verkannt/Und ich ein armer Fremdling/In meinem Vaterland*« – von Grillparzer führt ein direkter Weg zu Josef Weinheber. Der Metzgerssohn aus Ottakring, dem wienerischsten Wiener Bezirk, war so österreichisch wie sein Name. Seine Armut war österreichisch, österreichisch sein Schülerschicksal – der Verlust des Freiplatzes im Gymnasium aus nebulosem Grunde –, österreichisch seine spießerisch beengte Laufbahn als kleiner Postbeamter, österreichisch der Hochmut der Kritik, der seinen ersten Werken begegnete. Aber österreichisch war auch seine Reaktion. Aus lauter Bitterkeit ging seine erste Ehe in Brüche, aus Bitterkeit wurde er dem Katholizismus abtrünnig, aus Bitterkeit verschrieb er sich dem Nationalsozialismus, der ihn – freilich nur, weil sozusagen kein anderer da war – aufs Panier hob. Es ist österreichische Art, die Welt für Österreich verantwortlich zu machen. Und Josef Weinheber ist nicht der einzige Dichter, der, von der Welt nicht verstanden, die Welt nicht verstand.

***

Es ist ein akzeptierter Aberglaube, die größten Dichter seien jene, die eine Form der Dichtung »erfinden«. Die Höhepunkte werden meistens spät, oft erst am Ende einer literarischen Entwicklung erreicht. Josef Weinheber war der letzte deutsche Dichter, der dem gereimten oder rhythmischen Vers Töne entlockte, wie man sie seit Hölderlin nicht vernommen hatte. Um 1926 findet der 1892 geborene Dichter zu den antiken Odenmaßen zurück und verleiht ihnen einen geradezu erregenden Klang der Moderne. Die Michelangelo-Sonette in dem zehn Jahre später veröffentlichten Band *Späte Krone* sind die späte Krönung jener Dichtung, die den Übergang von dem Gedanken zur Musik – oder von der Musik zum Gedanken – findet, ohne, wie das bei den Formzertrümmerern von heute geschieht, auf den Gedanken oder die Musik zu verzichten. Wenn er in seinem Spätwerk *Mit fünfzig Jahren,* seinem vollendetsten Zyklus, dichtet: »*Hineingeboren in mein Ich/Ich hatte nichts als echt zu sein/Doch diese Welt stand fürchterlich/dagegen auf/mit blutigem Widerschein«* – dann ist das in des Wortes wahrstem Sinne ein klassisches Beispiel für die unerschöpflichen Möglichkeiten des sinnvollen Gesanges.

* * *

So gilt es, meine ich, bei allen verständlichen und verständnisvollen Reservationen gegenüber seinem Charakter, am zwanzigsten Todestag den Dichter Weinheber zu ehren. Ich kann das nicht besser als mit der Wiedergabe des letzten Sonetts aus *Von der Kunst und dem Künstler,* der seelischen Autobiographie des Unglücklichen:

> *Dies sehn wir, Herrin, zeit- und leiderfahren:*
> *Es ist ein dauerndes Dasein eben*
> *dem Bildwerk vor dem Bildenden gegeben,*
> *der hingehn muß in seinen weißen Haaren.*
> *Der Schöpfer stirbt, Geschaff'nes kommt zu Jahren.*
> *So siegt die Kunst, so unterliegt das Leben.*
> *Mit ganzer Seele meinem Werk ergeben –*
> *Ich weiß, wie Zeit und Tod mit mir verfahren.*
> *Doch könnt ich Ewigkeit verleihn und beiden,*
> *fügt ich nach deinem Wink, in Farb' und Steine*
> *ein Bild von uns, getreu und formerlesen,*
> *zu zeugen tausend Jahr nach unserm Scheiden,*
> *wie deine Züge schön, wie elend meine,*
> *und wie dich lieben mir Gesetz gewesen.*

Neue Ruhr-Zeitung, April 1965

Ein guter Schriftsteller

Stefan Zweig, der am achtundzwanzigsten November fünfundachtzig Jahre alt geworden wäre, war kein großer Schriftsteller. Er war ein guter Schriftsteller. Und das muß etwas Besonderes sein, denn es sind vierundzwanzig Jahre her, seit Stefan Zweig im Februar 1942 in dem brasilianischen Petropolis Selbstmord verübte, und seine Werke sind so frisch, als hätte er sie heute geschrieben.

Ein guter Schriftsteller – was ist das? Er ist ein Schriftsteller, der das Handwerk nicht nur beherrscht, sondern davor auch Respekt hat. Der Wiener Industriellensohn, der in seiner Heimatstadt und in Berlin Germanistik und Romanistik studierte, der die Welt bereiste, im Ersten Weltkrieg aus Protest in die Schweiz zog, sich später in Salzburg niederließ und vor Hitler nach London, New York und Brasilien flüchtete – Stefan Zweig beherrschte das Handwerk wie kaum ein anderer. Seine im besten Sinne romantischen Biographien – ob er die Dichter Balzac, Dickens und Dostojewski oder die Dichter des Daseins, Casanova und Don Juan etwa, beschreibend und analysierend nacherlebte – verbinden dichterisches Einfühlungsvermögen mit einer Akribie, die auch unter den kühleren Werken der Historiker ihresgleichen sucht. Die Sprache ist wie eine spröde Frau – wer sie nicht beherrscht, der versucht, sie zu ändern. Der Österreicher Stefan Zweig beherrschte die deutsche Sprache mit einer graziösen Meisterschaft; sie war ihm gefügig, er brauchte sie nicht zu bezwingen. Er war ein Meister des Handwerks.

Ein guter Schriftsteller – was ist das? Es ist ein Schriftsteller, der zwar nicht, wie die großen, die in jedem Jahrhundert nur meteorenhaft selten erscheinen, seine eigene Welt kreiert, aber die vorhandene in eherne Tafeln graviert. Der Romancier und Novellist Stefan Zweig war sozusagen ein Zwillingsbruder der Psychoanalyse: Er wurde gleichzeitig mit ihr geboren. In seinen Erzählungen *Brennendes Geheimnis, Amok, Schachnovelle* und *Verwirrung der Gefühle,* in seinem einzigen Roman *Ungeduld des Herzens* schuf er beinahe eine Kunstgattung, die man als psychologischen Naturalismus oder als Realismus der Seele bezeichnen könnte. Als er 1901 zu schreiben begann, standen die Schriftsteller vor einem schier übermenschlichen Problem. Sigmund Freud hatte in die geheimsten Kammern der Seele geleuchtet; damit aber hatte sich die Wissenschaft der Kunst bemächtigt. Zu übergehen waren die Erkenntnisse der Psychoanalyse nicht – wie aber sollte man an dem »erfundenen« Menschen exemplifizieren, was Freud an dem »wirklichen« Menschen aufgewiesen hatte? Stefan Zweig sublimierte die Freudschen Erkenntnisse, die ihrerseits auf den instinktiven Äußerungen der Dichter beruhten, in Charakterschilderungen, bei denen, vielleicht zum ersten Mal, alles »stimmte«. Er führte die Wissenschaft sachte zur Kunst zurück. Ein großer Handwerker ist ein Künstler.

Ein guter Schriftsteller – was ist das? Er ist ein erhabener Berichterstatter. Stefan Zweig schuf keine unsterblichen Figuren, aber er schuf bleibende Zeugen vergänglicher Zeiten. Der Dr. B. seiner *Schachnovelle* ist das Sinnbild des gequälten Individuums unserer Zeit, der dem mechanischen Gehirn seines Gegenspielers zum Opfer fällt, und die Professorengattin in *Verwirrung der Gefühle,* eine Maupassantsche Erscheinung, ist die erotisch unverstandene Frau im Zeitalter der Sexualität.

»Mir persönlich macht es mehr Freude, Menschen zu verstehen, als sie zu richten«, schrieb Stefan Zweig. Seinen Selbstmord mitten im Krieg und als das Dunkel sich schon lichtete, können seine vielen Freunde und Verehrer bis heute nicht verstehen. Er war reich, geliebt und angesehen; auch Heimweh allein konnte es nicht gewesen sein. Vielleicht hatte er, mitten in seiner Beschäftigung mit Balzac, selbstkritisch bis zum Grad der Selbstzerfleischung, das Gefühl gehabt, es genüge nicht, ein guter Schriftsteller zu sein. Hier hatte sein Urteil, so scharfsinnig in der Beurteilung anderer, versagt.

Badisches Tagblatt, November 1966

Der Schreibtisch des Herrgotts

I.

Nicht daß ich das Bleibende mancher Werke des vor wenigen Tagen in New York gestorbenen ungarischen Dramatikers, Komödiendichters und Erzählers Ferenc Molnár bezweifelte – neben dem mit Sicherheit unsterblichen *Liliom* haben Stücke wie *Der Schwan, Der Leibgardist* und *Spiel im Schloß* den graziösesten Ewigkeitszug; auch will es mir scheinen, daß Molnár eine der schönsten Novellen seit Maupassant, *Der musizierende Engel,* und vielleicht den bedeutendsten Jugendroman der Gegenwart geschrieben hat, *Die Jungen von der Paul-Straße* –, aber was von Molnár erzählt wird, ist jedenfalls so unvergänglich wie das, was er erzählte. Die Anekdoten, in deren Mittelpunkt er steht, seine Aussprüche und Bemerkungen sind Legion und Legende. Sie sollten nicht sterben mit den Zeitgenossen. Wenigstens drei will ich aufzeichnen, unbekannte, meine ich; in herrlicher Geberlaune hat sie mir Molnár an einem Abend in einem kleinen New Yorker Restaurant, der *Mona Lisa,* unweit jenes *Hotels Plaza* erzählt, wo er den größten Teil der Emigrationsjahre verbrachte – schon früher hatte er gesagt: »Ich habe eine Fünf-Zimmer-Wohnung – in fünf Städten je ein Hotelzimmer.« Die Anekdoten, erlebte allesamt, hängen zusammen, sind Illustrationen einer Molnárschen Philosophie. Mit einem kaum merklichen Lächeln, das Monokel im Auge, setzte er an diesem Abend auseinander, daß der Herrgott, er zweifle nicht daran, einen riesigen Schreibtisch habe, auf dem wir alle als niedliche Figürchen unseren Platz einnehmen. Im allgemeinen läßt uns der Herr gewähren; Er hätte zu viel zu tun, sich in alle unsere Angelegenheiten einzumischen. Nur zuweilen, wenn wir allzu sehr übertreiben, allzu wild über die Stränge schlagen, fege uns der Herrgott mit einer winzigen Geste, einem »Schnippsen« von Daumen und Zeigefinger, vom Tisch. Molnár schickte sich an, das zu beweisen.

II.

In der Zeit der österreichisch-ungarischen Monarchie, in der ritterliche Duelle auf der Tagesordnung standen, galt in Budapest der Graf K. als der größte aller Duellhelden. Mehrere Dutzend Mal hatte er, die beleidigte Ehre zu retten, nach dem Säbel gegriffen, und alle seine Gegner hatten das Parkett mit blutigem Kopf verlassen. Ein Duellheld, zweifellos, doch nicht so ritterlich, wie man annehmen wollte. Eines Tages, der langen Waffenruhe müde, hatte der Graf einen harmlosen kleinen Angestellten im Kaffeehaus herausgefordert, mit der ganz und gar unbegründeten Anschuldigung, dieser habe eine Dame am Tisch des Grafen »fixiert«. Herausgefordert und gefordert. Das Duell mit dem verzweifelt Erschrockenen sollte an einem Montagmorgen stattfinden; für den gleichen Abend lud Graf K. seine Freunde ins *Nemzeti kaszinó,* den Aristokratenklub, zu einer Siegesfeier ein. »Nun werdet ihr wohl meinen«, sagte Molnár, »der Buchhalter habe sich als geheimer Fechtchampion entpuppt und dem Grafen die Nase abgeschnitten. So einfach geht es auf dem Schreibtisch des lieben Gottes nicht zu.« Das Duell fand also statt und endete, wie es ausgehen mußte: Der arme Teufel erhielt schon in den ersten Minuten eine gräfliche Schramme über der Wange. Am Abend wurde gefeiert, und die Schranzen des Grafen priesen in schönen Toasts dessen unübertreffliche Qualitäten. Dann erhob sich Graf K. zu einem kurzen Dank. Leider war aber der Banketttisch, der vielen Gäste halber, verlängert worden und der Graf hatte an dem verlängerten Ende der Tafel gesessen. Indem er nun sprach, stützte er sich mit beiden Händen auf die Tischplatte und, siehe da, diese erhob sich, die Hebelwirkung tat ihr Werk: Alles, was sich auf der Tafel befand – Gläser, Kristall, Porzellan – stürzte über den Redner; blutüberströmt, an beiden Händen und am ganzen Gesicht schwer verletzt, lag er unter dem Tisch. »Denn, liebe Freunde«, sagte Molnár, »der liebe Gott hat die unritterliche Herausforderung, das feige Duell, sogar das Malheur des Unschuldigen ertragen. Aber daß man eine Siegesfeier im voraus bestellt – das konnte Er nicht dulden. Graf K. fiel vom Schreibtisch.«

III.

Herr W., ein ungarischer Großindustrieller, war nicht nur ein überaus geiziger, er war auch ein gesellschaftlich aufs äußerste ehrgeiziger Mann. Da verbrachte nun der reiche Herr seine Ferien in Venedig, und konnte es partout nicht ertragen, daß ihm die venezianische Gesellschaft die kalte Schulter zeigte. Was sollte er tun? Eines Tages hatte er einen großartigen Einfall. Er, Ungar, Jude, höchst unmusikalisch, stellte fest, daß sich auf dem Sterbehaus Wagners, dem *Palazzo Vendramin,* keine Gedenktafel befände. Flugs gründete W. ein Komitee, das dieser schändlichen Vergeßlichkeit ein Ende bereiten sollte. Und weil er doch eine so gute Sache vertrat, öffneten sich vor dem Fremden die Tore der Palazzi. Die Marmortafel wurde angebracht – Komiteepräsident W. hatte sie beileibe nicht selber bezahlt –; die Einweihung konnte stattfinden. Auf den Balkonen des Wagnerschen Palastes saßen schon erwartungsvoll die Spitzen der Behörden, die Patrizier Venedigs, die Prinzen und Principessas, sogar der Patriarch der Lagunenstadt hatte sich eingefunden. Präsident W., der natürlich die Enthüllungsrede halten sollte, war indes zu knausrig, um sich zu dem Palast auf dem Canal Grande rudern zu lassen – mit Frack und Zylinder angetan, begab er sich auf das gegenüberliegende Ufer, von wo ihn ein *Traghetto*-Boot für eine Lire nur über den Kanal setzen sollte. Da sich aber halb Venedig zu dem Ereignis drängte, war die Straßenbahn-Gondel überfüllt; sie kippte um und der Festredner fiel ins Wasser. Seine Perücke schwamm wie Schlamm auf der Lagune und Schlamm klebte ihm an der weißen Hemdbrust. Das Fest, in des Wortes wahrstem Sinne, war ins Wasser gefallen, in der Lächerlichkeit untergegangen. »Seinen Geiz und seine gesellschaftlichen Ambitionen«, schloß

Molnár, »hätte der liebe Gott dem guten W. verziehen. Aber, seht ihr, Freunde, wenn ein ungarischer Jude, der sein Leben lang höchstens Zigeunermusik genossen hat, Richard Wagner unbedingt eine Gedenktafel setzen will, fällt er ins Wasser. Beziehungsweise vom ... na, ihr wißt schon.«

IV.

Wie war das, mit dem *Liliom?* Der mittellose ungarische Dichter Ferenc Molnár hatte, gegen den Willen ihrer Eltern, die junge Margit Vészi geheiratet, Tochter des Geheimrates Vészi, Herausgeber des hochangesehenen *Pester Lloyd.* Bescheiden und glücklich lebten die Verstoßenen, erwarteten auch ein Kind. Da geschah es, daß Molnár in einem häuslichen Zwist den Kopf verlor und seiner Frau – erinnert ihr euch an *Liliom?* – einen Schlag versetzte. Sie lief ihm davon, zu ihren Eltern. In seinem Schmerz, größer als der ihre, schrieb er an seinem einsamen Kaffeehaustisch das Stück, das ihn weltberühmt werden ließ. Übrigens gewann er auch Margit zurück. Aber das gehört nur indirekt zu der Geschichte. Die spielt auf der Hochzeitsreise. Diese mußte der Dichter, auf Drängen seiner jungen Frau, nach London unternehmen – ganz gegen seinen Willen, denn seine Heimat war nicht London, sondern das *Café New York.* Aber für die Snobs von Budapest gab es nur eine Stadt. Man sprach englisch, kleidete sich englisch, gebärdete sich englisch. So saßen sie denn, Ferenc und Margit, in ihrer Kabine und warteten auf die Abfahrt des Dampfers von Calais. Molnár beobachtete den Kran, der einen Schrankkoffer nach dem anderen vom Pier auf das Schiff hob. »Ich fragte Margit, was denn geschehen würde, wenn sich der Kran plötzlich über dem Wasser öffnete. ›Siehst du nicht, was auf dem Kran steht?‹ fragte sie mich. Auf dem Kran stand: ›Brown & Brown, Liverpool.‹ – ›Siehst du‹, sagte Margit, ›es ist ein englischer Kran. Ein englischer Kran öffnet sich nicht zur unrechten Zeit.‹« Er öffnete sich aber doch, nicht nur zur unrechten Zeit, sondern auch mit dem unrichtigen Schrankkoffer in den Krallen. »Alles, was wir besaßen, plumpste ins Wasser. Wir kamen praktisch nackt in London an. Denn, ihr Lieben, der Herrgott ist wirklich tolerant – *c'est son métier,* wie Heine sagte. Aber daß ein Mädchen aus Budapest, das noch nie Ungarn verlassen hat, die Engländer für unfehlbar hält, war Ihm zu viel. Daumen und Zeigefinger – Margit war von Seinem Tisch gefegt.« Er lachte. Er lachte selten. Aber er konnte über sich selbst lachen. Deshalb hat er einige der köstlichsten Komödien unserer Zeit geschrieben.

Daily News, April 1952

Versöhnung mit Gott

Erstaunlich an diesem Gespräch, das kurz nach dem fünfundsiebzigsten Geburtstag Selma Lagerlöfs stattfand, ist nicht zuletzt das Datum. Ich sprach in Genf mit der besten Freundin und bedeutendsten Interpretin der Nobelpreisträgerin, der Dozentin Dr. Thunin; der Artikel erschien im Dezember 1933 im »Neuen Wiener Journal«. Erstaunlich das Datum, doch erstaunlicher die Erkenntnisse über eine der am wenigsten verstandenen Gestalten der Literatur. Ich gebe das Gespräch unwesentlich verkürzt wieder.

Auf dem Tisch des kleinen Salons liegt ein schmaler Band. Und heißt *L'automne.* Herbst. Das jüngste Buch der Dichterin Selma Lagerlöf. Der dritte Band ihrer Erinnerungen. Wie Goethe das letzte Jahr seines Lebens nach der Beendigung des zweiten Teiles von *Faust* als ein Geschenk betrachtete, so betrachtet Selma Lagerlöf die Jahre, die ihr noch gegeben sind, als ein Geschenk. Der letzte Memoirenband, an dem sie arbeitet, wird *L'hiver* heißen. Winter. Den Herbst aber hat die deutsche Zensur am fünfundsiebzigsten Geburtstag der nordischsten aller lebenden Dichterinnen – sie wurde am zwanzigsten November 1858 geboren – kurzerhand konfisziert.

»An ihrem Geburtstag wurden im deutschen Rundfunk drei Vorträge – gegen sie – gehalten«, sagt Dozentin Thunin von der Universität Upsala, die Freundin der Lagerlöf, die Übersetzerin von Pirandello und Girodoux.

Was soll das für einen Sinn haben, diese Feindschaft gegen die Lagerlöf?

Die Dozentin will kein politisches Gespräch führen – »Selma Lagerlöf haßt nichts mehr als Politik«, sagt sie. Vielleicht liegt es an ihrem Glauben, daß das Gute siegt – am letzten Ende. Die Romantik der Lagerlöf ist nicht die Romantik der *nouveaux messieurs* – ihre Romantik ist realistisch, ihr Realismus romantisch. Die Unterhaltungsautoren, mit denen sie oft verwechselt wird, verlassen sich auf das Gute im Menschen; sie sind sicher, daß es siegen werde, und auch die Leser sind dessen sicher, sozusagen von der ersten Seite an. Die Dichterin der *Löwensköld*-Trilogie gleicht dem Rennplatzbesucher, der den Favoriten kennt, aber auf den Outsider setzt. Wer den Roman *Herrn Arnes Schatz* liest, in dem Wirklichkeit und Traumwelt aufs modernste verwoben sind – wer diesen Roman liest, der mit dem Blutbad auf dem Pfarrhof von Solberga beginnt, muß erkennen, daß für die Lagerlöf der Sieg des Guten durchaus nicht feststeht, daß für sie das Gute durchaus kein »Favorit« ist: Es siegt niemals von selbst, siegt immer »trotzdem«. Das Lagerlöfsche Happy-ending, das ihr den Ruf der Rührseligkeit eintrug, äußert sich in den Worten der Frau des Bauern Ingmar. Barbro erklärt den Erfolg der schwedischen Bauern in Jerusalem damit, daß sie sich nicht zufriedengaben, ehe sie sich »*mit dem lieben Gott versöhnt hatten*«. Grund genug für die Unversöhnlichen, gegen die Lagerlöf zu Felde zu ziehen?

Aber die Freundin will von Persönlichem sprechen. Vom stillen Leben der Fünfundsiebzigjährigen auf ihrem kleinen Gut Maorbacka, in der Provinz Värmland.

»Sehen Sie, dieses Gut hat seine Geschichte. Als Selma Lagerlöf den Nobelpreis erhielt, hat sie den Besitz zurückgekauft. Haus und Gut hatten den Eltern gehört. Aber man mußte alles veräußern, als nach dem Tod des Vaters der große materielle Zusammenbruch kam. Sie hat mir gesagt: ›Der Nobelpreis hat für mich mehr bedeutet als je für einen anderen. Was mir Maorbacka in der Kindheit gab, gab ich Maorbacka im Alter zurück.‹ Värmland: Das ist die typischste Provinz Schwedens. Von allen Erinnerungen umweht. Von allen Legenden und Sagen umsponnen. Über die Felder von Maorbacka geht die Geschichte, mit schwerem Schritt. Über Maorbacka schwebten die Wildgänse des ›kleinen Nils Holgersson‹. Damals, an langen Winterabenden, saß man noch am Kamin und hörte zu, wenn Großmutter oder die beiden alten Tanten oder die Köchin vom Schimmelreiter oder einer Nacht auf der Hallig erzählten.«

Die Dozentin von Upsala, fünfunddreißig Jahre jünger als die Freundin, spricht, als würde sie selbst ein Märchen erzählen. Am offenen Kamin. Auf Maorbacka. Und Worte klingen mit, die ein anderer Großer des Nordens, der Amtsgerichtsrat im Hademarschen, Theodor Storm, in die Welt gesetzt hat: »*Im Hinterhaus, im Fliesensaal/Über Urgroßmutters Tisch und Bänke/Über die alten Schatullen und Schränke/Wandelt der zitternde Mondenstrahl.*«

»Als Selma Lagerlöf dreieinhalb Jahre alt war, erwachte sie eines Morgens und konnte ihre Beine nicht bewegen. Das Kind schrie und jammerte. Man mußte die kleine Selma tragen: eine unerklärliche Krankheit. Ein Jahr lang sah es hoffnungslos aus. Die Eltern brachten Selma zu einem alten Bader. Irgendwo an der Küste. Aber auch seine Wunderkuren fruchteten nichts. Man wohnte damals bei einem Schiffskapitän. Der war draußen auf hoher See. Nur seine Frau erzählte oft von den wunderbaren Dingen, die er aus fernen Ländern mitzubringen pflegte. Und von dem Paradiesvogel, den er immer in seiner Kabine hatte. Endlich kam er an. Die kleine Selma wollte den Paradiesvogel sehen. Ein alter Matrose trug das Kind auf das Schiff. Stellte es nieder vor den Kajüten, um die Tür zu öffnen. Er rief ihr von unten zu: ›Siehst du, da ist der Paradiesvogel.‹ Und auf einmal, da lief die Selma über die Treppen hinunter. Sie stand mitten im Raum. Und der Matrose sagte: ›Siehst du, dieser Paradiesvogel hat keine Pfoten und kann doch laufen.‹ Selma sah dem Vogel nach, der in der Kabine umherflog. Ihre Eltern fanden sie auf dem Tisch. Sie stand auf dem Tisch und lachte.«

Das erzählt die Literaturhistorikerin. Wie ein Märchen. Von der Lagerlöf. Vom Nils Holgersson und seiner wunderbaren Reise mit den Wildenten. Selma Lagerlöf und die wunderbare Rettung durch den Paradiesvogel.

»Alles, was Selma Lagerlöf schreibt, ist ein Märchen. Sie vollendet ein vollendetes Leben. Als ich sie vor kurzem sah, hat sie von dem ›kommenden Sieg des Lichts über die Dunkelheit‹ gesprochen.«

Ach, es ist wirklich nicht so verwunderlich, daß Deutschlands neue Herren den Geburtstag der größten nordischen Dichterin neben Sigrid Unset mit Schmähungen begehen ...

Tristan und Tristesse

I.

Als vor hundert Jahren dem wohlhabenden jüdischen Unternehmer Bernard in Besançon ein Knabe geschenkt wurde, meinte der alte Bernard, nun werde endlich ein tüchtiger Sohn das väterliche Geschäft weiterführen können. Er ahnte nicht, daß da der künftige Humorist der Nation in der Wiege lag.

II.

Humorist der Nation: Dieser Ehrentitel, den ihm sein nicht eben humorloser Freund Maurice Chevalier verlieh, bezieht sich auf das Werk des Romanciers und Lustspielautors Tristan Bernard, bezieht sich aber weit mehr auf den Menschen, der jahrzehntelang mit dem *esprit* der Champs Elysées und des Boulevard Montmartre identisch war und, hochbetagt, im Dezember 1947 gestorben ist. Tristan Bernard ist die unsterbliche Tristan-Bernard-Anekdote.

III.

Sein Witz wechselte zwischen schillernder Definition, spitzem Spott und milder Weisheit. Über Poincaré sagte er nach einer Rede des Politikers: »*Er besitzt keine Überzeugung, aber die verteidigt er leidenschaftlich.*« Als man ihn bat, seine Freundin, die große greise Tragödin Sarah Bernhardt, zu überreden, sich weniger nachlässig zu kleiden, meinte er: »*Wozu? In ihrem Alter kleidet man sich nicht, man bedeckt sich.*« Einem Studenten, der ihn fragte, ob es möglich wäre, mit dreißig Francs in der Woche ein »christliches Leben« zu führen, erwiderte er: »*Es ist das einzige, was Sie mit dreißig Francs tun können.*« Über die Atheisten spottete er: »*Sie bringen sich um den einzigen Spaß, den einem der Tod bereiten kann.*« Von seiner Familie sagte er: »*Mein Vater ist ein großes Kind, das meine Mutter am Hochzeitstag bekommen hat.*« Als er, nachdem er sich lange verborgen hatte, von der Besatzungsmacht in das Konzentrationslager von Drancy verschleppt wurde, wandte er sich an seine Frau: »*Bis jetzt haben wir in Furcht gelebt – jetzt werden wir in Hoffnung leben.*« Und als, unmittelbar nach Kriegsende, ein skeptischer Freund bemerkte, der Frieden sei ja nur eine Theaterpause zwischen zwei Kriegen, erklärte er tröstend: »*Na, da wollen wir inzwischen wenigstens zum Büfett gehen.*« Im Leben Tristan Bernards war aller Spaß dieser Welt eingefangen.

IV.

Der große dunkle Mann mit dem langen Bart, ein augenzwinkernder Moses, war auch ein Komödiendichter von beachtlichem Talent. Seine Figuren in *Die Affäre Mathieu, Daisy, Der unbekannte Tänzer, Das kleine Café* und *Prinz Charmant* waren die kleinen Leute von Paris, denen sein großes Herz gehörte. Er besaß nicht die magierflinke Konstruktionsgabe seines Freundes Sacha Guitry, aber sein Witz war philosophischer, so daß wahrscheinlich weniger von seinen Stücken und mehr Stücke aus seinen Stücken bleiben werden. Die Nation liebte ihren Humoristen. Mehr als dreißig Jahre lang gehörte er zu Paris wie der Asphalt des Quartier Latin. Als die Deutschen, über den Protest der ganzen Künstlerwelt hinweg, seine Verhaftung verfügten – Bourdet trat seinethalben von der Direktion der *Comédie Française* zurück –, herrschte Sacha Guitry einen deutschen General an: »Sagen Sie Ihrem Führer, er soll gleich auch den Eiffelturm abtragen.«

V.

Weil er nicht nur ein Humorist, weil er auch ein Philosoph war, kehrte er ungebrochen aus dem Konzentrationslager zurück. Er war damals achtundsiebzig Jahre alt. Als er drei Jahre später starb, meinten auch seine größten Bewunderer, nun werde man den Mann, der sprechen mußte, um am Leben zu bleiben, bald vergessen. Jetzt feiert ganz Frankreich seinen hundertsten Geburtstag, und es vergeht immer noch kein Tag, an dem man ihn in den Cafés von Saint-Germain, in den Kabaretts des Montmartre, in rauchigen Kneipen und bei rauschenden Partys nicht erwähnte. Es ist der Triumph der Persönlichkeit über das Vergängliche. Es ist der Triumph Tristans über Tristesse.

Aufbau, September 1966

Zwischen Christus und Freud

I.

Welch ein Glück, daß es ihn noch gibt, den letzten Giganten aus der Generation der André Gide, Marcel Proust, Thomas Mann! François Mauriac, der größte französische Romancier dieses Jahrhunderts, weilt noch in unserer Mitte, doch ist er mehr als ein Stück lebendige Literaturgeschichte, literarisch und menschlich. Er ist das Symbol jener *unité artistique,* der künstlerisch-menschlichen Einheit, von der Pascal träumte.

II.

Wo soll man beginnen? Am besten wohl bei der Weinstadt Bordeaux, wo der Patriziersohn Mauriac an einem Oktobertag des Jahres 1885 geboren wurde. Er hat Bordeaux beschrieben, immer wieder – »*die Bäume verteidigen uns gegen die Menschen. Vom Morgengrauen bis zum Sonnenuntergang formt das Licht stets mit derselben, von Kindheit an geliebten Landschaft unbekannte und immerwährend neue erschaffene Welten, bevölkert von Wesen, die ich nicht sehe und die mir nicht weh tun.*« Wie armselig wirkt die Phantasielandschaft Alexandria Lawrence Durrells neben der Wirklichkeit einer Gegend, die freilich erst durch Mauriac wirklich wurde. Gäbe es einen literarischen Globus: Er enthielte nur die Namen der von unsterblichen Dichtern entdeckten Städte. Das Lübeck Thomas Manns, das Rouen Flauberts, das Moskau Tolstois, das London Dikkens'. Und das Bordeaux François Mauriacs.

III.

Ein Patriziersohn? In welch köstlicher Laune mußte der Herrgott auf diese Familie herabgelächelt haben, da einer der Brüder zu den bedeutendsten Biologen Frankreichs zählen sollte, ein anderer Erzbischof wurde, der dritte Träger des literarischen Nobelpreises. Man nennt François Mauriac einen katholischen Dichter. Aber das Bewundernswerte an seinem Werk ist nicht der Katholizismus, sondern dessen Auslegung. Wer weiß: Vielleicht hat Mauriac die geistige statt der geistlichen Laufbahn gewählt, weil er im Priestergewand kein so toleranter Christ hätte werden können. In seinen Erinnerungen *Bild meines Ichs* zitiert der Dichter von *Natterngezücht, Die Tat der*

Thérèse Desqueyroux, Das Geheimnis Frontenac und *Die Wege des Meeres* den Knaben Mauriac, der seiner Mutter, als ein Kardinal die Lektüre der *Action Française* verbot, sagte: »*Aber der ewige Gott kümmert sich nicht um die Zeitung, die wir lesen.*« Er begründet seinen Konflikt mit André Gide: »*Nicht daß wir uns weniger als Sünder fühlten als er. Aber das war es eben! Gide war nie ein ›armer Sünder‹ – aufgerichtet und triumphierend stand er da, der Inbegriff des Trotzes.*« Mauriac, der einige der zartesten Liebesszenen geschrieben hat, hat sich nie naserümpfend aus dem Getümmel der Arena zurückgezogen: Dem Trotz der Sünde setzte er den Trotz der Reinheit entgegen. Abraham a Santa Clara als Romancier.

IV.

Das ganze Werk Mauriacs – hier versagt die psychoanalytische Theorie von Reaktion und Revolte – wurzelt in dem strengen Glück seiner Jugend. Seine Menschen sind die Großbürger Bordeaux', seine Landschaft ist der schwüle Sommer der *landes*. Schon 1912 gründet er die katholische Zeitschrift *Cahiers*. Neunzehnhundertsechsundzwanzig wird er mit dem Großen Romanpreis der Académie Française ausgezeichnet, die ihn zu ihrem Mitglied wählt. Neunzehnhundertzweiundfünfzig, keinen Tag zu früh, erhält er den Nobelpreis. Sein Leben ist im nobelsten Sinne priesterlich: Er verurteilt niemand, bleibt aber selbst von allen Versuchungen unangefochten; keine Perversität der irdischen Hölle ist ihm fremd, aber er geht trockenen Fußes durch den flammenden Morast; er predigt keine Moral, die er sich nicht zueigen macht. Scheinbar unlösbare Widersprüche räumt er spielend aus dem Weg. Er ist ein beinahe bigotter Katholik und ein streitbarer Gegner der Reaktion, er ist ein beinahe esoterischer Dichter und ein herausfordernder Tagesjournalist, er fühlt sich am wohlsten in der Stille seiner antiken Bibliothek, und wenn er sie verläßt, steigt er auf die Barrikaden. Während viele seiner Kollegen mit dem Faschismus kokettieren, verschreibt er sich im Zweiten Weltkrieg der Widerstandsbewegung und wird ihr bedeutendster schriftstellerischer Untergrundkämpfer. Im hohen Alter trägt ihm seine Bewunderung für de Gaulle viele Feinde ein, aber er gehorcht keiner Opportunität, sondern nur der eigenen Überzeugung – und es fragt sich, ob der Einfluß des Greises auf den General nicht größer ist als die Faszination, die der General auf den Greis ausübt. Eine besessene Arbeitsdisziplin zwingt den Achtzigjährigen, nicht nur an einem neuen Buch, sondern auch ständig an seinen Tagebüchern und an Artikeln für den *Figaro* zu arbeiten. *Unité artistique:* Genie und Charakter.

V.

Seine Bedeutung für die moderne Romanliteratur – das Wagnis der Voraussage ist erlaubt – ist bleibender als die von Proust und Joyce, weil es ihm allein gelungen ist, die christliche Weltanschauung aus dem reißenden Strom der Psychoanalyse zu retten. Statt sich, wie andere christliche Dichter, den Erkenntnissen Freuds zu widersetzen, macht er sie Christus untertan. Die Ehe von Noemi und Johann in *Der Aussätzige und die Heilige* ist eine Strindbergsche Ehe, aber am Schluß wird das Geheimnis des Herrn, »*Sklaven Gott gleichzumachen*«, offenbar. Den zum Mörder gewordenen Gabriel Gradère in *Die schwarzen Engel* stattet er mit allen Eigenschaften des Freudschen Psychopathen aus, aber auch der Verbrecher vermag es, »*in den Armen Gottes einzuschlafen*«. Schuldgefühle, die erst Freud benannt hat, quälen die alternde Thérèse Desqueyroux in *Das Ende der Nacht,* aber mit ihrem Leben geht auch die Nacht zu Ende.

VI.

Das Unverständnis, das ihm begegnete – er wurde außerhalb Frankreichs nie viel gelesen –, die Verleumdungen, denen er ausgesetzt war – zuletzt von Sartre –, haben ihn so wenig angefochten wie die höchste Auszeichnung der Republik durch de Gaulle. Dieser Pessimist mit dem Blick nach oben; dieser Gläubige, der den Existentialismus vorweggenommen hat, ohne an dem Elend der Existenz zu verzweifeln; dieser Menschenmutige und Gottesfürchtige, war sich des rechten Weges stets bewußt. An seinem fünfundsiebzigsten Geburtstag schrieb er: »*Die Romane, die ein alter Romancier nicht mehr verfaßt, die träumt er* . . .«

*Zusammengefaßt aus zwei Laudationen,
zu Mauriacs fünfundsiebzigstem Geburtstag, im Oktober 1960,
in der* »*Neuen Ruhr-Zeitung*«, *zu seinem achtzigsten,
im Oktober 1965, im* »*St. Galler Tagblatt*«

Babbitt, der keiner war

Seine Freunde nennen ihn *Red,* wegen seiner roten Haare. Aber Sinclair Lewis, Amerikas berühmtester Romancier, Nobelpreisträger 1930, der Mann, der nicht nur den Roman *Babbitt* schrieb, sondern auch den Begriff *Babbitt* schuf, nunmehr als ein Synonym für den amerikanischen Spießer ins Lexikon eingegangen, der einundsechzigjährige Sinclair Lewis hat wenige Freunde. Sein jüngster Roman, *Cass Timberlane,* hat ihm eine halbe Million Dollar eingebracht, noch ehe das Buch erschienen war, aber man kann trotzdem nicht behaupten, daß Sinclair Lewis in Amerika populär wäre.

Es wäre oberflächlich, wenn man behaupten wollte, Sinclair Lewis könnte in Amerika gar nicht beliebt sein, weil er ja wie kein zweiter den amerikanischen Menschen karikiert habe (in *Babbitt*); weil er amerikanische Zustände angeprangert hat (in *Arrowsmith* und *Ann Vickers*); weil er alle sozialen Klassen herausforderte – das Großbürgertum mit *Dodsworth,* die Gläubigen mit *Elmer Gantry,* die Kleinbürger mit *Main Street.* Es hieße die Amerikaner verkennen, wollte man glauben, daß sie Lewis' liebevollen Hohn nicht verstünden: Um einen milden, unaggressiven, heimischen Hohn handelt es sich bei der amerikanischen Ironie Sinclair Lewis'. Und tatsächlich ist es so, daß ihm nach der Veröffentlichung seines ersten erfolgreichen Romanes *Main Street* die Herzen aller im Städtchen Sauk Centre im Staate Minnesota zuflogen, wo Lewis geboren wurde, und wo sich die Leute schmeichelten, ihm Modell gestanden zu haben. Und selbst als er in *Babbitt* die Satire des amerikanischen Geschäftsmannes schrieb und sich die Einwohner des Städtchens Zenith getroffen fühlten, nahmen sie Lewis seinen patriarchalischen Sarkasmus nicht übel. In Wirklichkeit ging es um etwas anderes: Sinclair Lewis war weder in seinem Leben noch in seinem Werk je gewillt, die Spielregeln Amerikas einzuhalten. Er hat auch keine Konzessionen an die Zeit gemacht. John Steinbeck hat einen Roman über die deutsche Besetzung Norwegens geschrieben, in einem anderen die amerikanischen Flieger gefeiert; Ernest Hemingway legte in seinem Spanien-Roman *For Whom the Bell Tolls* ein weltanschauliches Bekenntnis ab, Rebecca West schilderte das gärende Jugoslawien – nur Sinclair Lewis stand abseits. Jetzt, da er nach langer Zeit mit *Cass Timberlane* das Schweigen bricht, überrascht er mit einem Liebesroman, ohne der Gegenwart auch nur zuzunicken. Seine Abneigung gegen das Modische geht tiefer, ins Stilistische. Während sich der amerikanische Roman immer mehr dem Drama näherte und das Psychologische nur im Dialog durchleuchten ließ, während er sich immer mehr einer viril-abrupten Form zuneigte, blieb Sinclair Lewis psychologisch zerstuft, oft langatmig, immer analytisch wie seine großen Vorfahren, unter denen zweifellos Charles Dickens sein Meister gewesen ist.

Wenn Lewis nach seinen ersten großen Erfolgen das Publikum abgestoßen hat, so liegt es auch in seiner Persönlichkeit. Mehr als jedes andere Land erwartet Amerika, daß sich seine Großen mit ihrem Werk identifizieren. So profund ist der Puritanismus des Landes, daß sich hier die Kontrolle des Publikums auf das Private erstreckt. Wenn der Schauspieler Errol Flynn, der brillantintriefende Verführer spielt, nun wirklich als

Verführer vor Gericht steht, so bildet das keineswegs den Stein des Anstoßes, aber wenn irgendeinem grauhaarigen Vaterdarsteller das gleiche passiert, kann er darauf gefaßt sein, daß bei seinem nächsten Auftreten die Theater leer bleiben. Es ist durchaus zulässig, daß sich Sinclair Lewis in *Elmer Gantry* über einen Prediger lustig macht, der den Alkohol liebt, aber man schüttelte mißbilligend den Kopf, als Sinclair Lewis 1930, aus Stockholm zurückkehrend, bei einem geheimen Alkoholausschank abgewiesen wurde und erklärte: »Was für einen Sinn hat es, den Nobelpreis zu gewinnen, wenn man nicht einmal im geheimen ein Glas Whisky trinken darf ...?« Wenn Sinclair Lewis in *Ann Vickers* die Zustände in den Frauengefängnissen rügte, dann hätte er durch das Land reisen und für Reformen werben müssen; zu einer außerliterarischen Arbeit war aber Sinclair Lewis nie bereit.

Es verhält sich wohl in den meisten Ländern so, daß die Arrivierten sich entscheiden müssen, verblüffende Originale zu sein – oder die Zigarre der Arriviertheit anzustecken. Bernard Shaw, Noël Coward, John Steinbeck, William Saroyan wählten die Originalität, Louis Bromfield, Aldous Huxley, H. G. Wells die Zigarre, nur Ernest Hemingway wählte beides. Sinclair Lewis lehnte beides ab. Zwar bildete er sich ein, zu Unrecht übrigens, ein guter Schauspieler und Regisseur zu sein, aber wenn er dann auf einer sommerlichen Schauspieltournée von einem Kritiker als »Original« verulkt wurde, griff er den Kritiker mit einer beleidigten Würde an, als wäre er kein wandernder Komödiant, sondern Sinclair Lewis. Ein andermal mischte er sich mit würdigem Ernst ins politische Geschehen – er stellte sich ursprünglich neben Lindbergh, als dieser die faschistische *America First*-Bewegung ins Leben rief –, aber als er in den Mittelpunkt einer politischen Diskussion geriet, wunderte er sich, daß man ihn ernstgenommen hatte. Als er 1926 den Pulitzer-Preis gewann, sandte er ihn zurück, weil doch sein Buch für Amerika »keineswegs repräsentativ« sei, aber als man ihn 1930 mit dem Nobelpreis ehrte, nahm er diese Ehrung im Namen

Amerikas an. Ein Leben lang machte er sich über die Ehe lustig, am meisten über seine eigene Ehe mit der Journalistin Dorothy Thompson. Aber als er meinte, daß Theodore Dreiser aus dem Buch seiner Frau über Rußland etwas abgeschrieben habe, erklärte er bei einem Dinner des Magazins *Cosmopolitan,* daß er nicht sprechen wolle, solange der »Dieb« im Saal sei, und gleich darauf ließ er sich mit dem Altmeister des amerikanischen Romans in eine ritterliche Affäre ein, die er in seinen Büchern genial verspottet hätte. Als er den Nobelpreis erhielt, protestierte fast die ganze Presse gegen die Verleihung. Lewis verlangte von seinen Verlegern, sie mögen ganzseitige Inserate mit den begeisterten europäischen Stimmen aufgeben. Als Harcourt, Brace & Co. ablehnte, brach er mit dem Verlag. Es war ihm immer genug, in seinen Werken logisch zu bleiben. Er verstand nie, warum er auch im Privatleben logisch sein sollte.

***

Er heiratete zweimal. Seine erste Ehe mit Grace Livingston Hegger schloß er 1914, zwölf Jahre später ließ er sich scheiden. Sein einziger Sohn aus dieser Verbindung fiel im Ersten Weltkrieg. Seine zweite Frau war die große amerikanische Journalistin Dorothy Thompson. Als sie ihn verließ, fuhr er ihr quer durch die Welt nach. In der Sowjetunion fühlte sie sich sicher. Die Sowjetunion lud Sinclair ein. Auf dem Moskauer Bahnhof erwarteten den Nobelpreisträger Kultusminister, Würdenträger, Männer in Pelzen und mit steifen Hüten. Die Blitzlichter der Photographen flammten auf, als der rote Kopf in der Wagentür erschien. Lewis beugte sich aus dem Fenster und rief: »*Where is Dorothy?*« Dorothy wollte er sehen, nicht Rußland.

Jetzt erscheint *Cass Timberlane,* sein erster Roman, der sich um das Eheproblem dreht. Bernard Shaw hat einmal gesagt: »Ich falle bis hundert Aufführungen durch.« Das Buch wird eine gewaltige Auflage verzeichnen und von der Kritik abgelehnt werden. Sinclair Lewis, abgemagert und mürrisch – nicht zuletzt wegen der strengen Abstinenz, die ihm seine Ärzte auferlegt haben – wird wütend entgegnen. Er kennt seine eigene Größe, und er hat recht. Da er sich den Problemen der Zeit ferngehalten hat, versteht er nicht, daß er so heiß umstritten ist. Heiß umstritten ist er aber, weil er die Zeit verachtet. Er glaubt immer noch, daß dies das Wichtigste ist: die Liebe von zwei Menschen, ein häuslicher Zwist, die Stärke einer Frau, die Schwäche eines Mannes, ein spielendes Kind und ein Vogel im Flug.

Neue Zeitung, Februar 1946

Vom Winde nicht verweht

I.

Als ein wildgewordener Automobilist vor fünfzehn Jahren, am sechzehnten August 1949, auf einer Hauptstraße Atlantas, im Staate Georgia, die neunundvierzigjährige Margaret Mitchell überfuhr, starb die erfolgreichste Autorin unserer Zeit. Sie hatte nur ein Buch geschrieben, *Vom Winde verweht,* aber die Gesamtauflage dieses Romanes beträgt bis jetzt über elf Millionen; er wurde in zweiunddreißig Ländern und in sechsundzwanzig Sprachen veröffentlicht; er hat bisher rund dreißig Millionen Dollar eingebracht. Und dies, obwohl die Autorin für die Filmrechte nur fünfzigtausend Dollar erhalten hatte, die der Produzent David O. Selznick später großzügig um weitere fünfzigtausend Dollar erhöhte. Der Film hat alle Kinorekorde gebrochen und fünfundsechzig Millionen Dollar »eingespielt«. In Atlanta gibt es eine Margaret-Mitchell-Straße und eine Margaret-Mitchell-Volksschule. Nach einer Plantage des Romans heißen in Georgia unzählige Restaurants *Twelve Oaks.* Der Bruder und Erbe der kleinen Dame, Stephens Mitchell, verdient an dem 1936 erschienenen Buch immer noch dreißigtausend Dollar im Jahr. Es ist nicht anzunehmen, daß das Phänomen *Vom Winde verweht* je vom Winde verweht werden könnte.

II.

Damit sind wir bei einer literaturhistorischen Revision angelangt. Es hat sich eingebürgert, *Vom Winde verweht* in die Unterhaltungsliteratur einzuordnen. Wer heute, nach immerhin beinahe dreißig Jahren, das umfangreiche Werk wieder zur Hand nimmt, wird das Klischee revidieren müssen. Stefan Zweig hat einmal gesagt, daß man einen Roman als unsterblich bezeichnen sollte, wenn man lebende Menschen nicht besser beschreiben kann als mit den Namen und Figuren just dieses Romanes. Tatsächlich sprechen wir von »einer« Madame Bovary, von »einem« Wronsky, von »einem« Krull. Wir alle kennen aber auch Männer, die wir nicht besser als mit dem Namen des rücksichtslos-kühnen Rhett Butler charakterisieren können; die spröde, tapfere, verführerische und unmoralische Scarlett O'Hara ist die junge Amerikanerin schlechthin. Wer den amerikanischen Süden bereist, der kann für die Schilderung der Atmosphäre, der sozialen Struktur des nordamerikanischen *South* bis heute keine treffenderen Worte finden, als die ehemalige Reporterin des *Atlanta Journal* gefunden hat. Fügt man hinzu, daß die erzählerischen Qualitäten Margaret Mitchells – sie schrieb an ihrem Roman, zum Teil ans Bett gefesselt, zehn Jahre lang – an die größten russischen und französischen Vorbilder erinnern, dann muß man erkennen, daß *Gone with the Wind* mit *Angelique* weder verwandt noch identisch ist. Was aber den Roman endgültig auch über die höchste Unterhaltungsliteratur hinaushebt, das ist die Anregung zum Nachdenken, die von ihm ausgeht – und eben das unterscheidet Literatur von Unterhaltungsliteratur.

III.

Hier indes ist eine zweite Revision notwendig. Heute, da wieder ein schleichender Bürgerkrieg Amerika zerreißt, wird man sich des einseitigen, anti-humanitären, politisch gefährlichen und propagandistisch aufdringlichen Charakters der Erzählung bewußt. Im Hintergrund der spannenden Handlung steht die ungeheuerliche Geschichtsfälschung, daß der amerikanische Norden die Sklavenbefreiung nur aus den schnödesten Business-Rücksichten betrieb; daß die Neger glückliche Diener ihrer weißen Herren waren, bis ihnen der Norden den irritierenden Floh der Freiheit ins Ohr setzte; daß die befreiten Neger nur Spekulation, Vergewaltigung und Rache im Sinn hatten; daß der Ku-Klux-Klan aus empörten Ehren- und Ehemännern besteht. Wenn der Gouverneur George Wallace schriftstellerische Talente besäße: Er hätte dieses Buch heute schreiben und für seine Wahlkampagne verwenden können.

IV.

Was manche für harmlose Unterhaltung, was andere für pure Literatur halten, das entpuppt sich in diesem Jahr 1964 der schrecklichen Wiederholung als eine Verherrlichung der südlichen Reaktion. Deshalb ist es an der Zeit, das »ewig grüne« Buch der Margaret Mitchell heute, dreißig Jahre nach seinem Erscheinen und fünfzehn Jahre nach dem Tod der Verfasserin, als das zu erkennen, was es ist: ein geniales und infernalisches Werk der Romanliteratur.

Neue Ruhr-Zeitung, August 1964

Onkel Toms Wandlung

I.

Time veröffentlicht soeben ein *Schwarzes Wörterbuch*. Da gibt es Dutzende von Ausdrücken, die nur von den farbigen Bürgern Amerikas verwendet werden, eine Art Geheimsprache, der Geheimsprache unserer Teenager nicht unähnlich. *Fuchs* heißt hübsches Mädchen, *Mr. Charlie* ist ein weißer Mann,

Rosenholz ist der Gummiknüppel eines Polizisten. Alle diese Wörter mögen nur für den amerikanischen Philologen interessant sein – ein Ausdruck jedoch wird die Kulturhistoriker aller Länder aufhorchen lassen. Es ist ein Schimpfwort und heißt *Onkel Tom.* Unter *Uncle Tom* verstehen die Neger Amerikas einen kompromißlerischen, liebedienernden, verräterischen Schwarzen. Wenn man je an der Wandlung eines Begriffes eine ganze geschichtliche Wandlung ablesen konnte, dann hier der Fall.

II.

Für die jüngeren Leser in Europa wird der Titel des Romanes *Onkel Toms Hütte* nur vage Vorstellungen hervorrufen. Und doch ist es so, daß fast alle Leser, die heute um die fünfzig sind, in ihrer Kindheit das 1852 erschienene Buch der Amerikanerin Harriet Beecher-Stowe verschlungen haben. Hunderte von Auflagen sind zwischen der Mitte des neunzehnten Jahrhunderts und unseren zwanziger Jahren erschienen; es ist in fast alle Sprachen der Welt übersetzt worden; seine Verbreitung wird nur von der Bibel übertroffen. Der Roman stammt von einer der tapfersten Bekämpferinnen des Sklavenhandels, der Pastorstochter Harriet Beecher, die den Pastor C. E. Stowe geheiratet und fast ihr ganzes Leben der Negerbefreiung gewidmet hat. In *Onkel Toms Hütte* erzählte sie das Schicksal des alten Sklaven Tom, der von einem verschuldeten Plantagenbesitzer an einen geschäftstüchtigen Sklavenhändler verkauft wird. Als Eva, die kleine schwindsüchtige Tochter des neuen Herrn, eines Mr. St. Clare, Vertrauen zu dem alten Neger faßt, erkennt der Weiße seine christliche Pflicht und kämpft von Stund an gegen die Unterdrückung der Neger. Der nächste Herr Onkel Toms behandelt den gottesfürchtigen Neger wie ein Tier; der stirbt an den Mißhandlungen, noch ehe sein erster Herr ihn freikaufen kann. Dieser erste Herr jedoch, ein aufrechter Mann, löst das Gelübde ein, das er an Onkel Toms Grab abgelegt hat: Er läßt alle seine Sklaven frei.

III.

Daß das ein rührseliges Buch ist, stets hart am Rande des Kitsches wandelnd – obschon in manchen Szenen von gewaltiger erzählerischer Kraft, und insofern Literatur, als die Figur Onkel Toms unvergeßlich geblieben ist –: Die dichterischen Meriten des Rührsellers stehen nicht zur Diskussion. Was aber hat der alte Tom getan, daß sein Name zu einem schwarzen Schimpfwort werde? Er hat sein Volk geliebt – er riskiert sein Leben, als er sich weigert, die Fluchtpläne von zwei Sklavinnen zu verraten –, aber er liebt nicht nur sein eigenes Volk. Für ihn ist sein erster Herr, Mr. Shelby, ein Symbol: Er glaubt an die Menschlichkeit mancher weißer Menschen, und weil er an Gott glaubt, glaubt er an Versöhnung. Einmal hat er Gelegenheit, den unmenschlichen Sklavenhalter Legree zu ermorden, aber den Mord hält Onkel Tom für kein Mittel der Befreiung. Deshalb wird er jetzt als Opportunist, Kriecher und Speichellecker verketzert.

III.

Das ist eine erschütternde Wandlung. Millionen von Weißen, die sich zur selbstverständlichen Humanität der Beecher-Stowe durchgerungen haben; die längst den Wunsch hegen, einem gleichberechtigten »Onkel Tom« brüderlich die Hand zu reichen, stehen plötzlich ratlos vor den sinnlosen Gewaltakten jeder Terroristenorganisationen, für die Freiheit nichts anderes bedeutet als die Freiheit der Rache. Die besten unter den weißen Amerikanern sind es, die sich fragen, was geschehen soll, wenn eine gerechte Sache, kurz vor dem Ziel, diskreditiert wird; wenn eine blutrünstige Minorität die Neger zu blindem Haß und die weißen Freunde der Neger zum Widerstand zwingt. Onkel Tom – ein Schimpfwort? Was muß Harriet Beecher-Stowe denken – dort oben, wo es keine Segregation gibt, wo aber *Onkel Toms Hütte* gewiß zur Lieblingslektüre der weißen und der schwarzen Engel gehört...?

Augsburger Allgemeine, August 1963

»Bitte, vernichtet meine Briefe!«

I.

Man hat ihn, den greisen Somerset Maugham, stets als »Unterhaltungsautor« abgestempelt, obwohl er, hätte er nichts anderes geschrieben, mit *Sadie Thompson,* wie ihm Cocteau bestätigte, »die unvergeßlichste Novelle seit Maupassant« gedichtet hat. In *Der Menschen Hörigkeit* hat er schon 1915 der sexuellen Sklaverei den Krieg erklärt, in *Silbermond und Kupfermünze* die Zwiespältigkeit des Künstlers beleuchtet, in *Auf Messers Schneide* den Konflikt des Nachkriegsmenschen vorweggenommen. Seine Fruchtbarkeit – etwa dreißig Romane, dreißig Theaterstücke und unzählige Essays, darunter das große Spätwerk über den Beruf des Schriftstellers – hat ihn den Literaten verdächtig gemacht, denen heute freilich auch die Fruchtbarkeit Balzacs und Strindbergs verdächtig wäre. Indes ist Maugham zweifellos schuldig – schuldig, immer unterhalten, mit der ach so respektablen Langeweile nie einen Kompromiß geschlossen zu haben. Er hat, anders als die meisten modernen Romanciers, keinen Leser, und sei er noch so gering, von der Lektüre ausgeschlossen: vielleicht aus der Erkenntnis, daß es genüge, wenn der Schriftsteller intellektuell sei, der Leser müsse es nicht sein, doch wahrscheinlich, weil er nicht anders konnte. Er hat die Weisheit nicht vom Leser erwartet, sondern seine eigene Weisheit großzügig verschenkt. Das Gegenteil eines Egoisten, das Gegenteil eines modernen Romanciers.

II.

Nun denkt er ans Sterben. Seit jeher ein Mann von liebenswürdiger Originalität, hat er seinem Verleger und seinem Testamentsvollstrecker verboten, seine Briefe zu publizieren. Auch alle seine Freunde haben ein Schreiben Maughams erhalten, in dem es heißt: »*Ich habe die Veröffentlichung meiner Briefe nicht*

*nur ausdrücklich untersagt, sondern ich richte auch an meine
Freunde die dringende Bitte, Briefe, die sie von mir erhalten
haben, zu vernichten. Ich sehe nicht, welcher Nutzen aus der
Veröffentlichung meiner Briefe erwachsen könnte.«*

III.

Die Weisheit des greisen Somerset Maugham – weise ist der
Beschluß in der Tat. Schriftsteller sind, mit wenigen Ausnahmen, schlechte Briefschreiber. Weil die manuelle Arbeit des
Briefschreibens dem Schreiben zum Zwecke der Publikation
ähnelt, nimmt das lesende Publikum an, Briefe von Schriftstellern müßten etwas Besonderes sein. Das Gegenteil ist der Fall.
Der Schriftsteller äußert sich öffentlich, weil er unfähig ist, sich
privat mitzuteilen. Franz Werfel nannte den Dichter mit Recht
einen Exhibitionisten, und Rilke klagte, er besitze nicht *»zwei
Federn, wiewohl Du«* – die Empfängerin – *»ein nur für Dich
bestimmtes Schreiben fordern könntest«*. Entweder sind Schriftstellerbriefe zwar an eine Person gerichtet, aber aufs eitelste für
die Ewigkeit bestimmt; solcherart stellen sie eine hybride, ja
heuchlerische Kunstform dar – oder sie sind mit der lässigen
Verachtung des Schriftstellers fürs Private hingeworfen; solcherart verfälschen sie das Bild des Verfassers im Angesicht der
Nachwelt. Goethes Briefwechsel mit Schiller, als literarisches
Produkt gedacht, hat mit der intimen Mitteilung von Mensch zu
Mensch nichts zu tun; die Briefe waren von vornherein für die
Menschheit geschrieben, der Brief wurde zu einer literarischen
Ausdrucksform wie das Drama, der Roman, das Gedicht.
Heine hatte einen Abscheu, *»ohne Bezahlung zu schreiben«;*
seine Briefe sind von einer Trivialität, die sich in keiner Zeile
seines Werkes findet.

IV.

Die Lust, anderer Leute Brief zu lesen, gehört zu den elementarsten menschlichen Indiskretionen. Briefe sind meistens lesenswert – wenn sie nicht von Schriftstellern stammen. Ich denke an die Briefe Napoleons, Bismarcks, Einsteins, Richard Wagners. In dem Briefwechsel zwischen Friedrich dem Großen und Voltaire zieht der Dichter den kürzeren. Das ist bezeichnend. Der Weltmeister der Rennfahrer, Fangio, hat neulich freimütig bekannt, er sei ein schlechter Straßenfahrer und der Großstadtverkehr versetze ihn vollends in Panik. Wer auf irgendeinem Gebiet auch nur annähernd Vollendung erreicht, dem widerstrebt alles, was auf dem gleichen Gebiet primitiv ist. Die Aufrichtigkeit, Unmittelbarkeit, das Echte mit einem anderen Wort in den Briefen Napoleons entspricht seinem evidenten schriftstellerischen Untalent: Er dachte, wenn er schrieb, an den Empfänger oder die Empfängerin, nicht an die künstlerische Form; sein Brief wurde »gut«, weil der nicht eine untergeordnete, sondern des Feldherrn einzige schreibende Ausdrucksform war. Im Fünfzig-Kilometer-Tempo sind Schriftsteller keine Meister.

V.

Wir werden von Maugham nicht erfahren, wie unfreundlich er jungen Kollegen gegenüber handeln konnte; wie er um eine Erbschaft feilschte, oder welche Platitüden er schrieb, wenn ihm ein Jüngling gefiel. Das Publikum hat ein Recht, durch die Lektüre von Briefen in die privaten Räume des Schriftstellers zu blicken. Mag sein. Der Schriftsteller hat das Recht, seine Privaträume zu verriegeln.

Zusammengefaßt aus zwei Artikeln
in »Lübecker Nachrichten« im November 1957
und »Neue Ruhr-Zeitung« im Januar 1964

Der Mann im Lehnstuhl

I.

Ein Mann betritt das Zimmer, setzt sich in den Lehnstuhl, zündet seine Pfeife an, beginnt zu erzählen. Er erzählt von fremden Ländern, von Mexiko, Afrika, Kuba, vom Fernen Osten. Reisfelder, Zuckerplantagen und der Dschungel werden lebendig, daneben Londoner Bürgerwohnungen, Botschaften fremder Länder, die Salons von Schiffen auf hoher See. Das Wohnzimmer füllt sich mit Menschen: ein Trunksüchtiger, ein Priester, ein Soldat, ein Spieler, ein Architekt, ein Spion. Man könnte stundenlang zuhören, man möchte den Erzähler bitten, die ganze Nacht fortzufahren. Man wird etwas besser, während er erzählt. So ist die Welt des Erzählers Graham Greene. So ist er selbst. Am zweiten Oktober wird er sechzig.

II.

Graham Greene, 1904 in Berkhamstead geboren, Verfasser von vielen Romanen und Erzählungen – *Das Herz aller Dinge* und *Die Macht und die Herrlichkeit*, *Brighton Rock* und *Der stille Amerikaner* –, wäre zu allen Zeiten ein großer Romancier gewesen. Heute ist er mehr: eine Notwendigkeit und eine Hoffnung. Die »Krise des Romanes«, von der so viel, von der geradezu genießerisch gesprochen wird – sie ist nur eine Krise der Romanciers. An den Themen hat sich nichts geändert: Liebe, Eifersucht, Geiz, Aufopferung, Haß, Hunger, Geschlechtstrieb. Müßig, aufzeigen zu wollen, warum wir so wenige große Romanciers besitzen: Der Roman hat schon oft Schlechtwetterperioden erlebt, zum Beispiel im Deutschland der Klassiker. Damals aber gab es noch nicht das freche Heer der Anti-Romanciers, die, weil sie selbst nicht zu erzählen vermögen, dem Medium das Existenzrecht absprechen. Damals beherrschten noch nicht Höhenkitsch und Tiefquatsch die Spalten der literarischen Gazetten. Erst in den letzten Jahrzehnten ist es Mode geworden, den lebendigen Menschen aus der Erzählung zu verbannen, abstruse Situationen im literarischen Sandkasten zu konstruieren, in die Abnormität echter Zwerge und falscher Blinder zu flüchten, statt Noten Fußnoten zu setzen, mit der Sprache zu verschleiern, was mit der Sprache enthüllt werden sollte, Unverständlichkeit und Langeweile zum literarischen Postulat zu erheben. Heute, da die literarische Welt, um Lichtenberg zu paraphrasieren, die Nase früher zu rümpfen als zu putzen gelernt hat, wird der Sechzigjährige auf den Nobelpreis wohl verzichten müssen. Was verschlägt es? Ein Mann betritt das Zimmer, setzt sich in den Lehnstuhl, zündet seine Pfeife an, beginnt zu erzählen ...

III.

Ein Landsmann Greenes, der ultramoderne Regisseur Peter Brook, hat sich verraten, als er neulich schrieb: »*Das Theater existiert heute vor allem zum Vergnügen derer, die im Theater arbeiten. Von dieser Erkenntnis müssen wir ausgehen, wenn wir sagen, daß unter diesen Umständen alles, was in die Zukunft weist, wertvoller ist als auch das vollendetste Kunstwerk, das der Vergangenheit angehört.*« Das ist es. Die ultramoderne Romanliteratur, wie das ultramoderne Theater, befriedigt nur sich selbst. In den Mistkübel mit Shakespeare, Dante, Goethe, natürlich auch mit Balzac, Stendhal, Flaubert, Fontane! Da ist kein Platz für Graham Greene, der nicht nur für Schriftsteller und Kritiker schreibt, sondern für das lesende Publikum. Freilich hat es Graham Greene, der legitime Nachfolger der bedeutendsten englischen, französischen, russischen Erzähler, seinen Gegnern leichtgemacht. Er hat ein paar Romane geschrieben, die er selbst als »Unterhaltung« bezeichnet. Er ist zum Katholizismus übergetreten, was die extreme Linke, und er ist für die Unterdrückten eingetreten, was die extreme Rechte verärgert. Vor allem aber hat er die unverzeihliche Sünde begangen, aus der Fülle eines Lebens zu schöpfen, statt Mißgeburten aus der Retorte zu zaubern. Er hat getan, was heute kein Romancier tun darf: Er hat gegeben – Weisheit, Erfahrung, Spiegelbilder, Landschaften, Visionen. Und er hat versucht, die Welt etwas erträglicher zu gestalten. »In die Zukunft weist«, nach Graham Greene, was immer schon in die Zukunft gewiesen hat: der Mensch. Und so wird sich denn der Sechzigjährige begnügen müssen, den Lorbeer aus der Hand des lesenden Publikums zu empfangen, dieser internationalen Widerstandsbewegung, die sich am Ende von keiner literarischen Dichterkolchose und keinem verschworenen Literatenklüngel dumm machen läßt. Wie immer warten Millionen auf den Mann, der das Zimmer betritt, sich in den Lehnstuhl setzt, seine Pfeife anzündet und zu erzählen beginnt.

Rhein-Zeitung, Oktober 1964

Ein produktiver Snob

I.

Doppelter Anlaß, seiner zu gedenken: Am zwölften März dieses Jahres wäre er hundert geworden; vor fünfundzwanzig Jahren, am dritten März, ist er gestorben. Von dem toten d'Annunzio ist nur sein Leben übriggeblieben.

II.

Doch das in hohem Maße. Gabriele d'Annunzio, der spätere Fürst von Montenevoso, hat romantisch gedichtet, aber noch weit romantischer gelebt. Achtzehnhundertdreiundsechzig in Pescara geboren, war er schon mit vierunddreißig Jahren konservativer Abgeordneter der italienischen Kammer. Eigentlich hätte er Abgeordneter der Romantischen Partei sein sollen. Sein Konservatismus war romantischer Art. Er wollte die Zeit, in die er geboren wurde, leugnen, aber er wurde nicht griesgrämig, floh nicht in die Vergangenheit; sein wahnwitziger Hochmut ließ ihn glauben, er, er allein, könne das Rad der Zeit zurückdrehen. Er dichtete wie Dante und Petrarca, er lebte wie ein Kondottiere der Renaissance. Er glaubte, daß die Gesetze der Welt für ihn nicht gelten – und lebte genauso, wie man es von ihm erwartete.

III.

Daß die größte Schauspielerin der Epoche seine Geliebte war – es konnte nicht anders sein. Ein d'Annunzio und eine Duse: Das war ein Renaissance-Paar nach der Vorstellung des Dichters. Zu dem maßlos eitlen Bild, das er von sich geschaffen hatte und das seine Zeitgenossen anbeteten, gehörte es auch, daß er die alternde Duse schmählich verließ und die Beziehungen zu ihr in seinem Roman *Fuoco* schamlos preisgab. Er konnte es sich erlauben; man erwartete von ihm, daß er es sich erlaube. Natürlich war es auch, daß er 1915 leidenschaftlich für den Eintritt Italiens in den Krieg plädierte: Er mußte auf alles und jedes – darin Hemingway ähnlich – »männlich« reagieren, und zu Beginn des zwanzigsten Jahrhunderts gab es doch nichts Männlicheres als das Kriegshandwerk. Am liebsten wäre er in Ritterrüstung, mit der Fahne in der Hand, in den Krieg gezogen – das Nächstbeste war die Luftwaffe. Er verlor ein Auge und wirkte von Stund an auch äußerlich so romantisch wie seine Vorstellung von sich selbst. Als 1915 Fiume internationalisiert werden sollte, stellte er sich an die Spitze der Freischaren; er gewann Fiume für Italien und für sich selbst den Titel eines Fürsten von Montenevoso. Nach dem Tod der Duse wanderte er zwischen Florenz und Rom; mied er das Venedig seines Vorkriegsdramas *Das Schiff* und seiner Liebesstunden mit Eleonora; zog er sich schließlich grollend an den Gardasee zurück. Das faschistische Italien feierte ihn zwar als den Dichter des römischen Blutes und des blutigen Bodens, aber dem schönen Greis muß es klargeworden sein, daß er den Krieg gegen die Zeit verloren hatte.

IV.

Aus der unendlichen Zahl seiner Werke – Gedichte, Dramen, Novellen, Romane – wird wohl nichts übrigbleiben als ein paar Zeilen, wie jene vom *Traum* in Stefan Georges Übersetzung: *»Schläfst du? Schläfst du? sie hatte keine antwort,/Das linnen schien vor ihr weit minder weiß./Auf erden werden nie die augen sehen/Ein ding, das weißer ist als jenes weiß.«* Seine Dramen wie *La Gioconda* und *Francesca da Rimini* hatten etwas von der Brutalität Paul Bourgets, aber das Blut, das in fast jedem seiner Werke floß, roch nach roter Tinte. Seine Verse haben etwas von dem Ebenmaß seines Nachfolgers Hofmannsthal, aber sein Schwulst erinnert eher an Hofmannswaldau. Seine Romane wie *Der Unschuldige* oder *Notturno* haben etwas von dem Aphoristischen Oscar Wildes, aber bei näherem Besehen wirken sie flach und abgegriffen. Alfred Kerr nannte ihn schon 1900 einen *»verzückten Ramscher«*, einen *»Arrangeur großen Stils«* und einen *»produktiven Snob«*. Dennoch hatte der junge Hofmannsthal recht, der schrieb, *»außerordentliche Künstler haben auch dann einen Platz in der Weltliteratur, wenn sie keine Dichter sind«*. Man wird sich noch in hundert Jahren des einäugigen Fliegers, des indiskreten Duse-Liebhabers und des Schloßherrn vom Gardasee erinnern. Ein großartiger Snob – was hat er nur geschrieben ...?

Saarbrücker Allgemeine, März 1963

Ein einziger Genieblitz

I.

Vor hundert Jahren, am siebenten Dezember 1863, wurde der italienische Komponist Pietro Mascagni geboren.

II.

Ich erinnere mich genau an ihn, besitze auch noch eine Photographie, die in unserem Haus aufgenommen wurde und die er dem Knaben schenkte. Es muß 1924 oder 1925 gewesen sein. Pietro Mascagni war nach Wien gekommen, um seine Oper *Peter* zu dirigieren – an diesen Titel wenigstens glaube ich mich zu erinnern, obwohl ich ihn in keinem Lexikon, keiner Musikgeschichte finde. Tagelang vor dem Besuch herrschte große Aufregung. Meine Mutter ließ das Klavier stimmen, mein Vater ließ Hummern kommen, die Lieblingsspeise des Maestro, in Wien damals eine Seltenheit. Ich war etwa dreizehn, aber ein Satz meines Vaters klingt mir noch im Ohr: »Es darf nicht von der *Cavalleria rusticana* gesprochen werden. Der Maestro liebt es nicht.« Dann kam er selbst, pünktlich um eins. Er trug ein schwarzes Sakko mit gestreiften Hosen und weißem Einsatz an der Weste. Neunundfünfzig oder sechzig war er damals; er kam mir schrecklich alt vor. Er sprach wenig, freundlich, kühl und bedacht, ganz anders als Puccini, der uns kurz vor seinem Tod besucht und dessen galantes, fröhliches, flamboyantes Wesen in mir eine ganz bestimmte Vorstellung von dem »italienischen Komponisten« geprägt hatte. Nach dem Mittagessen setzte er sich an das wohlgestimmte Klavier und spielte einige Sätze aus seiner neuen Komposition. Die *Cavalleria* wurde nicht erwähnt.

III.

Ich hatte *Cavalleria rusticana* schon in einer Aufführung der Wiener Oper mit der unvergleichlichen Jeritza als Santuzza gesehen und konnte mir nicht vorstellen, warum man dieses Meisterwerk in Anwesenheit des Maestro nicht hätte nennen dürfen. Heute ist mir der Takt meines Vaters verständlich. Pietro Mascagni, der sich, in Livorno geboren, früh als Kapellmeister einer provinziellen Operettengesellschaft herumgetrieben hatte, war mit siebenundzwanzig Jahren über Nacht berühmt, ja weltberühmt geworden. Der Musikverleger Sonzogno hatte ein Preisausschreiben für Einakter veranstaltet, und die musikalische Geschichte vom Eifersuchtsmord des sizilianischen Fuhrmanns Alfio hatte den Lorbeer davongetragen. Die Oper war, wie ein Biograph Mascagnis schrieb, »*eine brutale Erholung von Wagner*«. Die Italiener erblickten in dem jungen Komponisten nicht nur den Pionier einer neuen Richtung – man hielt die *Cavalleria* für realistisch –, sie waren auch überzeugt, daß die sinnliche Macht der südlichen Melodien die Opernbühnen der Welt von der deutschen Problematik zurückerobern würde. Die Eroberung geschah, aber sie erfolgte, drei Jahre später, mit Puccinis *Manon Lescaut*, erfolgte mit *La Bohème*, *Tosca* und *Madame Butterfly*. Der Vulkan Mascagni, der mit eruptiver Kraft ausgebrochen war, mit Alfios Peitschenlied, mit der Ironie des Intermezzos, mit dem Duett Turrido-Santuzza, war ausgebrannt. Er schrieb noch *William Ratcliff* und *Nerone*, *Freund Fritz* und *Le Maschere,* aber sein Schicksal ähnelte dem seines Zeitgenossen Leoncavallo, von dem nur *Bajazzo* übriggeblieben ist. Wie Leoncavallo, hat er sein einziges geniales Kind nie geliebt.

IV.

Es gibt immer »Mascagnis« – in der Musik, in der Literatur, in der Malerei. Und immer wieder fragt man sich, ob man sie, da sie doch nur ein einziges großes Werk geschaffen haben, mit zu viel Ruhm überhäuft hat, oder ob man, im Gegenteil, mit ihren anderen Schöpfungen ungerecht verfahren ist. Keines von beiden trifft zu. Das Phänomen eines Künstlers, den die Vorsehung ein Leben lang erleuchtet, ist faszinierend, aber ebenso faszinierend ist das Phänomen eines einzigen Genieblitzes. Daß dieser einmalige Genieblitz den Künstler selbst niederschmettert, ist seine eigene Tragödie, aber es ändert nichts an der Bedeutung des Kunstwerkes. Es ist verlockend, Spekulationen über das Seelenleben eines Menschen anzustellen, der mit einem Werk leben muß, das so viel größer ist als er, über die Tantalusqualen eines Künstlers, der nicht dürstend und hungernd nach Wasser und Früchten, dürstend und hungernd nur nach sich selbst greift. In das Mitleid mit den Verbrannten mischt sich fast immer die hämische Genugtuung, daß sie sich und uns nicht genügen konnten. In Wahrheit genügt es, einen Stern auf die Erde zu bringen.

Wetzlarer Neue Zeitung, Dezember 1963

Seltsame Geburtstagsfeier

I.

Auf seltsame Weise feiert Deutschland den hundertfünfzigsten Geburtstag seines größten Opernkomponisten. Es fehlt wohl nicht an würdigen Würdigungen Richard Wagners, nicht an jenen selbstgefälligen Betrachtungen, in denen sich vornehmlich die Betrachter spiegeln, zugleich erscheinen aber hämische Deutungen zuhauf, kesse Artikelserien, bösartige Polemiken. Ein häßlicher Striptease-Akt hat begonnen: die »stückweise« Entkleidung des Genies.

II.

Man sollte sich freuen: Nur die Unsterblichen werden noch nach ihrem Tod mit Steinen beworfen. Darin ähnelt Richard Wagner, vom Dritten Reich auf den Siegfriedschild erhoben, dem Juden Heine, bei dessen Namensnennung Geist und Ungeist sich scheiden. Aber die Geburtstagsfeier ist weniger Anlaß zu sachlicher Auseinandersetzung zwischen »Wagnerianern« und »Anti-Wagnerianern«, wird vielmehr zu einem Jahrmarkt, einem *free for all,* bei dem es jedermann freisteht, auf den Klavierspieler zu schießen. Was sind die Ursachen dieser Mischung von Halali und Juchhe?

III.

Vor allem wohl das Bedürfnis, aus Parsifal Persil zu machen. Insbesondere in den Kreisen der deutschen Intellektuellen erwacht von Zeit zu Zeit der Wunsch, das schlechte Gewissen der Nazizeit reinzuwaschen. Weil Hitler den Komponisten verehrte – er verehrte auch Lehár, Karl May und Böcklin –; weil sich die Nazis auf den Nibelungenkult abonnierten; weil der Parvenü aus Braunau gern in die Familie von Bayreuth hineingeheiratet hätte; weil freilich auch ein Teil der Familie dem »Führer« auf den Leim ging – deshalb distanziert man sich von der eigenen Vergangenheit auf dem Umweg über Wagner. Der war genau fünfzig Jahre tot, als Hitler zur Macht kam; schon seine gigantische Eitelkeit hätte es ihm nicht gestattet, ein zweites Idol neben sich zu dulden. Sein primitiver Antisemitismus war der der Kaiserzeit – und Heine musizierte er den *Tannhäuser* nach. Die Musik Wagners, vom Nationalsozialismus usurpiert, war keineswegs »nazistisch« – schon aus dem Grunde nicht, weil sie aristokratisch, der Nationalsozialismus dagegen plebejisch war. Seine Heldenverehrung war nicht heroisch, sondern selektiv. Aber das würde zu weit führen – nicht von Wagner, von der Geburtstagsfeier ist die Rede. Man erwirbt sich durch Angriffe auf den großen Toten keinen Persil-Schein; den Beweis, ein guter Demokrat zu sein, erbringt man anders als durch die Verhöhnung des *Lohengrin*.

IV.

Doch geht es noch um etwas anderes, nämlich um den politisch getarnten Haß gegen das Genie. Warum aber Richard Wagner – unter allen deutschen Genies? Selbst dem Genie ist man zu verzeihen geneigt – wenn sich wenigstens sein »Privatleben« in mittelmäßigen Bahnen abspielt, dem privaten Dasein der anderen, der Mittelmäßigen ähnelt. In der kollektiven Epoche will den Satz des Novalis: »*Der vollständige und der vollkommene Künstler überhaupt ist von selbst sittlich*« niemand wahrhaben;

man schließt von der Sittlichkeit auf den Künstler, statt von dem Künstler auf seine Sittlichkeit zu schließen. Zum hundertfünfzigsten Geburtstag Wagners wird die Klatschkolumne nachgetragen. Daß Wagner das alles in seinen *Meistersingern* vorausgesehen hat, macht die Sache nicht besser. Er hat sich allerdings geirrt, als er meinte, die Beckmesser dem ewigen Hohn preisgegeben zu haben. *»Verachtet mir die deutschen Meister nicht und ehrt mir ihre Kunst!«* Die Beckmesser haben Hans Sachsens Mahnung überlebt.

Neue Ruhr-Zeitung, Mai 1963,
nachgedruckt im Programmheft der Bayreuther Festspiele

Der vergessene Vater

I.

Über die Tragödie der Söhne ist viel geschrieben worden. Pieter Breughel der Jüngere ist nur ein Beispiel – selten reichten die Söhne an ihre Väter heran, viele zerbrachen an dem tragischen, müßigen Vergleich. Von den Vätern, deren Name neben dem Ruhm ihrer Söhne verblaßte, weiß die Kunst-, Literatur- und Musikgeschichte wenig. Eine solche Erscheinung ist der Mann, dessen fünfhundertsten Geburtstag Deutschland zu feiern sich anschickt. Spricht man von Hans Holbein, denkt man auch heute noch an den Jüngeren, dessen Gemälde – *Bildnis des Erasmus von Rotterdam* etwa, *Bildnis des Kaufmanns* oder *Die Gesandten* – zu den meistreproduzierten der Welt gehören, und der wohl, neben Dürer und Mathias Grünewald, der wichtigste deutsche Maler des sechzehnten Jahrhunderts gewesen ist. Und doch: Hans Holbein der Ältere war kein geringerer Maler, war in mancher Hinsicht kräftiger, ursprünglicher, repräsentativer als sein Sohn. Deutschland hat an Hans Holbein dem Älteren viel gutzumachen. Deutschland ließ ihn verhungern.

II.

In Augsburg wurde er geboren – die Kunstgeschichte hat sich jetzt auf das Jahr 1465 geeinigt, obwohl Muthers klassische *Geschichte der Malerei* das Geburtsjahr mit 1460 ansetzt. Die Werke seiner Jugend sind noch ganz von der deutschen Gotik beeinflußt. Sie sind ornamental und sentimental, Dokumente eines sterbenden Idealismus. Als erster erfaßte jedoch der ältere Holbein die revolutionäre Botschaft der Renaissance. Wie alle Stürmer und Dränger verfällt er alsogleich ins Extrem. Sein junger Naturalismus ist erbarmungslos – er will nicht nur das Menschengesicht malen, will auch dem Menschen ins Gesicht sehen. Seine *Dornenkrönung* versinnbildlicht den ganzen älteren Holbein. Der Christus dieses Bildes ist noch die Zentralfigur einer gotischen Holzschnitzerei, aber die Männer, die den Heiland umgeben, die ihm die Dornenkrone aufsetzen, sind brutale Dorfgendarmen, verkleidete Strolche, Figuren der Gegenwart. Muther wirft Holbein vor, dieser habe »*die Roheit der Epoche illustriert*«, als er auf dem Votivbild des Bürgermeisters Ulrich Schwarz »*Maria wie eine Proletin, Gott-Vater wie einen rotnasigen Metzgermeister*« darstellte. In Wirklichkeit hat Holbein nicht die Roheit einer einzigen Epoche gemalt – was keineswegs verächtlich wäre –: Er wollte beweisen, daß sich der menschliche Charakter samt seinen Untugenden auch im Wandel der Epochen nicht ändert. Seine *Heilige Elisabeth* auf dem Flügel des Münchener Sebastianaltars ist noch gotisch-idealistisch, ist zugleich schon die Ahnung der kühlen Spätrenaissance, aber die Krüppel und Bettler zu Füßen der Heiligen sind Gestalten aus der Halalzeit der Frührenaissance, als die Kunst gewiß war, die Natur ganz natürlich einfangen zu können. Wie alle großen Künstler ist Hans Holbein der Ältere ein Repräsentant, repräsentanter als sein genialer Sohn, weil sich eine sterbende und eine erwachende Epoche in seinem Werk ein stürmisches Rendez-vous geben. Das ist freilich auch seine Tragik. Er ging an dem Schon-nicht-mehr und dem Noch-nicht jener Künstler zugrunde, die in eine Zeitenwende geboren werden.

III.

Von seinem Leben ist nicht viel bekannt, doch weiß man, daß er in des Wortes wahrstem Sinne an Hunger starb. Obwohl ihn die neue naturalistische Schule als ihren Meister verehrte, galt er bei den Bürgern als ein indiskreter Revolutionär. Es kümmerte ihn wenig. Kopfschüttelnd sah er den Kompromiß, den sein Sohn mit den herrschenden Mächten zu schließen bereit war. Die Renaissance vergaß den deutschen Maler, der die Lebensbejahung Italiens nach dem zögernden Norden gebracht hatte. Vielleicht bewog die Ungerechtigkeit, die seine Landsleute dem älteren Holbein bekundeten, den Jüngeren, der Heimat den Rücken zu kehren. Der Jüngere soll an der Pest gestorben sein. Da war der ältere Holbein schon neunzehn Jahre tot, gestorben an der Pest des Unverständnisses und der Armut.

St. Galler Tagblatt, Juni 1965

Die Tragik der großen Seele

I.

Der Mann, der vor fünfzehn Jahren, am dreißigsten Januar 1948, von einem nationalistischen Fanatiker ermordet wurde, hieß Mohandas Karamchand Gandhi, aber in seiner indischen Heimat nannte man ihn *Mahatma,* die große Seele.

II.

Mahatma Gandhi schien wie geschaffen, ein Symbol zu werden. Sein schmaler kahler Kopf war der eines Asketen und eines Menschenfreundes, Savanarola und Samariter. Der Körper, Haut und Knochen nur, war körperlos, und war doch keineswegs ätherisch, Heiliger und Leichtathlet. Er predigte die *Ahimsa,* die Nichtanwendung von Gewalt, Erbschaft und Vollendung des Glaubens seiner wohlhabenden Eltern, die der gewaltfremden *Jai*-Sekte angehört hatten. Er lebte, was er predigte. Als 1922 der Prince of Wales nach Kalkutta kam, organisierte Gandhi eine gewaltlose Demonstration – der Prinz kam und die Bewohner gingen. Als zehn Jahre später ein neuer Vizekönig, Lord Willingdon, eingesetzt wurde, stand Gandhi – schon zum fünften Mal eingekerkert – an der Spitze eines »Ungehorsam-Feldzuges«, der passiven Resistenz, die Indien lahmlegte. Als Indien 1947 die Unabhängigkeit erhielt, begnügte sich Gandhi damit nicht; er forderte und erwirkte die Gleichberechtigung der *Parias,* jener modernen Sklaven, die in Indien ein menschenunwürdiges Dasein fristeten. Er stand vor Gericht, wurde ins Gefängnis geworfen, trat in Hungerstreik, wechselte von Kerkerzelle zu Konferenzsaal, und blieb immer der Anwalt der Unterdrückten, deren Sache schon der junge Advokat im klassischen Land der Unterdrückung, in Südafrika, vertreten hatte.

III.

Wenn ein Mensch zum Symbol wird, richtet sich zwischen ihm und der Welt eine Wand auf – eine Wand von Vorurteilen, Legenden, Geschichtsfälschungen und romantischen Auslegungen. Der Mensch ist niemals so gut und selten so schlecht, wie man glaubt: Als Symbol, das keine Nuancierungen kennt, ist er ungeeignet. Das gilt auch für Mahatma Gandhi. Er war eine »große Seele«, aber er war kein Heiliger. Die Gewaltlosigkeit war für ihn eine Methode der Liebe, nicht ihr Ausdruck. Er haßte die Engländer mit unheiligem Fanatismus. Der Haß war verständlich, aber er äußerte sich am heftigsten, als die Engländer eine gute Sache vertraten und gegen die Hitlersche Barbarei zu Felde zogen. Wie im Jahre 1930 der Kreuzzug gegen das britische Salzmonopol, verriet Gandhis »Neutralität« zu viel wohldurchdachte Geschicklichkeit – zumindest für einen Heiligen.

IV.

Es war sein Elend mehr als seine Schuld. Der Apostel der *Ahimsa* hatte kaum vorausahnen können, daß Gewalten über die Welt kommen würden, die eine Politik der absoluten Gewaltlosigkeit nicht nur unmöglich machen, sondern auch moralisch nicht mehr rechtfertigen würden. Auf die Frage, ob es nicht Situationen gäbe, in denen sich der nur passiv Widerstehende mitschuldig mache, ob dem Unerhörten tatenlos zuzusehen nicht gar hieße, das Unerhörte zu erhören, wußte auch die große Seele des Mohandas Karamchand Gandhi keine Antwort. Er, der so viel verstanden hatte, verstand im Alter – er wurde beinahe achtzig – immer weniger. Am wenigsten verstand er, daß der Nationalismus jenem Tiger gleicht, von dem gerade die Inder sagen, man könne von seinem Rücken nicht mehr absteigen. Aus dem Freiheitskampf Gandhis war der tollwütige Nationalismus entstanden, der dem Fanatiker Vianyak Gode an einem regnerischen Januartag des Jahres 1948 die Waffe in die Hand drückte. Als die Asche des Mahatma Gandhi in die Fluten des Ganges gestreut wurde, standen Hunderttausende am Ufer; die halbe Welt trauerte um die große Seele. Fünfzehn Jahre später führt Indien einen Angriffskrieg, muß es, andererseits, der Gewalt mit Gewalt begegnen. Posthum zeigt sich der Widerspruch zwischen Philosophie und Politik, die Gandhis ganzer Widerspruch gewesen ist. Seine Politik hat der Ganges verschlungen.

St. Galler Tagblatt, Januar 1963

Ein Gruß von Mata Hari

Was würde Mata Hari, die größte Spionin aller Zeiten, die in diesem Jahr fünfundachtzig geworden wäre, von der Krise der Geheimdienste denken, die ihr Leben und ihren Tod bestimmten?

So etwa würde sie sprechen:

Was in Kuba geschehen ist, überrascht mich keineswegs. Ich bin eine Legende; ich weiß, wie Legenden entstehen.

Schauen Sie sich einmal meinen Fall an, wahrheitsgemäß. Ich war damals jung und sehr schön. Man nannte mich *die rote Tänzerin*. Mata Hari war mein Künstlername; ich hieß eigentlich Margarete Zelle und wurde 1876 in Leeuwarden geboren. Den Schiffskapitän Macleod, den ich jung heiratete, habe ich nie geliebt. Ich war erfolgreich und begehrt. Ich gastierte in Madrid. Dort lernte ich den deutschen Marineattaché kennen. Er war ein reizender Kerl, wirklich. Wie die meisten reizenden Kerle, hatte er kein Geld. Und ich war, Sie werden es verstehen, recht anspruchsvoll. So verfiel der junge Militärdiplomat auf einen originellen Einfall – ohne es mir zu sagen, übrigens.

Er setzte mich auf seine Spesenrechnung. Er habe eine großartige Agentin gefunden, *S-1,* berichtete er nach Berlin. Nur brauche sie eine Menge Geld. Der kaiserliche Geheimdienst sandte das Geld, wir konnten es gut verwenden. Aber *S-1* hieß Spionin Nummer eins, nicht Spesenrechnung Nummer eins. Der Geheimdienst war auf Geheimnisse aus. Da meldete mein Freund, was er selbst oder was er von Spionen erfahren hatte. Später unterzeichnete ich die Berichte, aus Gefälligkeit und weil ich den Kerl nun einmal mochte. Am fünfzehnten Oktober 1917 wurde ich hingerichtet. Es war schade um mich, obwohl ich als Spionin nie etwas getaugt hatte.

So viel verstehe ich indessen von Spionage, daß ich weiß: Die meisten anderen Agenten taugen auch nichts. Sie berichten fast immer, was man von ihnen hören will. Wenn mich die Amerikaner in Kuba eingesetzt hätten, ich hätte dasselbe getan, was ihre Agenten taten: Ich hätte gemeldet, daß die Kubaner nur darauf warten, das Joch des Señor Castro abzuwerfen. Ich kann das beweisen. Meine Anwälte vor dem Pariser Gerichtshof haben in der geheimen Verhandlung überzeugend dargestellt, daß meine Spionageberichte zwar sehr interessant und entgegenkommend, aber völlig wertlos gewesen waren.

Sie fragen mich, wozu die Geheimdienste dann überhaupt gut sein sollen. Wozu sind Rüstungen gut? Man rüstet, weil die anderen auch rüsten. Die Geheimdienste haben das größte Interesse daran, daß die anderen Geheimdienste erfolgreich arbeiten: sie besäßen sonst selbst keine Lebensberechtigung. Eine Hand wäscht die andere, bis beide schmutzig werden.

Ob meine Ansichten nicht veraltet sind? Ganz im Gegenteil. Zu meiner Zeit hatte die Spionage noch einen Sinn, weil die Geheimnisse ziemlich einfach waren. Ich habe, zum Beispiel – mit der Zeit mußte ich ja etwas liefern –, den Plan eines französischen Befestigungswerkes gestohlen. Als er nach Berlin gelangte, war er zwar überholt – aber immerhin. Wenn heute ein Spion etwas wert sein soll, muß er von dem Atom mindestens soviel verstehen wie der liebe Doktor Fuchs. Eine bescheidene *rote Tänzerin* wie ich würde überhaupt nichts erfahren. Jeder Geheimdienst kann sich mit einer Handvoll von wissenschaftlichen Experten und politischen Agitatoren begnügen. Oder mit geschulten Zeitungslesern. Aber wie sollte man dann dem Steuerzahler Millionen aus der Tasche locken? Haben Sie eine Ahnung, wieviel Geld da verschwendet wird! Davon könnte sich ein Militärattaché einen ganzen Harem halten.

Ich bin eine alte Frau, oder wäre es, wenn man mich damals im Morgengrauen in Vincennes nicht erschossen hätte. Ich bin ein Opfer der Spionageromantik geworden: nicht das erste, nicht das letzte. Sogar der Garbo-Film über mein Leben hat mich geärgert, obwohl »ich« wirklich toll aussah. Die Geheimdienste sind weder so romantisch noch so nützlich, weder so tapfer noch so wissend, wie sie es die Welt glauben machen wollen. Sie sind einfach Geschäfte, die nicht pleite gehen können, weil sie staatlich subventioniert sind. Und ihre Chefs kommen nie vor das Konkursgericht, weil die Buchprüfer Angst vor ihnen haben.

Glauben Sie mir, ich weiß es. Schließlich bin ich Mata Hari, fünfundachtzig Jahre alt und die berühmteste Spionin der Welt.

Neue Ruhr-Zeitung, August 1961

Betrachtung zum Massenwahn

I.

Er war kein guter Schauspieler, weil er überhaupt kein Schauspieler war. Er spielte nur sich selbst, doch das freilich so konsequent, daß er mit dem schnellsten Wagen in den modernsten Tod fuhr: Der Junge, der, wie die Märchenfigur Peter Pan, nicht aufwachsen konnte, lag unter den sich wild drehenden Rädern; noch nicht fünfundzwanzig war er, der James Dean aus Fairmont, Indiana.

II.

Ein Phänomen: James Dean ist unantastbar. Wie viele junge Menschen sich umbrachten, um Jimmy nahe zu sein, dem penetrant Diesseitigen im Jenseits, ist unbekannt; zwei junge Mädchen stürzten sich jedenfalls aus dem Fenster, ein Teenager schnitt sich die Adern auf, ein anderer verschwand auf der »Suche nach Jimmy«. Die Fan-Klubs des James Dean sind heute noch so zahlreich, wie sie es zu seinen Lebzeiten gewesen sind; sie halten eine fürwahr makabre Totenwache an seinem Grab, und es gibt, will man den Filmgazetten glauben, Tausende, die Jimmys Tod überhaupt nicht wahrhaben wollen, denn ein Leben ohne ihn wäre ihnen unerträglich. Seit 1774, als die *Leiden des jungen Werthers* erschienen und die Ratsherren von Leipzig und Kopenhagen die Verbreitung des Buches der drohenden Selbstmordepidemie halber unterbinden mußten, hat es Ähnliches nicht gegeben: dort eine unsterbliche Romanfigur, hier ein sterblicher Filmschauspieler – der Fortschritt in den jüngsten zwei Jahrhunderten ist deutlich abzulesen.

III.

Dabei war er ein ganz harmloser junger Mann, dieser James Dean. Er studierte eine Weile, trat dann in kleinen Fernsehrollen auf, wurde in *Jenseits von Eden* entdeckt und entfesselte schließlich in *Rebel without a Cause* den Massenwahn. Der Rebell, der nicht weiß, warum. Bei Gott, er wußte es nicht. Das Glück war ihm hold, die Mädchen geneigt und die Dollars grün; eine Generation, die aus ihrem Zorn nicht unerheblichen Profit schlägt, wählte ihn zu ihrem Abgeordneten; die sattesten Drehbuchautoren schrieben für ihn die hungrigsten Rollen, und wenn er einen Wagen an den Baum fuhr, stand schon der zweite chromglitzernd da.

IV.

Seine Wirkung war weniger harmlos. James Dean, mit den halb kühnen, halb unsicheren Zügen, mit den trotzig aufgeworfenen Lippen eines schmollenden Kindes oder eines griechischen Gottes, mit schmalen Hüften in jenen Bluejeans, die sozusagen ein Dekolleté des Unterleibs darstellen, repräsentierte keineswegs die Jugend schlechthin, repräsentierte eine Jugend, die sterben muß, weil sie nicht aufwachsen will. Daß es in dieser Welt kein Spaß ist, »erwachsen« zu sein, können wir den Fans Jimmy Deans bestätigen, doch geschähe es zum ersten Mal, daß eine bessere Ernte durch beharrliche Unreife entstünde. Auch ist es so, daß man zwar Repräsentanten, was immer sie repräsentieren mögen, die Achtung nicht versagen kann, daß die Idolatrie jedoch, handelt es sich um Repräsentanten unserer Schwächen und Krankheiten, zur Idiotie wird. James Dean als Museumsstück einer embryonalen und daher vergreist wirkenden Jugend, als das abschreckende Sinnbild eitler Verzweiflung zu bestaunen, ist eines; ihn zu verherrlichen, ihm nachzueifern gar, ein anderes.

V.

Sein Tod, wie jedes jungen Menschen, ist schmerzvoll. Doch soll man darüber nicht vergessen, daß er auf der Höhe, wohl aber auch am Ende seines Idoldaseins starb: sei es, daß die zornigen jungen Männer überraschend schnell aus der Mode gehen, sei es, daß sie ihren Zorn mit höheren Gagen niedriger schrauben. Der Massenwahnsinn im James Dean brennt nur weiter, weil dem armen Jungen keine Zeit mehr gegeben war, ganz normal zu werden. Seinen Anhängern, Fans genannt, wäre zu wünschen, daß sie den Weg gehen, den der Tod auf der Rennbahn James Deans am letzten Septembertag des Jahres 1955 grausam unterbrach.

Neue Ruhr-Zeitung, Oktober 1960

Miss Church, Stewardeß

I.

In Terre Haute, einer kleinen Stadt im Staate Indiana, wird Ellen Church dieser Tage fünfundsechzig Jahre alt. Ellen Church? Nie gehört. Grund zum Feiern? Ganz bestimmt. Ellen Church war die erste Lufthosteß der Welt. Damals hieß der Beruf noch Stewardeß.

II.

Sie war nicht nur die erste Luftstewardeß; die ganze Idee stammt von ihr. Es war vor dreiunddreißig Jahren. Einer der Pioniere des Flugwesens, Stephan Stimpson, war Direktor der Fluggesellschaft *United Air Lines*. Schon damals geschah es recht häufig, daß Kranke im Flugzeug befördert wurden. Da erschien eines Tages die Krankenschwester Ellen Church bei dem Direktor und schlug ihm vor, Pflegerinnen mitfliegen zu lassen. Stimpson fand die Idee großartig, meinte aber, die Tätigkeit der »Stewardessen« sollte sich nicht auf Kranke beschränken. Sie sollten sich um alle Passagiere kümmern, Essen und Getränke servieren, Müttern die Sorge um die Kinder abnehmen. Als erste Stewardeß wurde Ellen Church angestellt.

III.

Ich müßte lügen, wenn ich sagte, daß ich ein besonderer Freund der Lufthostessen bin. Nicht als ob ich etwas gegen den ehrenwerten, oft aufopfernden, mit großen Gefahren verbundenen Beruf hätte. Es ist der Fehler der Fluggesellschaften. Sie legen so großes Gewicht auf das Äußere der Hostessen, daß diese am Ende dem männlichen Passagier eher Hintergedanken als Vertrauen einflößen. Das wissen sie auch, die Armen. Infolgedessen legen sie ein Rühr-mich-nicht-an-Verhalten an den Tag, das etwas beleidigend wirkt. Falls man nämlich, was ja auch vorkommen soll, gar keine Hintergedanken hat. Die ungemein anziehenden Wesen verwandeln sich dann – flugs, möchte man sagen – in Schullehrerinnen, die mit gestrenger Miene zwischen den Sitzreihen umhergehen, so daß man nicht nur seinen Gurt enger schnallt, sondern glaubt, schmutzige Fingernägel zu haben. Sie geleiten einen im Gänsemarsch zur Maschine oder pferchen einen in einen Autobus, mit mißtrauischen Blicken, als plante man Böses. Gewiß: Meistens schmeckt einem ja das Konservenessen nicht, aber der Argwohn: Das schmeckt dir sicher nicht, verleidet einem die gebackene Watte noch mehr. Der Fehler der Fluglinien, wie gesagt. Sie »verkaufen« die guten Samariterinnen als Mannequins der Luft. Besonders arg treiben es da die Fluggesellschaften Indiens und Israels, die in ihren ganzseitigen Inseraten nicht mehr die Motoren ihrer Flugzeuge, sondern die Beine ihrer Stewardessen zu rühmen wissen. »*Kann man mit einer Air-India-Stewardeß ein Rendez-vous haben?*« kündet das Inserat der Inder, auf dem eine charmante Inderin in der Größe einer Boeing abgebildet ist. Man erfährt aus der Anzeige zwar, mit dem Rendez-vous sei es Essig, aber die höchst intime Mitteilung, daß »*die Stewardeß meistens ganz einfach in ihr Hotelbett fällt*«, hat mit den Vorzügen des Luftverkehrs relativ wenig zu tun. Und beweist im übrigen nichts. Jedenfalls hat sich Ellen Church die Sache ganz anders vorgestellt.

IV.

Die erste Stewardeß ist mittlerweile zu ihrem eigentlichen Beruf zurückgekehrt. Sie ist jetzt Verwalterin des *Union-Hospitals* in Terre Haute. Dort liest die Fünfundsechzigjährige gewiß oft von den Taten ihrer Nachfolgerinnen, von denen viele bewiesen haben, daß zu dem Lufthostessen-Beruf mehr gehört als ein Stupsnäschen. Die Geschichte von der Stewardeß, die ständig auf dem Schoß des Kapitäns saß, hat sie hoffentlich nie zu Gesicht bekommen. Beinahe kein Beruf ist nach dreiunddreißig Jahren noch derselbe, der er ursprünglich gewesen ist. Immerhin wäre der Geburtstag der ersten Stewardeß gute Gelegenheit, daran zu denken, was Mr. Stimpson und Miss Church mit einer »Luft-Schwester« eigentlich gemeint haben.

St. Galler Tagblatt, März 1963

König der Maîtres d'hôtel

I.

Seid mir nicht böse, meine Freunde, die großartigen Maîtres d'hôtel – vom *Savoy* in London, vom *21* in New York, vom *Baur au Lac* in Zürich, von *Brenners Park* in Baden-Baden, von den *Vier Jahreszeiten* in München, und wie ihr alle heißen mögt, in Rom und Paris, in Wien und Hollywood: Ich wünschte, ich könnte euch alle feiern, gebührend, einzeln und mit Namen. Aber euch alle feiere ich ja wirklich, wenn ich euren König feiere. Gestern, am achtzehnten Dezember, wurde er siebzig. Der Werner Baldegger vom *Dolder Grand Hotel* in Zürich.

II.

Was ist ein Maître d'hôtel? Die Engländer und Amerikaner nennen ihn Manager. Aber Manager gibt es viele, das Wort bedeutet nichts. Ein Maître d'hôtel – das ist etwas anderes. Er ist ein Empfangschef, der einen, sobald man das Restaurant betritt, in die richtige Stimmung versetzt. Er weiß, welchen Tisch man haben und welchen man ganz und gar nicht haben will. Er begrüßt einen beim Namen – was natürlich auf die Dame, die man begleitet, den größten Eindruck macht –, und führt einen zeremoniell zu dem ausgewählten Tisch. Und wenn der Tisch nicht ausgewählt ist, tut er, als wäre er es. Er ist also auch ein *Maître de plaisir* und ein Zeremonienmeister. Er berät einen bei der Auswahl der Speisen und Getränke, und tut es ehrlich. Dadurch unterscheidet er sich von irgendeinem Kellner oder »Ober«. Er will nicht unbedingt den übriggebliebenen Fasan verkaufen oder den Champagner, der flach zu werden beginnt. Es kommt vor, daß er einem ein kleines Gulasch empfiehlt und einen kleinen Wein. Er vertritt die Interessen des Hauses – und der Gäste. Er ist ein Gourmet und ein Weinkenner, ein Ambassadeur, der zwischen dem Ministerpräsidenten in der Küche und Seiner Majestät dem Gast vermittelt. Überdies ist er ein physikalisches Phänomen. Kann er auch nicht überall gleichzeitig sein, so sind seine Augen doch überall. Er korrigiert unauffällig die Mißtöne seines aus Kellnern bestehenden Orchesters, vermeidet Dissonanzen zwischen den Gästen, er schaut hin und schaut weg, je nachdem, und tut das alles mit würdevoller stiller Grazie. Er ist ein Dirigent. Vor allem aber ist er ein Menschenkenner. Er ist nachsichtig gegenüber den Schrullen seiner Gäste, fördert tolerant ihre Extravaganzen, übersieht ohne Überheblichkeit ihre Unkenntnisse und blamiert niemand.

Der Maître d'hôtel weiß, wann er sich nach der »gnädigen Frau« erkundigen soll, und wann es absolut nicht am Platze ist, sich nach der »gnädigen Frau« zu erkundigen. Er erkennt seine Gäste nach zwanzig Jahren, und ist imstande, sie von einem Abend zum anderen zu vergessen. Ein Zeremonienmeister, ein Lebenskünstler, ein Diplomat, ein Dirigent und ein Psychologe – ein Maître d'hôtel.

III.

Natürlich trifft das alles nur auf die besten zu, zum Beispiel auf das Geburtstagskind, den Herrn Baldegger vom *Dolder*. Da regiert der hochgewachsene, elegante, immer noch sehr jung und sehr männlich wirkende Mann schon seit fünfundvierzig Jahren. Die goldene Uhr, die er an einer Kette trägt, stammt vom Fürsten Galitzin. Daß er Winston Churchill, Toscanini, den Kronprinzen, den Aga Khan, Enrico Caruso, Fritzi Massary, König Paul und Königin Friederike von Griechenland, Schaljapin, König Vittorio Emmanuele und Yehudi Menuhin kannte oder kennt, ist selbstverständlich. Aber auch sie kannten oder kennen ihn. Er hat, wie man sagt, von der Pike auf gedient: Im *Savoy* in London, im *Stephanie* in Baden-Baden, im *Astoria* in St. Petersburg. Die meisten Weltsprachen beherrschte er schon, im Krieg hat er noch schnell Spanisch und Russisch gelernt und, nebenbei, auch etwas Latein. Herrn Baldegger kann man nicht imponieren, indem man Kaviar mit dem Suppenlöffel ißt. Er kann nicht nur einen Jahrgang *Château d'Yquem* vom anderen, sondern auch die schwachen, mittelmäßigen und großen Jahrgänge seiner Gäste voneinander unterscheiden. Er hätte längst irgendwo Hoteldirektor oder Hotelbesitzer werden können. Aber er ist dem alten Haus auf dem Berg am Golfplatz treu geblieben. Und einen anderen Titel als Maître d'hôtel möchte er partout nicht haben. Allerdings ist es noch niemand, ob Maharadscha oder Prinzgemahl, eingefallen, Herrn Baldegger beim Vornamen zu nennen. In einer Zeit, in der Männer zwar eine Mangelware, aber doch nicht so selten wie Herren sind, ist man gewiß, in Zürich einem Herrn zu begegnen. Hoffentlich noch lange. Guten Abend, Herr Baldegger!

Rhein-Zeitung, Dezember 1964

Der Tod einer Zirkusartistin

I.

Aus Sarasota in Florida kommt die Meldung, daß dort, einundneunzig Jahre alt, Mrs. Madeline Zacchini gestorben ist. Wer sollte sich noch ihres Namens erinnern? Und doch hat es kaum eine Frau gegeben, die gefährlicher gelebt, kaum eine, die der Welt mehr gelungene Kinder geschenkt, kaum eine, die zu ihren Lebzeiten mehr Applaus geerntet hätte. Ihr Mann, der italienische Zirkusartist Ildebrando Zacchini – welch ein Name! – hat die »lebendige Kanonenkugel« erfunden, das »menschliche Geschoß«; sie hat sechzehn Kinder zur Welt gebracht, lebendige Kanonenkugeln samt und sonders; sie selbst war die erste Frau, die sich aus einer Kanone ins gespannte Zirkusnetz schießen ließ. Man könnte sie die Mutter des Astronauten nennen. Wenn auch in jener glücklicheren Zeit das All nichts anderes war als ein Jahrmarktszelt oder eine Zirkuskuppel.

II.

Als Trapezkünstler hatten sie begonnen, die Zacchinis, damals jung verheiratet, kinderlos, Mann und Frau. Mit ihrem eigenen Zirkus waren sie durch Italien gezogen: ein paar Pferde, zwei Clowns, ein Zwerg, ein Hundedresseur, ein kluger Affe und ein dummes Lama. Madeline war Italienerin, und meistens war sie schwanger. Auch begannen die großen Zirkusse per Eisenbahn durch die Länder zu reisen, und obwohl es nie wieder einen solchen Spaß gegeben hat wie an den Abenden, als der *Zirkus Zacchini* sein Zelt am Stadtrand aufschlug – »Hereinspaziert, meine Herrschaften! – Kinder und Soldaten zahlen halbe Preise!« –, so reichte es doch bald nicht mehr für Heu und Brot. Die Zacchinis, jetzt mit drei oder vier krausköpfigen hungrigen Kindern gesegnet, gingen nach Amerika, verdingten sich bei fremden Zirkusherren. Der Akt auf dem schwingenden Trapez, in den Dörfern um Neapel und Palermo eine Sensation, konnte niemand mehr imponieren. Das Publikum lebte gefährlich, deshalb war ihm keine Gefahr gefährlich genug. Ildebrando Zacchini indes war nicht nur ein braver und tapferer, er war auch ein kluger Mann. Die Kanone war zum Symbol der Zeit geworden. Mit schrecklichen Geschossen schoß man auf Menschen. Warum sollte man es einmal nicht anders machen, umgekehrt und humaner: Warum sollte man nicht, statt auf Menschen, mit Menschen schießen? Ildebrando kratzte alles zusammen, was er erspart, auf dem Zwischendeck herübergerettet hatte. Er ließ eine Zirkuskanone konstruieren. Und weil Madeline gerade nicht schwanger war, wurde sie – nach ihrem Mann und drei Kindern natürlich – aus der Kanone geschossen. Einer der großen Zirkusakte aller Zeiten war geboren.

III.

Es ist eine schöne Geschichte, weil sie gar nicht dramatisch ist. Über dreißig Jahre feuerten die Zacchinis aus ihren freundlichen Kanonen, aus alten, neuen, allerneuesten, von der Zirkuskuppel; durch Krankheit und Krieg verloren sie ein paar Kinder, wie das nun einmal so geschieht in kinderreichen Familien, aber obwohl alle Mitglieder der Familie Artisten wurden, ereignete sich kein einziger tragischer Unfall. Sie wurden alle alt, die friedlichen Kanonenkönige. Ildebrando, Erfinder und pensionierte Kanonenkugel, starb 1948, im achtzigsten Lebensjahr. Kinder und Enkel verwalteten das artistische Erbe und blieben artistische Aristokraten, dem Erbe treu. Mama Zacchini zog sich, wohlbestallt und umsorgt, ins sonnige Florida zurück. Nur einmal hörte man von ihr – als der Russe Gagarin ins All geschossen wurde. Da erklärte sie den Journalisten, daß ihre Söhne Ähnliches schon vor Jahrzehnten vollbracht hatten, »ohne viel Aufhebens, psychologische Tests, Versuchskabinen und, überhaupt, ohne den ganzen Klimbim«. Sie seien zwar nur im Netz, nicht im Ozean gelandet, im Zirkus-, nicht im Himmelbett, dafür hätten sie der Menschheit weniger Aufregung und mehr Anregung beschert. Im übrigen stünde es noch lange nicht fest, was Gott gefälliger sei – »ein Astronaut oder ein Zirkusartist«.

IV.

Nun hat man sie in Sarasota, Florida, zu Grabe getragen. Da ruht sie neben ihrem Ildebrando, unter einem schönen, würdigen, marmornen Grabstein. Darauf steht eine kleine Kanone aus Bronze. Aber die Kanone der Zacchinis erinnert nicht an Feindschaft, Krieg und Blutvergießen, sondern an glühende Kinderaugen, helles Kinderlachen und frohen Kinderapplaus in einem Zirkuszelt.

Schleswigsche Tageszeitung, April 1963

Retter der Kinder

I.

Wenn ich als Kind mit meiner Mutter zum Besuch von Verwandten von Wien nach Budapest fuhr, kamen wir in der Inneren Stadt oft an einem, wie es mir schien, sehr schönen Denkmal vorbei, das weiße Marmorfrauen zu Füßen eines mittelgroßen, kahlköpfigen Mannes zeigte. Sei es, daß mich die schwärmerisch emporstrebenden Posen der Frauen anzogen, sei es, daß ich mich über die schlichte, damals erstaunlich unheroische Figur des Mannes auf dem Sockel wunderte, jedenfalls erkundigte ich mich gleich, wer der Mann sei, den die ungarische Nation solcherart ehre. »Er ist der Retter der Kinder«, sagte meine Mutter. Später mußte sie mir oft die Geschichte des Ignaz Philipp Semmelweis erzählen. Am dreizehnten August jährt sich zum hundertsten Mal der Tag seines Todes.

II.

Der Mann, der das Wochenbettfieber besiegte, wurde am ersten Juli 1818 in Buda geboren. Er studierte Medizin in Budapest und Wien und wurde als Assistenzarzt der Ersten Geburtsklinik des Professors Johannes Klein in Wien zugeteilt. Hier begann der Weg eines Genies, eine jener Geniestraßen, die von Anfang bis zum Ende mit menschlicher Dummheit gepflastert sind.

III.

Die Sterblichkeit von Neugeborenen betrug zu jener Zeit – es sind kaum hundertzwanzig Jahre her – zwischen zehn und fünfundzwanzig Prozent. Semmelweis, gleich von Anbeginn mit dem Widerstand seines kurzsichtigen Chefs kämpfend, widmete sich der Untersuchung dieses beschämenden, von der zünftigen Medizin jedoch fatal fatalistisch akzeptierten Zustandes. Dabei entdeckte er, daß vor allem die Kinder der Armen starben, die in den Krankenhäusern zur Welt gekommen waren; die reichen Frauen zogen es vor, zuhause entbunden zu werden. Mehr denn je entschlossen, dem Tod bei der Geburt, diesem unnatürlichen Phänomen, nachzugehen, entdeckte Semmelweis, daß die Sterblichkeit in Abteilung Eins, wo Studenten der Medizin arbeiteten, zwei-, ja dreimal so groß war wie in Abteilung Zwei, wo Mütter und Babys von Hebammen betreut wurden. Nach längerer, sozusagen geheimer Beobachtung stellte der junge Doktor Semmelweis fest, daß es die Studenten, die von anderen Operationen in die gynäkologische Abteilung eilten, an Sauberkeit ermangeln ließen; er schloß, daß das Wochenbettfieber von Bazillen herrührte, die aus anderen Krankensälen eingeschleppt worden waren. Die große Erleuchtung kam jedoch, als ein Freund Semmelweis', Doktor Jakob Kolletschka, an einer Infektion starb, an der auch Frauen, die Kolletschka behandelt hatte, gestorben waren. Über den Kopf des Chefarztes hinweg, der so simple Hygiene für vollkommen unwissenschaftlich hielt, verlangte nun Semmelweis von den Ärzten der Abteilung Eins, daß sie sich vor jeder Berührung mit den Wöchnerinnen mit Wasser, Seife und einer Chlorlösung wuschen – damals ein unbilliges, ja revolutionäres Verlangen. Die Sterblichkeit in der Abteilung der Medizinstudenten sank prompt auf einen Bruchteil der Sterblichkeit in der Abteilung der Hebammen. Das Resultat war selbstverständlich. Der eifersüchtige Professor verhinderte Semmelweis' Ernennung zum Dozenten, und der Assistenzarzt ging den Weg, den so viele Genies in Wien gegangen waren und noch gehen sollten, den Weg, der aus Wien hinausführt.

IV.

Seine ungarische Geburtsstadt drückte Semmelweis ans Herz. Die Klinik, an deren Spitze der junge Professor berufen wurde, galt bald als das beste Mütterheim Europas. Die Kindersterblichkeit ging auf 0,85 Prozent zurück. Semmelweis' Werk *Die Ätiologie, der Begriff und die Prophylaxis des Kindbettfiebers* wurde als grundlegend anerkannt. Der Dummheit war damit indes noch kein Ende gesetzt. Die wissenschaftlichen Snobs, die nicht seltener sind als die künstlerischen, nahmen Semmelweis noch lange nicht voll – seine Entdeckung war zu einfach gewesen. Er hatte kein mirakulöses Serum, kein kompliziertes Vakzin, er hatte im Grunde nur die Sauberkeit entdeckt.

V.

Sein Tod hat seinen Gegnern wahrscheinlich ein ironisches Lächeln entlockt. Er starb an einer Blutvergiftung, die er sich durch eine Wunde an der rechten Hand zugezogen hatte. Man dachte nicht daran, daß es der würdige Tod eines Pioniers war, der an die Mütter und Kinder, nicht an sich selbst gedacht hatte.

Neue Ruhr-Zeitung, August 1965

Nobelpreis für Dr. Salk!

Nun hat sich auch die offizielle Organisation der amerikanischen Ärzte – keinen Tag zu früh! – entschlossen, die Wirksamkeit des Salkschen Vakzins gegen Kinderlähmung anzuerkennen. Millionen Kinder sind unterdessen mit dem Salkschen Serum geimpft worden; es sollte nicht mit rechten Dingen zugehen, wenn die Kinderlähmung nicht endgültig besiegt wäre. Aber unter den Nobelpreiskandidaten sucht man den Namen Doktor Jonas Salk vergebens.

Wieso eigentlich? Der fünfundvierzigjährige Doktor Jonas Edward Salk hat es abgelehnt, an einer der größten Erfindungen der Menschheitsgeschichte auch nur einen Cent zu verdienen. Er hat zuerst seine drei Kinder geimpft – ziviles Heldentum, das allein des Nobelpreises würdig wäre. Warum wird er übergangen?

Den Nobelpreis für Physik erhielten 1958 drei sowjetische Gelehrte, die einen Atomzähler gebaut haben. »*Aufgrund des Tscherenkow-Effekts*«, hieß es, »*war auch der sowjetische Erdsatellit Sputnik III mit einem solchen Zähler ausgerüstet.*« Das ist sicher großartig. Es fragt sich nur, ob Alfred Nobel in seinem Testament unter »Fortschritt der Menschheit« die Beförderung von Lufthunden oder die Heilung von Kindern verstanden hat. Ich erlaube mir die ungelehrte Meinung, daß ein einziges Kind, das gehen kann, tausendmal wichtiger ist als sämtliche Sputniks, die fliegen können.

Den Nobelpreis 1958 für Medizin und Physiologie erhielten drei amerikanische Professoren für ihre Forschungen über chemische Vorgänge beim Zellenaufbau. Auch das ist gewiß ein gewaltiger Erfolg, es wird aber gewiß noch geraume Zeit kosten, ehe jemand aufgrund dieser Entdeckung geheilt wird.

Das jedoch, meine ich, ist des Rätsels Lösung. Die Schulwissenschaft liebt keine »sichtbaren« Erfolge. Der Triumph der abstrakten Kunst ist erträglich; zumindest unterbewußt lehnt sich jetzt aber auch die Wissenschaft gegen das »Gegenständliche« auf. Weil Ärzte und Gelehrte Menschen, also von Neid nicht frei sind, wittern sie überall, wo der Name eines Kollegen in aller Leute Munde ist, die böse »Reklame«. In einer Zeit der Tam-tam-Erfolge ist der wirkliche Erfolg verdächtig geworden. Die Menschheit hat einen unheiligen Respekt vor allem, was sie nicht versteht. Daß Doktor Salk im Begriffe ist, die Kinderlähmung zu beseitigen, ist zu einfach.

Gewiß lag Doktor Salks Erfindung »in der Luft«. Das geschieht mit allen großen Entdeckungen. Wenn es zwei oder drei Gelehrte gibt, die den gleichen guten Kampf mit dem gleichen guten Resultat führten – Nobelpreise lassen sich teilen. Bedenklich wäre es jedoch, wenn Doktor Salk auch noch das Krebsserum erfinden müßte, um den Nobelpreis zu bekommen. Unsere Rettung vor der Kinderlähmung sollte genügen.

Bild-Zeitung, Mai 1959

Die Fackel der Freiheit

Im Jahre 1942 veröffentlichte Emil Ludwig in New York eine Sammlung von Aufsätzen »bekannter Emigranten über den berühmtesten Emigranten ihres Ursprungslandes«. Es schrieben: Heinrich Mann, Sigrid Undset, Jan Masaryk, Graf Carlo Sforza. Ich steuerte einen Aufsatz über Lajos Kossuth bei. Die Wiederholungen in der Weltgeschichte sind erschütternd.

Der Gasthof heißt *Magyarország*.

»Ungarn« – das ist ein anmaßender Name für die Lehmhütte am Ufer der Donau. Und doch keine Anmaßung, denn die langsam dahinfließende gelbe Donau ist die Grenze, die Ungarn vom Ottomanischen Reich trennt; hier hört Ungarn auf, jenseits des Flusses beginnt das Türkenreich.

Drüben weht die Flagge mit dem türkischen Halbmond. Vor dem Gasthof steht eine Fahnenstange, aber sie gleicht einem entblätterten Baum: Die schwarz-gelbe Fahne der Habsburgischen Monarchie hat der Grenzposten heruntergeholt, die rot-weiß-grüne Ungarns hat er nicht hochgezogen.

Er ist kein Feigling, kein schlechter Ungar, der alte Grenzer János Kovács, aber Orsova, das Grenzdorf am südlichen Donauknie, liegt abseits von der Welt. Die Zeitungen aus Budapest sind manchmal einen Monat alt, und auch die Gerüchte, die schneller reisen als die Zeitungen, sind längst überholt, wenn sie Orsova erreichen. Im April dieses Jahres 1849 hatte János Kovács die schwarz-gelbe Fahne heruntergeholt. Ehe er jedoch die rot-weiß-grüne hissen konnte, hatte es schon geheißen, der ungarische Aufstand sei in Blut und Tränen erstickt worden. Der Grenzer János Kovács hatte von den Österreichern lange keinen Sold mehr bezogen, und die Herren in Budapest waren zu beschäftigt, um an den Grenzposten von Orsova zu denken. Da konnte man nur abwarten und ein Glas Wein nach dem anderen auf die Schiefertafel kreiden.

Nun ist auch der Sommer ins Land gegangen, mit einem trockenen heißen Juli und einem schwülen regnerischen Herbst. Manchmal war das türkische Ufer im Nebel verschwunden; im ganzen August war kein Handlungsreisender die Donau abwärts gefahren.

Dann, am letzten Augusttag, hat sich das Bild geändert; es schien, als hätte der Strom eine große Stadt mit sich gerissen und ans Ufer von Orsova gespült. Zuerst waren Soldaten nach Orsova gekommen, in zerlumpten Uniformen, humpelnd, auf Krücken gestützt, blutdurchtränkte Fetzen um die Stirn, am Ende ihrer Kräfte. Nach ihnen waren Offiziere eingetroffen, in bunten Waffenröcken, in Zivilhosen einige, andere auf lahmenden Pferden. Auch Zivilisten waren unter ihnen; man hatte in Orsova lange keinen Zivilisten gesehen, außer den Handlungsreisenden.

Als die Sommernacht über die Strohdächer der verstreuten weißen Bauernhäuser fällt, findet János Kovács keinen Platz mehr in der Wirtsstube, in der er oft allein gesessen hat. Fünf

Generale, ein halbes Dutzend Offiziere, zwölf Herren in Schwarz zählt János Kovács: Einen, in dem schwarzen, strengen, mit Seidenschnüren verzierten *díszmagyar,* dem Feiertagsgewand der hohen Stände, glaubt er zu erkennen, aber er wagt nicht zu glauben, daß es der sein könnte, an den er denkt. Er weiß nicht, daß es Lajos Kossuth ist, der Gouverneur des freien Ungarn. Er weiß nicht, daß von *Magyarország* nichts geblieben ist als die Tafel auf einer Lehmhütte.

***

Die Herren sitzen an den ungehobelten Tischen und sprechen von dem geliebten Toten, als ob er noch lebte. Vor achtzehn Tagen, auf dem Schlachtfeld von Világos, ist er gestorben.

Es hatte im März 1848 begonnen. In der Unterdrückung von Jahrhunderten wird die Phantasie lahm. Die Ungarn hatten noch nicht an eine endgültige Loslösung von Österreich und dem Haus Habsburg gedacht. Selbständige Ministerien unter der Oberhoheit Wiens hatten sie angestrebt, Amnestie für die eingekerkerten Patrioten, ungarische Richter an ungarischen Gerichten, Unterricht in ungarischer Sprache, Lockerung der Vorzensur. Gewiß, es hatte Hitzköpfe unter ihnen gegeben. Von den Stufen des Nationalmuseums zu Budapest hatte Sándor Petőfi deklamiert: *»Wollt ihr frei sein oder Knechte?/Hier die Frage, wählt das Rechte!«;* Studenten hatten verbotene Lieder gesungen; ein Hofwagen war umgeworfen worden, wobei die Unaussprechlichen einer Hofdame sichtbar wurden. Indes hätte man sich wohl mit der halben Freiheit begnügt. Es wäre alles anders gekommen, hätte der junge Kaiser, erst achtzehn Jahre alt, Seine Apostolische Majestät Franz Joseph I., Kaiser und König von Gottes Gnaden, nicht sechzigtausend Soldaten nach Ungarn geschickt, unter dem Vorwand freilich, die Madjaren gegen Jellachich, den Banus von Kroatien, zu schützen. Die Ungarn hatten keine Angst vor dem großsprecherischen Jellachich; mit dem würden sie allein fertig werden. Was waren das überhaupt für Soldaten, welche die Ungarn beschützen sollten? Sie durchsuchten die Scheunen nach Gewehren, trieben das Vieh von der Weide, konfiszierten und verhafteten, viele Geheimpolizisten waren unter ihnen, die saßen mit der Melone auf dem Kopf vor den Kaffeehäusern – ein unvorsichtiges Wort, und vergebens wartete die Familie auf den Vater.

In Ofen war der erste Schuß gefallen, Graf Lambert, der kaiserliche Kommandeur der Stadt Budapest, war tot, mehr Schüsse fielen, der Reichstag beschloß den Abfall Ungarns von Österreich. Noch war es nicht zu spät. Die Führer des gärenden Landes gehörten schließlich der Hocharistokratie an, Batthánys waren es und Széchényis, auch Eötvös und Deák und Kossuth hatte man die Rebellion nicht in die Wiege gesungen. Aber der junge Mann in der Wiener Hofburg, ein Engel von Angesicht, war seiner Sache sicher. In ganz Europa war der Aufstand niedergeschlagen. Die Blätter der März-Revolution vergilbten unter den Stiefeln der Soldateska. Der Herbststurm würde auch in Ungarn die Blätter von den Bäumen fegen.

Man sah sich in Budapest nach Verrätern um, aber man konnte sie nicht finden. Der junge Kaiser herrschte den zaghaften Fürsten Alfred zu Windischgraetz, seinen Feldmarschall, an: »Wissen Sie nicht, daß man Ungarn besetzen muß, um es zu beherrschen?« Der Fürst, der den Wienern Achtung vor dem Kaiserhaus beigebracht hatte und den die Wiener Schusterjungen dennoch als »Kavalier mit Strupfen« verhöhnten, setzte sich endlich in Bewegung: Über Komárom und Györ zog er nach der rebellischen Hauptstadt.

In Debreczen, dem »Rom der Calvinisten«, am Rande der ungarischen Tiefebene, proklamierten die Ungarn nun eine unabhängige Regierung, wählten sie den ehemaligen Advokaten und Finanzminister Lajos Kossuth zum Gouverneur des freien Ungarn, erklärten sie den Kaiser für aller seiner ungarischen Titel, Rechte und Besitzungen für verlustig, verbannten sie die Habsburger für immer von ungarischem Boden, antworteten sie schließlich mit einer Kriegserklärung auf die Kriegserklärung des Monarchen. In Debreczen konnte man allabendlich die *délibáb* sehen. So nannten die Ungarn die Fata Morgana.

Aus allen Teilen des Landes strömten die Männer nach der Stadt des *délibáb*. So weit das Auge sehen konnte, brannten die Lagerfeuer der *honvéd*, Beschützer der Heimat, wie Kossuth seine Freiwilligen nannte. Pest und Buda standen auf. Männer, Frauen und Kinder griffen zu den Waffen, die Besatzungsarmee suchte ihr Heil in der Flucht, und als Fürst Windischgraetz aus seinem Hauptquartier floh, ließ er seine schönsten Orden zurück. Die Honvéd verweilten nicht in der jubelnden Hauptstadt, jagten den Feind die Donau aufwärts, auf Wien zu, auf ihrem Weg fiel die uneinnehmbare Feste Komárom.

Am ersten Mai 1849 begab sich Franz Joseph nach Warschau, um Zar Nikolaus I. zu treffen. Der Hilferuf des Kaisers fand das geneigte Ohr Seiner russischen Majestät. Ein freies Ungarn an der Grenze des von den Russen unterjochten Polen – das war undenkbar. Ein freies Ungarn würde den zaristischen Truppen keinen Durchmarsch gewähren, und der Zar hatte schon seit langem beschlossen, auf dem kürzesten Weg nach dem Süden zu marschieren und in das Ottomanische Reich einzufallen. Die Russen hatten mehr Erfahrung mit der Unterdrückung freier Völker als die dilettantischen Österreicher. Der Zar stellte dem »lieben Vetter« seine besten Truppen zur Verfügung – und seinen besten General. Vom Osten fiel General Paskiewitsch, seit der blutigen Eroberung Polens Fürst Warschawsky, in Ungarn ein; im Westen trat Feldmarschall Windischgraetz den Oberbefehl an den tüchtigen General Haynau ab; vom Süden ließ Franz Joseph jenen Kroatenführer Jellachich in Ungarn einziehen, gegen den er seine Madjaren zu beschützen vorgegeben hatte.

Die Ungarn gaben sich nicht geschlagen. *Jellachich a gyáva*, Jellachich, der Feigling, wie ihn Petöfi nannte, wurde erbärmlich geschlagen, Haynaus lustlos kämpfende Armee errang zwar einen Sieg bei Temesvár, wurde aber aufgerieben und konnte Komárom nicht zurückerobern.

Erst im August fiel die Entscheidung. Die ungarischen Truppen kämpften unter dem Befehl des Generals Arthur von Görgey. Freiwillige aus Polen, aus Deutschland, aus Italien hatten sich ihnen angeschlossen. Kossuth, in den Büchern des Rechts erfahrener als mit den Büchern der Kriegstaktik vertraut, glaubte blind seinem Heerführer. Aber als es zur entscheidenden Schlacht bei Világos kam, der »hellen Stadt«, da besann sich Görgey, daß ihm ein russischer General doch näherstand als ein ungarischer Federfuchser; daß ihm die Disziplin der zaristischen Soldaten doch besser gefiel als der Enthusiasmus seiner eigenen Freiwilligen; daß er am Hofe doch eine bessere Figur machen würde als in der Regierung der Republik. Die Schlacht von Világos war verloren, ehe sie begann. Görgeys Botschaft an Paskiewitsch, er werde sich »nie den geschlagenen Österreichern«, er werde sich nur »der Armee Seiner Majestät des Zaren von Rußland« ergeben, war ein Signal.

Davon sprechen sie heute, die Männer um Kossuth, an den ungehobelten Tischen des Gasthofs, der »Ungarn« heißt.

***

Männer auf der Flucht – doch zur Flucht außer Landes noch nicht entschlossen.

»Das ungarische Volk kann nicht mit uns fliehen«, sagt ein junger General. »Wir können es nicht im Stich lassen.«

Der Hüne mit dem viereckig gestutzten weißen Bart, Bem *apó,* Vater Bem – so nennen ihn seine Soldaten, »*der Freiheit Veteran*« nannte ihn Petöfi –, der polnische Freiheitskämpfer, jetzt Befehlshaber der zerschlagenen Armee, hält in seiner Wanderung inne.

»Phrasen, nichts als Phrasen!« murrt er. »Ich wette, daß in den nächsten Tagen die halbe Armee zu uns stößt. Wenn wir über die Grenze gehen, können wir die Armee wieder aufbauen, Freiwillige sammeln und die Österreicher aufs Haupt schlagen.«

»Wenn wir bleiben, werden sie uns hängen«, sagt der junge

Graf Erdödy. »Wo sie uns auf die Bäume knüpften, da werden einmal unsere Denkmäler stehen, aber der ungarischen Freiheit werden wir damit nicht gedient haben. Wenn wir fliehen, werden sie uns Verräter nennen, schlimmer: Emigranten! Wir werden uns nicht einmal, in Stein gemeißelt, von den Vögeln auf den Kopf scheißen lassen dürfen. Dennoch: Ich bin für die Vögel, die Denkmäler und den Strick. Prost!«

»Prost!« trinkt ihm Bertalan Szemere zu, der Ministerpräsident des Kabinetts von Debreczen.

Er ist ein Mann von halbem Wuchs, mit rötlichen Haaren und rötlichen Augen, wie ein griesgrämiger Archivar sieht er aus. Man sieht ihm nicht an, daß er sich Szemere de genere Huba nennen darf, aus dem Geschlecht des Arpadschen Vezirs Huba, einer weit nobleren Familie als die Habsburger. Sein »Prost!« bedeutet wenig, denn jede Gelegenheit, nach dem Glas zu greifen, ist ihm recht.

»Und unser Gouverneur? Was denkt unser Gouverneur?« sagt Szemere de genere Huba.

Man sieht ihn kaum, im dichten Rauch, den Mann am Fenster. Mit den weichen dunklen Haaren, dem bartumrahmten energischen Kinn, der edel geformten Nase, ist er von jener Schönheit, die auch beim Mann zur Tugend wird. Seine durchsichtig feinen Hände ruhen auf einer großen eisernen Kassette, die er vor sich auf den Tisch gestellt hat.

»Und was denkt unser Gouverneur?« – so schallt es von allen Seiten, in einem seltsamen Gemisch von Vertrauen und Mißtrauen.

»Wir müssen Geduld haben«, sagt Kossuth. »Unsere Botschafter in London und an der Hohen Pforte sind nicht untätig.«

»Geduld, Geduld«, sagt Szemere. »weit haben wir es mit unserer Geduld gebracht.«

»Bis nach Orsova«, sagt ein alter Oberst.

»Der Gouverneur hat es leicht, Geduld zu predigen«, sagt Szemere, vom Beifall ermutigt.

Kossuth antwortet nicht. Szemere flüstert dem neben ihm sitzenden deutschen General Freiherrn von Stein zu:

»Ich hätte auch Geduld, wenn meine zarten Finger auf einer solchen Kassette ruhten ...«

Die Herren stecken die Köpfe zusammen. Um Szemere entsteht ein Kreis von Männern in Uniform, von Männern in Schwarz. Es ist, als kreiste ein schwarzer Vogel um die Häupter der Männer, mit seinen dunklen Flügeln schlägt er gegen die rußgeschwärzte Decke, läßt sich nieder auf die Schulter des einsamen Mannes am Fenster, der schwarze Vogel des Mißtrauens, aufgestiegen aus der Niederlage.

Der alte Bem hat genug von diesem Spiel, er geht auf den Gouverneur zu.

»Was ist in der Schatulle, Herr Gouverneur?«

»Haben Sie für sich gesorgt, Herr Gouverneur?« – die Stimme kommt aus dem Hintergrund.

»Sie täten gut daran, die Schatulle zu öffnen«, sagt Bem *apó*.

»Ich habe kein Recht, sie zu öffnen«, sagt Kossuth.

»Macht die Tür auf«, befiehlt Vater Bem.

Die Rauchschwaden fliehen aus dem Raum, aber man kann jetzt noch weniger sehen. Der junge Offizier, der die Tür geöffnet hat, stößt mit einem Soldaten zusammen. Es ist ein österreichischer Offizier in einer tadellos gebügelten Uniform, mit glänzenden Stiefeln.

»Ich wünsche Lajos Kossuth zu sprechen!«

»Du meinst wohl den Gouverneur.« Einige Männer treten auf den Offizier zu.

»Ich bin Kossuth«, sagt der Gouverneur.

Wie einer, der sich einer peinlichen Mission schnell entledigen will, nimmt der Offizier einen versiegelten Brief aus der Patronentasche.

Kossuth hebt eine Kerze vom Tisch, hält den Brief über die Flamme.

»Hört! Hört!«

Kossuth faltet den Brief. »Sag' deinem Herrn, daß Ungarns

tausendjährige Verfassung immer noch gilt. Kein Kaiser von Österreich kann sich König von Ungarn nennen, solange nicht die Krone des heiligen Stephan sein Haupt schmückt. Sag' deinem Herrn, daß der Rebell Kossuth und die ungarischen Rebellen die Krone entführt haben; nie wird der Mörder der ungarischen Freiheit sie tragen. Sag' deinem Herrn auch, daß der Gouverneur des freien Ungarn den Brief Seiner Majestät, des Kaisers von Österreich, den Flammen übergeben hat.«

Kossuth zerreißt den Brief in kleine Stücke. Jubel umfaßt ihn, fegt des Kaisers Boten hinweg. Tot liegt der schwarze Vogel des Mißtrauens auf dem Lehmboden der Hütte.

Behutsam nimmt Kossuth die Krone aus der Schatulle: Zepter und Apfel, die Insignien des Reiches, auf violettem Samt. Mattes Gold, Rubinen und Brillanten spiegeln sich im Schein der Kerzen.

»Ich möchte sie auch einmal in der Hand halten«, sagt Szemere. Und ehe ihn Kossuth noch daran hindern kann, setzt sich Szemere de genere Huba die heilige Krone auf den Kopf.

Da steht er nun, der halbe Mann, und neigt den Kopf von der einen Seite zur anderen, wie eine Frau, die sich einen neuen Hut anpaßt; dann setzt er sich in Bewegung, die schwere, viel zu große Krone auf dem roten Kopf, geht er auf die Tür zu, an der ein Spiegel hängt, ein billiger, pockennarbiger Spiegel, wie ihn fahrende Händler den Dorfmädchen andrehen. Vor dem Spiegel bleibt er stehen; die Krone ist ihm über die Ohren geglitten und sitzt auf seiner spitzen Nase; er schiebt sie hoch, setzt sie wieder auf, schief, wie ein trunkener Zecher.

»Spieglein, Spieglein an der Wand, wer ist der Schönste im ganzen Land?«

Die Herren lachen. Kossuth geht auf Szemere zu, streckt die Hand aus – mürrisch reicht ihm Szemere die Krone.

Kossuth tritt ins Freie hinaus.

Es regnet nicht mehr. Ein warmer Wind hat die Wolken verscheucht, der Mond spiegelt sich im Wasser. Der Boden ist tief. Es riecht nach Wasser und Erde.

Die Krone liegt schwer in der Hand Kossuths. Er gleitet über die Böschung hinunter. Am Ufer liegt ein schäbiger Kahn. Er setzt sich ins Boot, ergreift die Ruder, läßt sich südwärts treiben. Dann bindet er den Kahn an, hebt die Schatulle heraus.

Er besitzt keine Schaufel, nur ein kleines Messer. Er schneidet einen Ast von einem Baum und beginnt, die Erde auszuheben. Die Krone des heiligen Stephan soll keines Habsburgers Haupt schmücken, doch in Ungarn soll sie bleiben, für immer. Als er zum Kahn zurückkehrt, ahnt er nicht, daß einige Jahre später ein Verräter dieses Versteck preisgeben wird. Franz Joseph I. wird mit der Stephanskrone gekrönt werden, doch wird sie in aller Zukunft an Orsova und den Flüchtling erinnern: Das goldene Kreuz auf der hohen Wölbung der Krone ist verkrümmt.

Als er zum Gasthof zurückkehrt, muß er an Bems Worte von der fliehenden Armee denken. Im Morgengrauen des ersten Septembertages hat die Ebene von Orsova zu blühen begonnen. Gelbe und grüne und rote Uniformen – tausende Soldaten haben den Weg an die Grenze des Ottomanischen Reiches gefunden. Am Ufer sind sie niedergesunken, da schlafen sie nun in ihren bunten Waffenröcken, ohne Decken, in der Kälte des Morgens.

Eine Stunde später versammelt der Gouverneur seine Generale um sich. Er entwickelt seinen Plan: eine ungarische Freiheitsarmee auf türkischem Boden, die Rückeroberung Ungarns mit Hilfe Englands.

Die Mittagssone brennt auf die gelbe Donau hinunter, als der Grenzer János Kovács sechstausend Soldaten an sich vorbeiziehen sieht. An der Spitze der Truppe, die sich der schmalen Brücke nähert, erkennt er den Herrn im dunklen Gewand, auf den er seine Hoffnung gesetzt hat, eines Tages die rot-weiß-grüne Fahne hissen zu können.

Auf der anderen Seite des Stromes erwartet, von den Grenzposten alarmiert, eine Kompanie türkischer Soldaten die ungarische Armee.

Dem kommandierenden Offizier, einem jungen Mann von höflichen Manieren, überreicht Kossuth einen Ausweis. Der ist auf den Namen James Bloomfield aus Manchester ausgestellt und vom ungarischen Ministerpräsidenten Graf Kasimir Batthány gezeichnet. Der Träger des Ausweises, so heißt es, der Tuchhändler James Bloomfield aus Manchester eben, habe seinen Reisepaß verloren, habe von der ungarischen Regierung ein Dokument erhalten, damit er, seinen Weg über die Türkei nehmend, heimkehren könne in seine englische Heimat.

Der Offizier wirft keinen Blick auf das falsche Papier.

»Ich kenne Sie, edler Herr. Das Glück ist Ihnen nicht hold gewesen, doch werden Sie Frieden finden unter dem Schutz des mächtigen Padischahs. Ich grüße Sie, edler Herr, im Namen Allahs.«

Kossuth will danken, aber der junge Hauptmann hebt die Hand:

»Ihren Degen, Exzellenz!«

Kossuth blickt nach rückwärts. Er hört Waffenlärm. Es ist der Lärm der Waffen, die sechstausend Honvéd niederlegen.

Gesenkten Hauptes geht er auf das Zollhaus zu.

Er ist siebenundvierzig Jahre alt.

***

Als Lajos Kossuth seinen Soldaten verheißen hatte, die »freieste der freien Nationen«, England, werde dem kleinen Ungarn zu Hilfe eilen, hatte er aus tiefer Überzeugung gesprochen.

Seit 1830, als die Heilige Allianz verendet war, rangen zwei Diktaturen, Österreich und Rußland, um die Vorherrschaft auf dem Kontinent. Gelang es Nikolaus I., das Ottomanische Reich zu erobern, dann war das kontinentale Europa der asiatischen Tyrannei ausgeliefert und Englands Sicherheit in Gefahr.

Es überraschte Kossuth nicht, daß ihm die Türkei Asyl gewährte. Der Offizier an der Brücke mochte vom mächtigen Padischah gesprochen haben: Kossuth wußte, daß sich die Türkei einem russischen, einem russisch-österreichischen Angriff gar, nicht werde widersetzen können. Nicht ohne die Hilfe Englands oder Frankreichs, oder beider. Der Türkei mußte es willkommen sein, Englands Widerstand gegen die russische Expansion auf die Probe zu stellen.

Was Kossuth seinen Gefährten des Exils vortrug, war von überzeugender Logik. Daß der Habsburger ein absolutistisches Regime errichtete, daß der Zar wie seine Vorfahren als Despot regierte, mochten die französischen und englischen Demokratien dulden. In beiden Ländern befürworteten mächtige Kräfte ein friedliches Zusammenleben mit dem Zarenreich: Warum sollten nicht Staaten verschiedener Auffassung und Verfassung gutnachbarlich nebeneinander leben? Das Moskauer Ballett hatte mit schönem Erfolg in der Pariser Oper gastiert, die *Comédie française* war in Petersburg sehr gnädig aufgenommen worden, Königin Victoria hatte dem österreichischen Kaiser zu seiner Thronbesteigung herzlich gratuliert, die Zarin ließ sich ihre Kleider von einer französischen Couturière anfertigen, und nun verlautete sogar, daß Rußland seine barbarischen Paßbestimmungen zu lockern gedenke.

»So weit, so gut«, sagte Kossuth. »Aber daß England nichts gelernt haben sollte aus der Niederwerfung des ungarischen Aufstandes – das heißt die Engländer unterschätzen. Ich habe meine Botschafter in London instruiert, der englischen Regierung klarzumachen, warum die Russen in Ungarn eingefallen sind. Sie brauchen Ungarn als Sprungbrett des Krieges. Franz Joseph in seiner blutigen Naivität mag glauben, daß sich die Heere Paskiewitschs aus Ungarn zurückziehen werden, doch denkt der Zar nicht daran, auch nur einen einzigen Soldaten aus Ungarn abzuziehen. Sie meinen vielleicht, Szemere, daß ich auf die Freiheitsliebe der Engländer baue. Ich baue auf ihre Vernunft. Ich glaube nicht an einen Kreuzzug der Demokratien gegen die Despotie Rußlands und Österreichs – sie werden nicht unserer Freiheit halber in den Krieg ziehen, sondern weil unsere Feinde auch die ihren sind.«

Das waren prophetische Worte gewesen, und Bertalan Szemere erinnerte sich ihrer vier Jahre später, als der Zar seine Truppen in die Türkei schickte und den Krimkrieg entfachte. Vier Jahre sollten vergehen, ehe die freie Welt erkannte, was Kossuth später, schon in Amerika, gesagt hatte: »Die Freiheit ist genauso wirklich wie die Erde, auf der wir stehen ... Aber die Freiheit kann man nicht berühren wie die Erde, deshalb glauben die Menschen nicht, daß sie Wirklichkeit ist.«

Vier Jahre. Jetzt aber, nur wenige Tage, nachdem die sechstausend ungarischen Soldaten ins Exil marschiert sind, erfährt Kossuth, daß der Sehende unter Blinden nicht weniger verloren ist als der Blinde unter Sehenden, vielleicht noch mehr, da die Sehenden den Blinden, die Blinden jedoch nicht den Sehenden helfen können.

Kaum hat Kossuth den Boden des Ottomanischen Reiches betreten, als ihm ein Handschreiben des Sultans Abdul-Medjid überbracht wird. Darin wird dem Rebellenführer und seinen Leuten unter der Bedingung Asyl gewährt, daß sie die Ortschaft Vidin, von der Ortschaft Orsova nur durch die Donau getrennt, nicht verlassen.

Mit dem Brief des Sultans in der Hand tritt Kossuth vor seine Hütte. Vor ihm liegt das elende Dorf, abgeschlossen von der Welt auf der einen Seite durch den gelben Strom, auf der anderen von den schwarzen Bergen des Balkans. Vor ihm liegt die Brücke, hinter ihm ragt die Ruine der Festung Baba Vida in den herbstlichen Himmel.

»Das ist das Ende«, sagt er zu seinem Adjutanten.

***

Es ist der Anfang, aber »*die einsamste Seele auf dieser Welt*«, wie Kossuth in einem Brief von sich sagt, weiß es nicht.

In Vidin herrschen Hunger, Kälte und Krankheit. »*Welch schmutzige Straßen!*« schreibt Szemere in sein Tagebuch. »*Welch eine Misere! Ist der Osten überall so schmutzig? Unsere schönsten Träume zerbrechen. Ich kann mein Zimmer nicht versperren; die Fenster sind zerbrochen; ich habe keinen Stuhl; mein Bett ist eine Holzpritsche, auf der ich angezogen schlafen müßte – doch wer kann in diesem Gestank, von Ungeziefer angefallen, an Schlaf denken!«*

Das Schicksal des ungarischen Ministerpräsidenten ist indes beneidenswert verglichen mit dem Schicksal der sechstausend Honvéd. In dünnen Sommeruniformen lagern sie auf dem nassen Boden. Die islamische Bevölkerung betrachtet die ungarischen Christen als aussätzige Heiden. Wochenlang haben die Soldaten keine warme Mahlzeit im Magen; sie nähren sich von Melonen. Die Cholera wütet: Dreihundert Soldaten sterben in drei Tagen. Tag und Nacht ziehen die Ochsenkarren mit den Leichen am Fenster des Gouverneurs vorbei. Von den Massengräbern trotten die Ochsen ins Dorf zurück, mit Leichen werden die Karren wieder beladen. Der Blick des Gouverneurs streift über die Donau. Auf dem Hügel von Orsova weht die schwarz-gelbe Fahne.

Unter den Generalen hat sich eine andere Krankheit ausgebreitet: Verrat und Opportunismus. Den Verrat planen jene, die in die Vergangenheit zurückblicken, Opportunismus ergreift jene, die sich, um ihre Zukunft besorgt, den Herren des Exil-Landes anschmeicheln wollen.

Mitte September trifft ein Botschafter des Sultans in Vidin ein. Er ist von so fettem Gewicht, daß der einzige Stuhl in Kossuths Zimmer unter seiner Last zusammenbricht.

»Ich bringe keine guten Nachrichten, Exzellenz«, sagt der Oberst, nachdem ihm Kossuth auf die Beine geholfen hat.

Der Kaiser von Österreich fordert die Auslieferung Kossuths und der ungarischen Soldaten. Auch der Zar ist in Konstantinopel vorstellig geworden. General Bem sei Pole, dem Zaren untertan. Rußland verlangt den General und alle polnischen Freiwilligen.

»Und was sind die Absichten der Hohen Pforte?«

»Es handelt sich um Ultimaten. Wenn wir uns weigern, bedeutet das Krieg.«

»Weiß Seine Majestät der Sultan nicht, daß Österreich und Rußland jeder Vorwand recht ist?«

»Gewiß, Exzellenz, gewiß.« Schweißperlen stehen auf der dicken Nase des Obersten. »Aber wie sollen wir unserem Volk erklären, daß wir fünftausend ungarischer Flüchtlinge halber ... mehr sind es wohl nicht ...«

»Nein, mehr sind es nicht«, sagt Kossuth. »Und wenn wir noch lange unter diesen Umständen leben sollen, wird die Hohe Pforte die Ultimaten zurückweisen müssen ... mangels Soldaten.«

»Ich verstehe Ihre Bitterkeit, Exzellenz. Und es ist durchaus nicht so, daß sich der Sultan dem Ultimatum der erbarmungslosen christlichen Könige ohne weiteres zu beugen bereit ist. Allah ist groß, Sultan Abdul-Medjid ist barmherzig, und Aali, sein Außenminister, weise wie eine Schlange. Es gibt einen Ausweg, Exzellenz ...«

»Ich höre, Herr Oberst.«

Der Oberst entwickelt den Plan. Nach den Verträgen mit Rußland und Österreich braucht kein Flüchtling ausgeliefert zu werden, wenn er den einzig wahren Glauben, den des Propheten Mohammed, annimmt. »Kein Sterblicher wäre glücklicher als ich, mit der frohen Botschaft nach Konstantinopel zurückkehren zu können, daß Gouverneur Lajos Kossuth Mohammedaner geworden ist.«

»Ich werde mich mit meinen Ministern beraten.«

»Drei Stunden, wenn ich bitten darf, Exzellenz.«

Die Minister und Generale haben Kossuth seit Tagen gemieden. General Bem hat ihm nur zwei Zeilen geschickt: *»Ich habe die Ehre, mitzuteilen, daß ich keinen Kreuzer habe.«* Grußlos betreten jetzt Kossuths Berater den Raum.

»Es liegt mir fern«, schließt Kossuth seinen Vortrag, »die Schritte meiner Landsleute bestimmen zu wollen. Ich, für meinen Teil, ziehe den Galgen vor.«

Kossuth irrt, wenn er glaubt, seine Landsleute würden seinem Beispiel folgen. Bem *apó, »der Freiheit Veteran«*, ist der erste, der sich bereit erklärt, den Glauben Allahs anzunehmen und in die türkische Armee einzutreten. Baron von Stein und General György Kmety folgen seinem Beispiel. Sechzehnhundert von fünftausend Soldaten treten zum Islam über. Als ihr Entschluß bekannt wird, öffnen sich ihnen die Türen von Vidin.

Ehe sie noch abmarschieren können, wirft ein schönes österreichisches Schiff, die *Erzherzogin Sophie,* Anker an den türkischen Gestaden. Es ist mit Schätzen beladen: Winteruniformen, Decken, Mänteln, Solljacken. Gulaschkanonen rollen ans Ufer. Die Soldaten stürzen sich auf das warme Essen, Fleisch, Kartoffeln, Roggenbrot in Hülle und Fülle; ungarische Köche verteilen ungarische Speisen. Aber die *Erzherzogin Sophie* bringt nicht nur Nahrung und Kleidung, sie bringt auch die Amnestie.

General Hauslab, des Kaisers Botschafter, in seiner hellblauen Uniform imponierend anzusehen, verkündet sie von der Brücke. Von Verrätern und Hitzköpfen seien die Ungarn verführt worden, doch unendlich sei die Güte des jungen Monarchen, unendlich seine Liebe für seine Madjaren. Was aber sei von dem Patriotismus eines Ungarn zu halten, der gegen seinen Herrn und Kaiser die Türken ins Land rufen wolle, die Gottlosen mit krummen Beinen und krummen Säbeln? Wer bis sechs Uhr Abends das kaiserliche Schiff betrete, brauche keine Verfolgung zu befürchten; wer allerdings des Kaisers ausgestreckte Rechte nicht nehme, sei für immer aus der Heimat verbannt und werde seine Familie nicht wiedersehen.

Ehe sich der Septembernebel über die Donau senkt, haben dreitausend Honvéd, sauber gewaschen, rasiert, gekämmt, mit frischer Wäsche versehen, die *Erzherzogin Sophie* betreten. Vor seiner Hütte stehend, betrachtet Kossuth das Trauerspiel eines Widerstandes, der vor Gulaschkanonen kapituliert. Dreitausend Honvéd-Mützen fliegen in die Luft, aus dreitausend Kehlen erschallt der Ruf:

»*Éljen a császár!*« Es lebe der Kaiser!

***

Ein Dutzend Offiziere, einige Zivilisten, vierhundert Soldaten bleiben bei Kossuth. Kein General bleibt bei ihm.

Es ist die finsterste Stunde des Gouverneurs. Es ist auch seine beste.

Er greift zur Feder. In drei Tagen und vier Nächten verfaßt er den Brief, den die ungarische Geschichte den *Brief von Vidin* nennen soll.

Es ist ein Brief nach London, ein weltpolitisches Dokument. Nur am Ende spricht er von sich. »*Ich weigere mich*«, schließt er, »*ein Gefangener der Türkei zu bleiben. Ich ziehe solchem Asyl den Tod vor. Ich stelle mich hiermit unter den Schutz Englands.*«

Er steht schon unter dem Schutz Englands.

Henry John Temple, Viscount of Palmerston, der Geburtshelfer des unabhängigen Belgien, repräsentiert das liberale England. Für das liberale England ist Kossuth längst zum Symbol geworden. Während man in Konstantinopel über die Auslieferung Kossuths berät, erscheint dort der Botschafter Ihrer britischen Majestät, Sir Stratford Cunning. Sollte die Hohe Pforte, erklärt er, Gouverneur Kossuth an Österreich ausliefern, sähe sich die britische Flotte genötigt, die Dardanellen anzulaufen. Als der Botschafter das Palais des Außenministers verläßt, wird dem Minister mitgeteilt, daß Einheiten der britischen Flotte im Bosporus gesichtet wurden. Zur gleichen Stunde läuft die französische Flotte aus dem Hafen Marseille aus.

Es ist der Triumph der Persönlichkeit über die Widrigkeiten des Opportunismus.

Noch gestattet es der Sultan nicht, daß Kossuth ins Innere des Landes weiterreise, aber die Gefahr der Sterilität, des Bazillus der Emigration, ist gebannt.

Kossuths Zimmer in dem halb verfallenen Haus des türkischen Grenzortes wird zum Mittelpunkt der freien Welt. Aus England trifft Carl Frederic Hennigsen ein, Europas führender Journalist: Seine Berichte im *Manchester Guardian* rufen England auf den Plan. Die Vertreter der unterdrückten Polen, Serben, Rumänen und Italiener pilgern nach Vidin. Die Vereinigten Staaten von Nordamerika entsenden zu der Exil-Regierung von Vidin einen diplomatischen Beobachter, der, mit vier Sekretären und zahllosen Koffern reisend, allgemeines Aufsehen erregt.

Aber auch die Habsburger sind nicht müßig. Agenten, Provokateure, Propagandisten strömen über die Donaubrücke von Orsova nach Vidin. Österreichische Schiffe legen regelmäßig an. Für ein Zimmer in einer Lehmhütte werden Preise gezahlt wie in Pariser Hotels; geschäftstüchtige Kaufleute aus Konstantinopel eröffnen ein Restaurant an der Donau; der Postmeister muß ein Dutzend Gehilfen einstellen; Informationen werden in allen Währungen Europas gehandelt.

Das Ottomanische Reich muß dem Treiben an der österreichischen Grenze ein Ende bereiten. Der nämliche Oberst, der Kossuth das Ultimatum des Sultans überbrachte, überbringt eine Einladung: Kossuth und sein Gefolge seien in der Türkei willkommen. Der Sultan stellt dem Gouverneur seine schönste Reisekalesche zur Verfügung.

Als Kossuth den Reisewagen besteigt, wirft sich ihm eine Frau zu Füßen.

Er hebt sie auf und blickt in ein Gesicht von wilder slawischer Schönheit. Das Kleid der Rothaarigen ist an mehreren Stellen zerrissen; der üppige weiße Busen ist halb nackt.

»Kennen wir uns, Madame?«

»Ich bin Emilia Dembinsky.«

Kossuth erinnert sich; zugleich erfüllt ihn der Name mit Abscheu. Der polnische General Dembinsky war der erste, der ihn verlassen hat.

Die grünen Augen der Frau füllen sich mit Tränen.

»Ich bin gekommen, um meinen Mann zu finden. Und ich habe nichts gefunden als seine Schande.«

Der Kutscher knallt ungeduldig mit der Peitsche.

»Was kann ich für Sie tun, Madame?« sagt Kossuth.

»Nehmen Sie mich mit! Lassen Sie mich Ihnen dienen!«
Kossuth reicht ihr seine Hand.
Vidin verschwindet im Staub.

***

Kossuth kannte die Versuchung in allen ihren Verkleidungen. Bem *apó* war der Versuchung der Opportunität erlegen; er wollte wieder Befehle erteilen und Befehle empfangen. Bertalan Szemere hatte der Versuchung des Heimwehs nicht zu widerstehen vermocht; er war bereit, sich für die Sache Ungarns einkerkern zu lassen, wenn der Kerker nur auf ungarischem Boden stand. Ein anderer hatte sich nicht stark genug erwiesen gegen die Versuchung des Geldes, ein anderer wieder gegen die Versuchung der Eitelkeit, die ihm ein Angebot der Adelsverleihung zuflüsterte, ein anderer schließlich gegen die Versuchung, wieder bei Frau und Kindern leben zu können.

Die Versuchung, die an ihn selbst herantritt, erkennt Kossuth nicht. Es ist die biblische Versuchung der Weiblichkeit.

Emilia Dembinsky ist ihrer Sache so sicher, daß sie dem Chef des kaiserlichen Geheimdienstes in Wien gesagt hat, er möge die Meuchelmörder sofort ausschicken, sobald es ihr gelingt, sich im Reisewagen des Gouverneurs mitnehmen zu lassen.

Der Geheimdienst weiß, daß Kossuths Ehe nicht glücklich ist. Therese hat ihn nicht begleitet; in Budapest, unter dem Schutz der ungarischen Nation, fühlt sie sich mit ihren drei Kindern sicher. Emilia weiß noch mehr. Die Hingabe einer Frau, dessen Mann ihn verraten hat, muß seiner Eitelkeit schmeicheln. Er bedarf der zärtlichen Bewunderung. Sein Körper ist auf der Flucht vor dem peinigenden Geist. Emilia schickt eine Botschaft nach Wien: »*Rebell in meiner Hand, sendet Agenten!*«

Der Plan ist teuflisch. Seit 1553 ist die Türkei an die *Kapitulationen* gebunden. Sie besagen, daß österreichische Staatsbürger auch auf türkischem Boden der österreichischen Gerichtsbarkeit unterstehen, wenn sie die Schwelle einer österreichischen Vertretung überschreiten. Levantinische Agenten, österreichische Diplomaten, vierzehn gedungene Bravos schließlich, sind in die Verschwörung verwickelt. Von der Villa der schönen Polin, die Kossuth nachts häufig aufsucht, wird ein unterirdischer Gang zum österreichischen Konsulat gebohrt: In einer Liebesstunde soll der Gouverneur betäubt und auf österreichisches Hoheitsgebiet gebracht werden.

Man hat in Wien nicht mit der Banalität gerechnet: Kossuth verliebt sich in Emilia, aber auch Emilia verliebt sich in Kossuth. Sie weigert sich nicht, ihren Geliebten den Mördern auszuliefern, aber sie will die Liebe mit ihm bis zur Neige auskosten.

Sie verzögert unter allerlei Vorwänden die Ausführung des Planes.

Als sie endlich bereit ist, Kossuth den Mördern auszuliefern, trifft Therese in Shumla ein, das dem Exilierten als Residenz angewiesen wurde.

Eine abenteuerliche Reise liegt hinter Therese. Als Dienstmagd und Bettlerin verkleidet, ist sie vor der kaiserlichen Gendarmerie geflohen; in der Hütte eines Hirten in der Pußta hatte sie krank darniedergelegen; Jäger hatten sie über die Grenze gebracht; bei serbischen Räubern hatte sie sich verborgen, serbische Freiheitskämpfer haben ihr den Weg in die Türkei gewiesen.

Von Kossuths Beziehung zu Emilia hatte sie schon in Budapest erfahren, von den Plänen des österreichischen Geheimdienstes; man hatte in Budapest auch gemunkelt, daß General Dembinsky an dem schnöden Plan beteiligt sei.

Enttäuscht wendet sich Kossuth von Emilia ab; eine neue Enttäuschung erwartet ihn. In Shumla, einem türkischen Provinzstädtchen, wenig anziehend für die verwöhnte Therese, schafft sich die Frau des exilierten Gouverneurs eine Welt von Illusionen. Sie gebärdet sich als vertriebene Königin, gibt diplomatische Empfänge bei strengem Protokoll, verkauft zugleich ihre Memoiren an die englische Presse und gewährt leichtsinnige Interviews; sie weiß nicht, wie grotesk ihr liebender Byzantinismus in den staubigen orientalischen Kleinstädten wirkt.

Auch Kossuth ist nicht gefeit gegen die Krankheit der Emigration, die kleine Welt für die große zu halten. Er beschäftigt sich mit seiner Armee von vierhundert Mann, als wäre sie ein furchterregendes Befreiungsheer, erläßt Tagesbefehle und inspiziert seine Truppen. Er erwacht aus seinen Träumereien nicht einmal, als ihn die aufgescheuchten Türken mit nur vierundfünfzig seiner Getreuen ins Innere Anatoliens verbannen. In Kutahia, wo sich der Reichtum der Paschas im Angesicht eines in Elend und Krankheit dahinsiechenden Volkes entfaltet, geht er daran, eine ungarische Kolonie zu gründen, ein Land Utopia, aus dem eine neue Madjaren-Nation entstehen soll.

Das Schicksal zeigt sich ihm gnädig, als er am meisten an seinem Los verzweifelt. Die türkische Regierung verbietet sein Projekt und entzieht ihm alle Zuwendungen. Therese wird von einer in Anatolien wütenden Epidemie hinweggerafft. Kossuth trauert um seine Frau, aber er beginnt sich aus dem Provinzialismus zu befreien, dem er anheimzufallen drohte. Er schreibt seine *Botschaft an das Volk der Vereinigten Staaten.*

Es ist der Sommer des Jahres 1850, ein unerträglich heißer Sommer in dem kahlen, steinigen Anatolien. Kossuth sitzt stundenlang auf der Terrasse des weißen Hauses, starrt hinaus in die trostlose Sandwüste und blickt zu den karstigen Bergen empor, hinter denen die Welt zu Ende ist. Er glaubt nicht, daß seine *Botschaft an das Volk der Vereinigten Staaten* gehört worden ist.

Sie hat Amerika alarmiert, ihr Echo dringt nach Europa. Das Land des Exils wird noch einmal zum Mittelpunkt. Mazzini sendet seinen Freund Lemmi zu Kossuth, kurz darauf trifft Regaldi ein, der Botschafter Cavours. Die serbischen Prinzen, die unterdrückten Polen, das *Demokratische Komitee* der italienischen Rebellen, der französische Revolutionär Ledru-Rollin, der Pole Darass, der Deutsche Runge, der rumänische Prinz Ghika – sie alle denken, was ein österreichischer Geheimagent in die Worte faßt: »*Der Mann ist nicht gebrochen. Jeder euro-*

päische Rebell zollt ihm Tribut und erweist ihm seine Solidarität. Kossuth scheint seinen Kampf erst begonnen zu haben.«

Es sind nicht die europäischen Rebellen, die Österreich zu fürchten hat. Lord Palmerston teilt dem britischen Botschafter in Konstantinopel mit: »*Im Fall Kossuth können Sie in Frankreichs Namen sowie in unserem eigenen sprechen.*« In fast allen größeren Städten Amerikas finden Demonstrationen statt, bei denen die Türkei aufgefordert wird, den *Great man of liberty* aus der »Gefangenschaft« zu entlassen. So lebhaft sind die Proteste, daß Kaiser Franz Joseph seinen Botschafter in Washington, Baron Hülsemann, mit einer geharnischten Intervention im State Department beauftragt. Daniel Webster, Secretary of State, antwortet: »*Die Tatsache, daß die Regierung eines Landes jemand als Rebellen beschreibt, kann die Regierung der Vereinigten Staaten nicht davon abhalten, ihm jene Anerkennung zuteil werden zu lassen, welche alle verdienen, die ihre Kraft und Begabung in den Dienst der Freiheit ihres Vaterlandes gestellt haben.*« Und als darauf Österreich mit dem Abbruch der diplomatischen Beziehungen droht, erklärt Webster in einem Interview der *Tribune:* »*Die Vereinigten Staaten werden es mit Fassung zu tragen wissen.*«

Am achtundzwanzigsten Februar 1851 erscheint der amerikanische Botschafter in Konstantinopel beim Außenminister des Zaren und erklärt, daß sich die Vereinigten Staaten von Nordamerika glücklich schätzen würden, den Gouverneur von Ungarn, Lajos Kossuth, in den USA aufzunehmen. Ein halbes Jahr später muß der Sultan dem Druck weichen. Am ersten September erscheint der feiste Oberst, der alte Freund, bei Kossuth und teilt ihm mit, daß die Türkei gegen die Ausreise des Gouverneurs keine Einwände erhebe. »Im übrigen, Exzellenz, hat die amerikanische Fregatte *Mississippi* den Hafen von Istanbul angelaufen.« Am zehnten Oktober 1851 geht Kossuth an Bord des amerikanischen Kriegsschiffes. Eine Stunde vorher hat er dem Abgesandten der Freiheitsbewegung von Sardinien eine Botschaft übergeben:

»*Österreichisches Geld, die niederträchtige Arbeit von Spionen, gebrochene Versprechungen und menschliche Schwäche haben ihr Werk getan. Von meinen Getreuen sind nur noch acht mit mir. Doch meine Hand ist frei, ungebunden von politischen Versprechungen – auch gegenüber dem Land, das mich befreite.*«

Es regnet in Strömen. Lajos Kossuth, barhaupt, noch bleicher als sonst, steht an der Reling. Niemand wagt es, das Wort an ihn zu richten. Nur als er seinen Freund aus Vidin erblickt, Carl Frederic Hennigsen vom *Manchester Guardian,* hellt sich sein Gesicht auf.

»Gestern wurde uns aus Budapest gemeldet«, sagt Hennigsen, »daß man in einem Gefängnis eine Strohpuppe, die Sie darstellt, verbrannt hat. Wohl dem, dessen Ebenbild verbrannt werden muß.«

Auf der *Mississippi* hat Captain Long seine Matrosen antreten lassen. Unter den Augen der erstaunten Türken am Ufer nimmt Kossuth die Parade ab, schüttelt die Hand des Kapitäns und richtet in akzentfreiem Englisch einige Worte an die Mannschaft.

Captain Long versucht seinerseits, eine Rede zu halten. Aber der alte Seemann ist so gerührt, daß er nur stammeln kann:

»Sir ... Sir ... Sie sind ... ein dreifaches Hoch für Gouverneur Kossuth!«

Die graue Fregatte mit dem Sternenbanner sticht in See.

»*In der Gestalt des gebrechlichen Mannes*«, schreibt Hennigsen, »*bringt die* Mississippi *das Symbol der europäischen Freiheit nach Amerika.*«

***

Kossuth hat sich ausbedungen, Europa nicht zu verlassen, ohne die öffentliche Meinung Englands auf die Sache Ungarns aufmerksam zu machen. Die *Mississippi* soll ihn vorerst nach England bringen.

Die Zeichen stehen günstig. Sobald die *Mississippi* einen

portugiesischen Hafen anläuft, bricht in der Stadt eine Revolte aus. In Gibraltar muß das Schiff drei Tage verweilen: Kossuth wird von den britischen Seeleuten gefeiert. Napoleon Bonaparte, Präsident der Zweiten Republik, gestattet es dem Rebellen zwar nicht, französischen Boden zu betreten, aber als das amerikanische Kriegsschiff vor Marseille ankert, setzen sich Hunderte von Booten in Bewegung, und von allen weht, neben der Trikolore, die rot-weiß-grüne Fahne Ungarns. Am gleichen Tag werden überall in Frankreich Flugblätter verteilt: *»Monsieur Bonaparte hat die Französische Revolution verraten. Vive la liberté! Vive Kossuth!«*

In Gibraltar verläßt Kossuth die *Mississippi*. Lord Palmerston hat ihm die *Madrid* entgegengeschickt, und der Londoner Botschafter Seiner österreichischen Majestät muß das »Unerhörte« nach Wien melden, daß sich Ihre britische Majestät den Rebellen *»wie ein Staatsoberhaupt zu empfangen anschickt«*.

Zwei Jahre des Exils liegen hinter Kossuth. Das Klima Kleinasiens hat seine Gesundheit angegriffen. Sein Sekretär, Károly Mák, zeigt sich besorgt.

»Fürchten Sie nichts, Mák«, sagt Kossuth. »Ich bin nicht zum Märtyrer geboren. Es ist gut, zu wissen, daß man nicht sterben darf.«

In der Luft des gastfreundlichen England kommt Kossuth schnell wieder zu Kräften. *»Er ist«*, schreibt der Historiker Justus McCarthy, *»ungefähr einsachtzig hoch. Er trägt sich auf romantische Art. Sein Gesicht, faszinierend und von verblüffender Schönheit, strahlt natürliche Würde aus ... Er ist zweifellos der größte Redner, der je zu einer englischen Volksversammlung gesprochen hat. Sein Englisch ist nicht das der Straßen oder der Salons: Er spricht die Sprache Shakespeares.«*

Kossuth läßt sich von der Begeisterung, mit der er in Winchester, Manchester, Birmingham und London empfangen wird, nicht täuschen. Dem getreuen Mák vertraut er seine Sorgen an. England ist ein Königreich, er ist Republikaner. Im Kampf der liberalen Whigs und der konservativen Tories gehören seine Sympathien den Liberalen. »Die Königin weiß das.« Die Türken scheinen sich mit den Russen und den Österreichern versöhnt zu haben. »Lord Palmerston würde, wenn er mich bedingungslos unterstützte, als Kriegshetzer erscheinen. Indes gibt es Situationen, in denen man das Odium, ein Kriegshetzer zu sein, auf sich nehmen muß. Wenn es ein Liberaler tun muß, ist es doppelt tragisch.« Zugleich, meint er, müsse sich England zwischen Freiheit und Despotie entscheiden. »Wenn England nicht eingreift, wird Europa eine einzige große Barakke werden und die Reiter der Barbaren werden ihre Pferde in der Themse tränken.«

Er gibt, beflügelt von dem enthusiastischen Empfang, die Hoffnung nicht auf. Er verfügt über keinen Geheimdienst. Er weiß nicht, daß die Tories im Begriff sind, einen Pakt mit Österreich zu schließen, daß sich Königin Victoria dem Zaren von Rußland und dem Kaiser von Österreich verwandter fühlt als dem Revolutionär aus Ungarn. Er weiß nicht, daß er zum Märtyrer geboren ist.

***

Seit Lafayette den Boden der Neuen Welt betrat, hat Amerika keinen Fremden begrüßt wie Lajos Kossuth.

Von der kleinen *Mississippi* hat er die größere *Humboldt* bestiegen. Als sich der Dampfer Staten Island nähert, donnern hundert Kanonen ihren Salut zum Himmel. Commodore Vanderbilt läßt es sich nicht nehmen, dem einsamen Mann, in dessen Gefolge sich nur noch vier Männer befinden, sein eigenes Flaggschiff, die *Vanderbilt,* entgegenzuschicken. Die Indianer, deren Abordnung ihn im Hafen erwartet, krönen ihn zum *great white man of liberty.* Zum ersten Mal seit Lafayette vereinigen sich Kongreß und Senat, um einen Ausländer zu hören. Als er die englische Sprache mit dem Wort *solidarity* bereichert, bereiten ihm die Abgeordneten eine Ovation von fünfzehn Minuten. Die Isolationisten sprechen von einer »Kossuth-Hysterie«. Der Kossuth-Hut, ein runder schwarzer bäuerlicher

Hut mit Straußenfedern, wird zur Mode. Der amerikanische Außenminister, Daniel Webster, schreibt in sein Tagebuch:

»*Der Mann hat mich beschämt. Ich habe einen liebenswerten Feuerkopf oder einen wilden Rebellen erwartet; wie groß war mein Erstaunen, als mir dieser milde, melancholische, würdevolle Mann gegenübersaß, dessen staatsmännisches Konzept den Jahrhunderten vorauseilt.*«

Kossuth spricht in Maryland, Pennsylvania und Ohio. In Boston sagt er:

»Der satte Magen ist ein schlechter Berater. Im satten Egoismus schließen wir unsere Augen vor den Leiden unserer Mitmenschen jenseits der Grenzen, jenseits des Ozeans – aber das Elend läßt sich so wenig isolieren wie die Freiheit.«

Nun hat er es ausgesprochen, das gefährliche Wort.

Nach seiner Ankunft in New Orleans gibt der reichste Mann der reichen Stadt einen Empfang zu Ehren des Gouverneurs. Kossuth, in der Hand seiner amerikanischen Manager, ahnt nicht, wer sein Gastgeber ist.

Nach dem Abendessen in dem großen Haus mit den grazilen Holzsäulen bleiben die Herren am gedeckten Tisch sitzen, während sich die Damen, auf südliche Art, in die Salons zurückziehen. Der Gastgeber, George Depereux, ein dicker Mann von dunkler Hautfarbe, mit Brillantringen an den kurzen Fingern, wendet sich an Kossuth:

»Nun, *governor,* was werden Sie uns morgen erzählen?«

»Ich spreche meistens frei.«

»Sie sprechen sehr gut, *governor*. In St. Louis, hören wir, haben Sie die Massen umgestimmt. St. Louis ist ein heißer Boden. Der Boden von New Orleans ist noch viel heißer.«

Neger-Diener servieren die Liköre Frankreichs.

»Wir wollen Sie freundschaftlich warnen, *governor*«, sagt Depereux. »Solange Sie von Ungarn sprechen, soll es uns recht sein. Manche von uns sympathisieren mit Ihrem jungen Kaiser – aber es ist schließlich Ihr Kaiser.« Abrupt fährt er fort: »Was halten Sie von der Sklavenbefreiung?«

»Sie wissen, was ich von der Sklaverei halte. Sie ist eines Landes wie Amerika unwürdig.«

»So, unwürdig ist sie? Wollen Sie vielleicht morgen etwas von der Sklavenbefreiung erwähnen?«

»Vielleicht«, sagt Kossuth.

Die Herren rücken näher.

»Kein ›vielleicht‹, *governor*. Wir sind Sklavenhändler, *you see*. Nun, Sie zucken zusammen, als ob Sie mit Aussätzigen getafelt hätten. Wir nehmen es Ihnen nicht übel. Was weiß man in Europa schon von der Sklaverei!« Er wendet sich an den Schwarzen mit den grauen, gekräuselten Haaren, der immer noch die Liköre herumreicht. »Na, Johnny, sag' mal dem fremden Herrn, ob du gern Sklave bei mir bist?«

Das Tablett in der Hand des alten Dieners zittert. Er sagt: »Ich möchte nichts lieber als Sklave bei Ihnen sein, Herr.«

Kossuth erhebt sich.

»Ich möchte Ihnen für Ihre Gastfreundschaft danken.«

Der schlanke Mann in dem modisch geschnittenen Frack verläßt den Speisesaal.

Er spricht nicht in New Orleans, spricht in keiner Stadt des Südens. Die Sklavenhändler drohen, alles kurz und klein zu schlagen, wenn Kossuth Versammlungen abhalten sollte.

Nach Boston zurückgekehrt, erfährt er, daß er nicht mit dem Widerstand des Südens allein zu rechnen hat. Die katholische Kirche erblickt in dem »*Mann des Schicksals*«, wie ihn Ralph Waldo Emerson nennt, die Inkarnation des Protestantismus. In Cincinnati tritt er der Freimaurerloge bei. Sein Gesuch um Aufnahme lautet:

»*WOHNORT. Als ein Emigrant um der Freiheit willen habe ich keinen Wohnort.*

ALTER. Neunundvierzigeinhalb.

BERUF. Es ist mein Beruf, die nationale Unabhängigkeit meines Geburtslandes, Ungarn, und, zusammen mit anderen Nationen, die bürgerliche und religiöse Freiheit in Europa wiederherzustellen.«

Der Süden, die Katholiken, die Iren: Sie werden ihm nicht so gefährlich wie die Isolationisten. Er ist nicht bereit, ein Wort zu sagen, das als Kompromiß aufgefaßt werden könnte. »Zeigen Sie mir«, ruft er in New York aus, »eine einzige Zeile in den elf Bänden der Werke Washingtons, in der sich der Vater des Vaterlandes gleichgültig zeigt gegenüber der Verletzung der Menschenrechte irgendwo in der Welt.« In Massachusetts erklärt er vor dreitausend Personen: »Sie sollten nicht von ›amerikanischer Freiheit‹ sprechen. Freiheit sollte nicht amerikanisch oder europäisch, sie müßte Freiheit sein. Gott ist Gott. Er ist nicht der Gott der Amerikaner oder der Europäer. So muß es die Freiheit sein.«

Der »milde, melancholische, würdevolle Mann« versteht sich wie kein zweiter auf die »artige Kunst, sich Feinde zu machen«. Seine Bescheidenheit ist so groß, daß man sie als Hochmut deuten kann; seine Eleganz so selbstverständlich, daß man sie als Eitelkeit auslegt; seine Redegewalt so überwältigend, daß sie vielen wie Bluff erscheint; seine Überzeugungskraft so furchterregend, daß man ihm hypnotische Fähigkeiten zuschreibt; seine Integrität so bedingungslos, daß man hinter ihr die Finte eines Advokaten vermutet.

Seine Freunde warnen ihn, das Wort »Krieg« auszusprechen. Er hat schon in Cincinnati gesagt: »Wenn Unterdrückung eine ständige Aggression gegen die Menschheit ist, dann würde Amerikas Krieg gegen die europäischen Tyrannen ein berechtigter Verteidigungskrieg sein.« Der Sturm aber bricht los, als er in New York erklärt: »Es hat Kriege gegeben, die irrsinniger Machtwahn und persönlicher Eigennutz entfachte, ja solche, welche die Laune einer Frau gebar. Warum sollte die Welt nicht das großartige Beispiel eines Krieges erleben, den eine große Nation selbstlos führt, um die ewigen Rechte der Wahrheit, des menschlichen und göttlichen Gesetzes zu verteidigen? Ein solcher Krieg wäre der ruhmreichste, denn er wäre auch der letzte.«

Mit dieser Rede hat der Rebell aus Ungarn endgültig die

Gesetze der Gastfreundschaft verletzt. Er hat seine Feinde geeinigt. Das Ende hat begonnen.

***

Als sich die Athener des unbequemen Alkibiades entledigen wollten, klagten sie ihn an, seine Notdurft an den heiligen Hermes-Statuen verrichtet zu haben. Lajos Kossuth wird der Unterschlagung geziehen.

Kurz nach seiner Ankunft in Amerika ließ Kossuth eine Anleihe auflegen, die er den *Hungarian Fund* nannte. Die Zeichner der Anleihe erhielten das Versprechen, die Anleihe würde »ein Jahr nach der Bildung einer unabhängigen ungarischen Regierung« mit vier Prozent Zinsen vergütet werden. Rund hunderttausend Dollar liefen in New York ein, nicht einmal genug für die Waffenbestellung Kossuths, die hundertsiebzehntausend Dollar betrugen.

Die Verleumdung nährt sich aus tausend Quellen. In Amerika lebende Ungarn, im Solde Österreichs oder von persönlichem Neid getrieben, schreiben Denunziationsbriefe. Österreichische und russische Geheimagenten begleiten Kossuth auf allen Wegen. Die New Yorker Kriminalpolizei meldet nach Washington: »*Wir haben alle Hände voll zu tun, um die Ermordung des Ausländers Lajos Kossuth zu verhindern.*« Umsonst versichert Secretary of State Daniel Webster: »Nicht der Schatten eines Verdachtes reicht an den Gouverneur Kossuth heran – er hat von jedem Penny der Regierung der Vereinigten Staaten genaue Rechenschaft abgelegt.« Korruption und Puritanismus reichen sich die Hände. Die Regierung der Vereinigten Staaten, die Kossuth die *Mississippi* geschickt hat, rät ihm unter der Hand, das Land so bald wie möglich zu verlassen. Dem *Man of liberty* wird ein falscher Paß auf den grauen Namen Smith ausgestellt. Die Londoner *Times* spricht von der »*totalen Niederlage Kossuths in Amerika*«.

Das Schiff, auf dem Lajos Kossuth nach Europa zurückkehrt, ist kein Kriegsschiff. Es ist ein armseliger Frachter. Sein Gefolge besteht aus drei Personen. Nur eine Handvoll Amerikaner haben sich im Hafen eingefunden. Wenige Minuten, bevor der Dampfer die Anker lichtet, hält der Schriftsteller und Philosoph Ralph Waldo Emerson eine kurze Ansprache. Mit Tränen in der Stimme sagt er:

»Nichts liegt uns ferner, Sir, als ein Ton der Bevormundung – Ihre Vormundschaft wollen wir erheischen. Wir kennen das strenge Gesetz der Freiheit: Sie muß immer wieder und immer wieder erobert werden ... Sie sind der größte Soldat der Freiheit in unserer Zeit: Wer sind wir, daß wir zu Gericht sitzen sollten über Sie? ... Sie haben das Recht erworben, unseren Washington zu deuten ... Das Gesetz des Geistes spreche ich aus, wenn ich sage, daß Washington nicht von jenen am besten verstanden wird, die in der nach ihm benannten Stadt herumlungern, sondern von jenen, die denken und fühlen, wie er dachte und fühlte.«

Kossuth schüttelt die Hand Emersons. Er antwortet nicht. Aber sein Sekretär schreibt in sein Tagebuch:

»Kossuths Haltung ist bewundernswert. Kein Wort der Klage entringt sich seinen Lippen ... Seine Enttäuschung ist ohne Resignation. Er weiß, daß es ihm die Sache Ungarns nicht erlaubt, die Waffen zu strecken. Er ist wie sein Volk: zum Kampf entschlossen, auch wenn die letzte Hoffnung geschwunden ist ...«

***

Kossuth findet ein verändertes England vor. Der Freund Ungarns, Lord Palmerston, ist entmachtet. Königin Victoria hat ihm vorgeworfen, Österreich und den Kaiser »in unwürdiger Weise behandelt« zu haben. Keine offizielle Persönlichkeit wagt es, Kossuth zu empfangen.

Als der Krim-Krieg ausbricht, zeigt sich Kossuth noch einmal die Hoffnung. England und Frankreich befinden sich im Krieg mit dem Zarenreich. Die Russen selbst erwarten, daß die Österreicher in der Türkei einmarschieren. Sie unterschätzen die Undankbarkeit Franz Josephs I. In der Hofburg meint man, die Ungarn seien gefährlicher als die Türken. Die Österreicher besetzen Bosnien, die Herzegowina und Rumänien, und bedauern im übrigen, daß die Russen geschlagen werden.

Nach Beendigung des Krieges wird der Rebell, den Palmerston »*die Hefe der Revolution*« genannt hat, immer unbequemer. Diesmal genügt es nicht, ihm Unterschlagung vorzuwerfen – er wird der Geldfälschung angeklagt.

Im Sommer 1849, als Kossuths Ungarn von Sieg zu Sieg eilten, hat die Regierung von Debreczen, der Stadt der Fata Morgana, neue Banknoten drucken lassen. Auf den weißen Banknoten, die eher ungeschickten Zeichnungen glichen, war der Kopf Kossuths abgebildet – man nannte sie *Kossuth-bankó*. Nach der Niederlage von Világos erklärte Österreich das ungarische Geld für wertlos. Wien bot den Ungarn einerseits einen ungemein günstigen Wechselkurs an; andererseits wurde jeder, bei dem noch *Kossuth-bankó* gefunden wurden, mit Vermögenskonfiskation, ja mit Kerker auf Lebenszeit bedroht. Tausende Patrioten versteckten oder vergruben das weiße Geld. Sie nahmen Ruin und Elend in Kauf, sie verzichteten nicht auf das Porträt der Freiheit.

Im Krim-Krieg hatte Kossuth in London weitere *Kossuth-bankó* drucken und in den Kellern eines britischen Bankhauses deponieren lassen. Sie sollten nach der Befreiung als gültige Währung eingeführt werden. Österreichs Agenten entdeckten das Versteck. Die österreichische Regierung beantragte die Beschlagnahme des Geldes; gegen Kossuth wurde ein Verfahren wegen Geldfälschung eröffnet.

In dem Prozeß erweist sich Kossuth noch einmal auf der Höhe seines phorensischen Genies. Die Zuhörer brechen in Ovationen aus, der Richter droht, den Saal räumen zu lassen. Kossuth ist gewiß, daß ihn kein englisches Gericht verurteilen werde; keine einzige Banknote hat ja die Tresore verlassen. Das Gericht ist anderer Ansicht. Nur mit knapper Not entgeht Kossuth der beantragten Kerkerstrafe, aber das Geld wird beschlagnahmt, er selbst als Fälscher gebrandmarkt. Im Prozeß Franz Joseph gegen Lajos Kossuth hat die Krone gesiegt.

Nach einem Aufenthalt von sechs Jahren verläßt er England. »*Ich hatte kein Dach über dem Kopf; ich konnte nicht einmal das tägliche Brot verdienen ... England ist erkaltet. Ich aber kann ohne die Wärme der Freiheit nicht leben. Ich wende meine Schritte gegen Süden.*«

In Turin erwartet ihn Italiens neuer Ministerpräsident Graf Camillo Cavour.

»Sie hätten in Paris Station machen müssen«, sagt er. »Napoleon möchte dringend mit Ihnen sprechen.«

Durch das hohe Fenster blickt Kossuth hinaus in den italienischen Winterabend. Ein dünner Schnee ist gefallen, die Häuser scheinen zu frösteln. Vor wenigen Wochen noch hatte er sich den Rektoren englischer Universitäten als *lecturer* angeboten. Nun sitzt er dem Schicksalslenker Italiens gegenüber. Nun will ihn Napoleon III. dringend sprechen. Er versteht nicht.

***

Der Krieg zwischen Italien und Frankreich auf der einen, Österreich auf der anderen Seite scheint unvermeidlich. Weder Cavour noch Napoleon III. können auf die »Kossuth-Karte« verzichten.

Große Männer weigern sich, aus Erfahrungen zu lernen. Kossuth, der vielerfahrene Unerfahrene, begreift nicht, daß ein Emigrant bestenfalls eine Spielkarte sein kann, kein Spieler. Statt die Pläne der Italiener abzuwarten und seine Zustimmung teuer zu verkaufen, entwirft Kossuth einen großartigen strategischen Plan. Er verlangt eine Armee von fünfzigtausend Mann. Mit ihr will er in Fiume landen und auf Kroatien marschieren. Der Plan ist meisterlich ersonnen; eine Landung in Fiume würde Österreich einen Krieg an zwei Fronten aufzwingen. Cavour lehnt ab. »England würde eine solche Flottenbewegung nie gestatten.« Kossuth wendet sich nach Frankreich.

War die ungarische Emigration in Amerika gespalten: In

Paris ist sie um so einiger. Unter Führung des Grafen László Teleki gründet sie einen *Ungarischen Nationalrat* und bereitet Kossuths Reise vor. Napoleon III., der acht Jahre zuvor dem Exilierten verboten hatte, in Marseille an Land zu gehen, empfängt ihn am fünften Mai 1859 im Schloß zu Versaille.

Es ist eine sommerlich warme Frühlingsnacht. Der Kaiser hat Kossuth in seinem eigenen Wagen aus Paris abholen lassen. Eine Kompanie der Nationalgarde tritt ans Gewehr, als der Gouverneur ohne Land seine Schritte über die Kopfsteine des Schloßhofes zu der Freitreppe lenkt.

Die Fenster des kaiserlichen Arbeitszimmers stehen offen. Der Mond fällt auf die streng geschnittenen Hecken des Parks, versilbert Statuen und Fontänen.

Im Zimmer auf- und abgehend, zwei Finger seiner rechten Hand auf die Art des großen Oheims zwischen dem zweiten und dritten Knopf seiner Uniformweste, immer wieder stehenbleibend, um die Wirkung seiner Worte auf Kossuth zu prüfen, entwickelt der Kaiser seinen Plan.

Selbstverständlich muß sofort eine ungarische Legion aufgestellt werden. Spätestens Anfang Juni würden italienisch-französische Truppen die Österreicher stellen. »Wir werden Ihrer Legion, *Monsieur le gouverneur,* den Weg nach Ungarn bahnen. Ungarn müssen Ihre Truppen erobern. Wir wollen Ihr Vaterland befreien, nicht besetzen. Sie müssen in der ersten eroberten ungarischen Stadt eine Regierung bilden. Ich schlage vor, daß wir uns hierauf in Valeggio treffen und gemeinsam die Unabhängigkeit Ungarns proklamieren.«

»Wie steht Cavour zu Ihren Plänen, Majestät?«

»Über Ungarn sind wir uns einig.«

»Österreich ist eine Monarchie. Ungarn wird eine Republik sein.«

»Eine mit dem französischen Kaiserreich verbündete Republik.«

Als Kossuth nach Paris zurückkehrt, sagt er zu Mák: »Ich habe nicht umsonst gelebt.«

Auch in Rom findet Kossuth diesmal offene Türen. »Er ist ein junger Mann«, berichtet Cavour seinem Kabinett.

Die Kossuth-Legion wird in wenigen Tagen zusammengetrommelt. Sie greift gleich zu Beginn des Krieges in den Kampf ein und zeichnet sich in der Schlacht von Magenta durch besondere Tapferkeit aus. Am achten Juni erobern die französisch-italienischen Truppen die Stadt. Die italienische Bevölkerung bereitet Kossuth einen begeisterten Empfang. »*Evviva Ungheria! Evviva Kossuth!*« tönt es durch das ganze Land. Zehn Jahre des Exils scheinen ausgelöscht.

Kossuth und der Kaiser treffen sich in Valeggio.

Das alte Fürstenschloß, wo der Kaiser sein Hauptquartier aufgeschlagen hat, bildet den Hintergrund. Der Kaiser trägt eine Galauniform, Kossuth den schlichten schwarzen Anzug, den er während der ganzen Kampagne getragen hat.

»Ich habe Sie zu beglückwünschen, *mon cher gouverneur*. Ihre Truppen haben sich mit Ruhm bedeckt.«

»Ich habe die Glückwünsche Eurer Majestät zu erwidern. Der Sieg von Solferino wird für immer in die französische Geschichte eingehen.«

»*Merci, merci*«, nickt der Kaiser. »Ich glaube wirklich, daß wir jetzt nicht nur die Österreicher, daß wir auch die Italiener in der Hand haben. Wenn wir unseren Sieg konsolidieren können ...«

Kossuth horcht auf. Konsolidierung des Sieges? Er ist noch lange nicht erfochten, noch stehen die französischen Truppen auf dem Boden Norditaliens, noch ist die ungarische Grenze nicht überschritten. Er tritt an die Landkarte heran.

»Ich glaube, Majestät, daß wir den Tag festlegen sollten, an dem die französische Armee die ungarische Grenze zu überschreiten gedenkt.«

»Darf ich Ihnen ein Glas Cognac anbieten, *Monsieur le gouverneur?*«

Kossuth lehnt ab.

»*C'est entendu*«, sagt der Kaiser. »Ich werde Sie über unsere

Pläne unterrichten. Wir dürfen nicht voreilig handeln, *mon cher gouverneur*. Der Frieden ist ein wertvolles Gut.«

Genau acht Tage später trifft Napoleon III. in Villafranca mit Franz Joseph I. zusammen. Er verrät seine italienischen Verbündeten. Er verrät Ungarn.

Kossuth, der zu Napoleon eilt, wird nur noch von Jerome Bonaparte empfangen.

»Der Kaiser bedauert«, sagt er. »Der Krieg ist vorbei. Seine Majestät wünschen Ihnen viel Glück. Wenn er etwas für Sie tun kann, steht Ihnen seine Privatschatulle stets zur Verfügung.«

Kossuths bleiches Gesicht färbt sich rot. »Sagen Sie Ihrem Kaiser, daß die Sache der ungarischen Freiheit nicht käuflich ist.«

Auf dem Weg nach Turin schreibt er in sein Tagebuch: »*Worte können die Tragödie meines Vaterlandes nicht schildern. Aber der Kampf um die Freiheit beginnt jeden Tag von neuem* . . .«

***

Mák, der treue Freund, ist gestorben. Kossuth ist allein.

Der Mann der Illusionen hat keine Illusion mehr. Der Kapitän hat die Segel gestrichen. Er arbeitet an seinen Memoiren, Trost der Gestrandeten. In der Türkei hat er ein strategisches Werk verfaßt: *Die ungarische Doktrine von Krieg und Frieden*. Jetzt züchtet er Rosen und schreibt über Botanik. Als ihn seine beiden Söhne besuchen – seine Tochter ist früh gestorben; die beiden stehen als Ingenieure im Dienst der Regierung –, sagt er: »Die Natur tröstet mich. Wie Vörösmarthy beneide ich die Störche, die von Heimat zu Heimat ziehen – ich hatte nur eine, und auch die habe ich verloren.«

Er könnte nach Ungarn zurückkehren. Im Jahre 1867 kommt der »*Ausgleich*« zustande: Ungarns fataler Kompromiß mit dem Haus Österreich. Drei ungarische Komitate wählen den Emigranten zu ihrem Abgeordneten. Hundert Delegierte der Stadt Czegléd pilgern nach Turin – Aristokraten und Bauern, Arbeiter und Fabrikanten, kleine und große Beamte.

Nachdem im Garten des bescheidenen Hauses die ungarische Hymne erklungen war, erwidert Kossuth mit wenigen Worten.

»Mein Herz blutet, euch nicht nach Ungarn folgen zu können. Aber ich bin der Hüter einer heiligen Reliquie. Sie heißt: ein freies Ungarn.«

Den Delegationen, die in den nächsten Jahren in Turin eintreffen, erteilt er die gleiche Antwort. Dennoch hört man in Wien nicht auf, den Eremiten von Turin zu fürchten. Im Jahre 1879 bringt Ministerpräsident Graf Kálmán Tisza die *Lex Kossuth* ein, in der es heißt, daß jeder Ungar im Ausland seine Staatsbürgerschaft verliert, der die Grenzen des Landes zehn Jahre lang nicht überschritten hat. Lajos Kossuth ist kein Ungar mehr. Er ist siebenundsiebzig Jahre alt.

Kein Protest kommt über seine Lippen. Als er am zwanzigsten März 1894 sanft entschläft, findet man sein Tagebuch. Die letzte Aufzeichnung lautet:

»Der Zeiger der Uhr bestimmt nicht den Gang der Zeit; er zeigt ihn nur an. Mein Name ist nur ein Zeiger der Uhr, aber er zeigt die Zeit, die kommen wird.«

Franz Joseph, von Tragödien heimgesucht, Tragödien ahnend, versteht diese Worte. Er verfügt die Überführung der Leiche Kossuths nach Ungarn. Kossuth kann sich dem Ruf nicht mehr widersetzen. Er reist ohne Reisepaß.

In den ersten drei Jahren nach seinem Tod werden in achtzig Städten Kossuth-Denkmäler enthüllt. In mehr als dreihundert Städten und Dörfern werden Straßen und Plätze nach ihm benannt. Es ist ein Habsburger, Erzherzog Joseph, der den ersten Kranz am Fuß des Standbildes niederlegt, das die Hauptstadt errichtet. Über die Inschrift kann man sich lange nicht einigen. Niemand scheinen die Worte des ungarischen Dichters einzufallen:

> *»Salziger sind hier die Tränen,*
> *Schmerzlicher dröhnen die Fanfaren,*
> *Tausendfache Messiasse*
> *Sind Messiasse der Madjaren.«*

Waffenstillstand statt Frieden

Lieber Freund!
Seit ich denken kann, beschäftigt mich zu Weihnachten immer der gleiche Gedanke. Es beginnt damit, daß die Zeitungen allmählich einen angenehm-beruhigenden Charakter annehmen. Der Leitartikel: »... *und den Menschen ein Wohlgefallen*« liegt teils in der Luft, teils in den Schreibtischladen. Die Staatsmänner bereiten sich auf die Abfassung jenes Telegramms vor, in dem sie zwar nicht immer den Regierungen, aber stets den Völkern anderer Länder viel Glück wünschen. Fast niemand bedroht den anderen am Leben. Die Atomgelehrten erproben nichts als die elektrischen Eisenbahnen ihrer Söhne. Die Generale kaufen ihren Frauen warme Handschuhe.

Seltsame Wandlungen treten im Privatleben auf. Das Finanzamt versendet keine Mahnbriefe. Hartnäckige Gläubiger, christlicher Nächstenliebe eingedenk, scheuen vor Pfändungen zurück. »Jetzt können Sie ihn doch nicht entlassen«, sagt der Unternehmer zum Personalchef. Gewerkschaftsbosse versenden Glückwunschkarten. Die Köchin, die kündigen will, läßt noch einmal Gnade vor Recht ergehen. Die Gattin, im Begriffe, mit dem Geliebten durchzugehen, Mann und Kind zu verlassen, beschließt, wenigstens noch Weihnachten im Familienkreis zu verbringen. Der Tag der Vertagung naht. Sogar in der Seele des Autofahrers regt sich so etwas wie Humanität: Wer tot ist, hat weniger von Weihnachten.

Und die Wohltätigkeit erst – hervorgeholt wird sie wie der alte Christbaumschmuck. Die Reichen gedenken der Armen und die Armen der Ärmsten. So hart ist kein Herz, daß es an dem Bettler vorbeischlüge. Staat und Stadt erlassen mildtätige Aufrufe; die Zeitungen publizieren krasse Notfälle; nicht mehr hohl klingen die Sammelbüchsen; kostenlos, man glaubt es kaum, produzieren sich Stars in Krankenhäusern.

Einmal im Jahr ist es, als wäre des Menschen Sohn nicht umsonst geboren worden.

Einmal im Jahr – und damit, lieber Freund, bin ich bei dem Gedanken angelangt, der mich um die bethlehemsche Zeit beschäftigt.

So ist es nämlich, daß, bedenkt man es recht, kein guter Grund besteht, warum nicht das ganze Jahr Weihnachten sein sollte. Kein Mensch zweifelt, daß das gut ist, was zu Weihnachten geschieht, beziehungsweise unterbleibt; anständig und vernünftig, doch eigentlich nicht absonderlich benimmt sich die Menschheit am heiligen Geburtstag.

Warum, frage ich mich dann, sollten Staatsmänner und Gelehrte, die doch sich und anderen beweisen, daß es einige Tage auch ohne Säbelrasseln geht, das Säbelrasseln nicht überhaupt bleiben lassen? Manchmal muß ein Betrieb einen Angestellten entlassen, aber warum bleibt der Takt des Personalchefs auf die Andachtszeit beschränkt? Zuweilen leben sich zwei Menschen auseinander, aber vielleicht fänden sie sich wieder, wenn sie sich etwas Bedenkzeit gäben. Und den Armen auch im Oktober etwas zu schenken, könnte uns so wenig schaden, wie es die Stars nicht ruinierte, für die Kranken auch einmal im Mai zu spielen.

Ich meine, lieber Freund, so und nicht anders hat er es gewollt, der Menschensohn, den wir ans Kreuz geschlagen haben. Ihm, den die Pharisäer verfolgten, muß eine Menschheit pharisäisch erscheinen, die seine Geburt nur an seinem Geburtstag feiert. Als Geburtstagsgott war er, denke ich, nicht gesandt. Das Gesetz, das er gab, ist nicht nur ein moralisches Postulat, sondern eine Anweisung fürs tägliche Dasein. Fürs tägliche, nicht fürs feiertägliche. Zu Weihnachten beweisen wir, daß es auch anders geht. Das Leben steht nicht, wie man annimmt, still: Gerade zu Weihnachten geht es weiter. Ohne Erpressung und Scheidung, ohne Todesversuche und Brutalität. Einen Tag lang, jedes Jahr, ist Waffenstillstand, der auf den Krieg und dem der Krieg folgt. Aber starb Er für den Waffenstillstand? Nicht für den Frieden . . .?

Schwäbische Landeszeitung, Weihnachten 1957

»Dank für Zuckerwerk und Theebrot«

Am fünfundzwanzigsten Dezember 1866 setzt sich Franz Grillparzer, Österreichs größter Dichter – er ist allein, verbittert, mit der Welt zerfallen –, am Weihnachtstag 1866 also setzt sich der greise Grillparzer an seinen Schreibtisch, um einer Dame zu danken, die ihm eine Überraschung zugedacht hat.

»Hochverehrte gnädige Frau!«, heißt es da – *»Ich saß trübsinnig und einsam in meinem Lehnstuhl – es hatte mir zwar mein Hausfräulein einen armseligen Weihnachtsbaum in einem Gartengeschirr, mit etwas Zuckerwerk behangen, bereits gespendet, der freilich durch Liebe und Herzlichkeit unschätzbar wurde –, aber das war vorbei, und ich saß wieder, mir die trüben Gedanken durch Gedankenlosigkeit vertreibend. Da wird ein Riesenbaum gebracht, behangen mit allen Gütern der Welt. Und von wem? Sollte es die Austria seyn, deren Bild wir täglich auf den Banknoten und Bankozetteln verehren? Oder der Ministerpräsident, der eingesehen hat, daß man von Titeln und Orden nicht fett wird. Ich erblicke einen Brief, erbreche ihn. Sie sind's.«*

Ein Zeit- und Charakterbild, nur hundert Jahre ist es her, unvorstellbar. Als verkanntes Genie hat sich Grillparzer stets empfunden, aber Dutzende Bühnen spielen seine *Ahnfrau*, seine *Sappho, Ein treuer Diener seines Herrn, Des Meeres und der Liebe Wellen*. Ein reicher Mann wäre er heute. »Banknoten und Bankozettel« besäße er sonder Zahl, Weihnachtseinladungen würden dem Junggesellen in unliebsamer Menge auf den Tisch flattern, und, weit davon entfernt, nicht »fett« zu werden, müßte er daran denken, sich nach bestandener Weihnachtskur einer Entfettungsdiät zu unterziehen.

»Haben Sie von allen Österreichern allein«, schreibt er der wohlhabenden Weihnachts-Mäzenin, *»ein so langes Gedächtnis, daß Sie sich der Zeit erinnern, wo ich noch etwas werth war, oder ist es ein unbezähmbarer Hang zum Wohlthun und Beglükken, daß Sie geben und geben, ohne zu fragen, wem? So der Baum, nun erst die Früchte! Zuckerwerk, Äpfel, mir keine Un-*

bekannten, Theebrot, wie es Goethe zu essen pflegte, der mitunter etwas Schlechtes schrieb, aber nie etwas Schlechtes aß.«

Wehmütig stimmt es: *tant de bruit* für etwas Früchte, für Zuckerwerk und Theebrot. Und wieder reist man im Zeitschiff, nähert sich der Gegenwart: Da haben die erfolgreichen Dichter – warum nicht auch sie? – wochenlang die Geschäfte abgeklappert: elektrische Eisenbahn für die Kinder, passende Geschenke für Verleger, Agenten, Theaterdirektoren, vielleicht ein Armband oder Ohrenschmuck für die geliebte Frau. Der Postbote brachte dies und jenes, alles in schmuckem Papier, eine Kiste Champagner, Krawatten zum Überdruß, ein mehrbändiges Lexikon, vielleicht eine neue Schreibmaschine oder eine Filmkamera, das mechanisierte Christkind. Bessere Zeiten? Andere Zeiten. Vieles ist verlorengegangen: die rührende Sorge der »Hausfräulein« trotz dem »armseligen Weihnachtsbaum«, die Freude an pausbäckigen Äpfeln – man denke: »mir keine Unbekannten!« –, das kindliche Vergnügen, das auch noch ein Fünfundsiebzigjähriger an Zuckerwerk und Theebrot zu empfinden vermag.

Der einsame Hofrat in seinem Lehnstuhl – wer sollte nicht an den alten Scrooge des Dickensschen Weihnachtsmärchens denken? –: Er empfängt von der wohltätigen Freundin ein Bild der trefflichen Schauspielerin Wolter und einen Kalender – »*unentbehrlich, um den Tag zu wissen, an dem man seine Pension behebt und mir das Schätzbarste an der Astronomie, die ich sonst nicht leiden kann, da sie die artigen Sterne, ja Sonne und Mond zu unermeßlichen Maßen anschwellt, daß mir Sehen und Hören vergeht«.*

Der Schrecken vor der Astronomie könnte auch dem heutigen Dichter in die Knochen fahren, doch Grillparzer kehrt sogleich wieder auf die Erde zurück: »*Nun sogar ein Fasan! der, nachdem er aus seinem poetischen Waldleben durch Pulver und Blei in den prosaischen Tod versetzt worden ist, durch Kochen und Braten wieder in idealischen Zustand versetzt werden kann: kein verächtliches Bild für unser Schicksal nach dem Tode.«*

So ist es doch noch, dank dem Fasan, ein schönes Fest geworden für Österreichs *poeta laureatus,* der sechs Jahre später, geruhsam in seinem Lehnstuhl sitzend, dem nämlichen, der hier erwähnt wird, sanft entschlafen soll. Über hundertzwanzigtausend Wiener säumen die Straßen, als er zu Grabe getragen wird – im Leben höchstens der Weihnachtsfasan einer kunstliebenden Dame, im Tod der Lorbeer der Nation.

Solche Gedanken steigen auf bei der Lektüre des Grillparzerschen Briefes vom fünfundzwanzigsten Dezember achtzehnhundertsechsundsechzig. Sentimentale Gedanken, wenn man so will und wie es sich in weihnachtlicher Stimmung gebührt: die behagliche Beamtenwohnung, der heimelige Duft, der aus der Küche aufsteigt, das Knistern des Papiers, der dampfende Teekessel. Und daneben die Wirklichkeit: rebellische Armut, Gefühl des Verkanntseins, dürftige Dankbarkeit, Warten auf den Ersten, an dem man die Pension behebt. Vielleicht sollte man doch dankbar sein ...

Neue Ruhr-Zeitung, Weihnachten 1966

Weihnachten des Reporters

Das ist eine Weihnachtsgeschichte. Sie hat den Vorteil, wahr zu sein, den Nachteil, daß sie sentimental ist. Sie ist nicht so moralisch wie Dickens' *Weihnachtslied in Prosa.* Aber prosaisch ist sie auch nicht.

Wenn ich nicht irre, schrieb man das Jahr neunzehnhundertunddreißig. Ich hatte mir gerade bei einer Wiener Zeitung meine ersten Sporen verdient. Deshalb war ich, am Nachmittag vor Weihnachten, der letzte Reporter in der Redaktion.

Gegen drei läutete das Telephon auf meinem Schreibtisch. Am Apparat war ein Hofrat, an dessen Namen ich mich nicht mehr erinnere. Aber er mochte mich. Und ein Hofrat war er sicher, denn die höheren Beamten der Kriminalpolizei waren alle Hofräte.

»Hören Sie, Habe«, sagte er, »ich habe ein Weihnachtsgeschenk für Sie.«
»Ein Weihnachtsgeschenk, Herr Hofrat?«
»Keine elektrische Eisenbahn.«
»Das dachte ich mir«, sagte ich ein wenig beleidigt. Ich war neunzehn.
»Sondern einen Mörder. Der Mörder der Mizzi Schmidt ist gerade verhaftet worden.«
Mein Schweigen verriet dem Hofrat, daß ich nie etwas von einer Mizzi Schmidt gehört hatte.
»Der sensationellste Prostituiertenmord, den es vielleicht je gegeben hat. Neunzehnhundertelf. Sie waren wohl noch kaum geboren. Wir haben sofort festgestellt, daß es sich bei dem Mörder um einen jungen Mann namens Paul Kundegraber handelte. Ein Sohn aus bester Familie. Um die Ermittlungen nicht zu erschweren, haben wir den Namen nie bekanntgegeben. Nur einen Steckbrief haben wir erlassen. Vom Erdboden verschwunden. Die Kollegen sagten: ›Er hieß Kundegraber / Doch keine Kunde gab er.‹« Der Hofrat lachte. Er war ein sehr witziger Mann. »Und nun haben ihn die Franzosen im *Hôtel du Nord* in Marseille festgenommen. Er hatte die Frechheit, sich mit seinem vollen Namen anzumelden. Seine Eltern wohnen in Hietzing.« Er gab mir die Adresse. »Fröhliche Weihnachten, mein Junge!«
»Fröhliche Weihnachten, Herr Hofrat!«
Ich reagierte wie eine Maschine. Archiv. Der Fall Mizzi Schmidt. Bild in die Klischeeanstalt. Bericht an den Lokalchef. Fünfzig Zeilen auf der ersten Seite freihalten! »Fahren Sie los, interviewen Sie die Eltern!«
Es war ein Märchenbuchweihnachten. Der Schnee fiel langsam, in großen Flocken, als säße oben ein göttlicher Schaufensterarrangeur, der die weißen Wattebäusche gleich wieder hochziehen wird. Alle Passanten hatten Päckchen in der Hand. Die Kinder zogen ihre Schlitten hinter sich her, mit der Verachtung, die Kinder um die Weihnachtszeit für altes Spielzeug

bekunden. Die Statuen vor der Oper sahen aus wie Dominikanermönche, die Pallas Athene vor dem Parlament wirkte wie eine Braut in Weiß.

Ein warmes Licht siebte sich durch die Fenster des kleinen Hauses in Hietzing. Hinter den Klöppelvorhängen sah ich einen kleinen Christbaum. Der Schatten einer kleinen Frau bewegte sich hin und her. Ich war neunzehn Jahre alt, aber ich zögerte.

Als die Frau öffnete – sie trug ein schwarzes Kleid und eine hohe weiße Bluse mit Fischbeinkragen –, wurde mir sofort bewußt, daß sie nichts ahnte: nichts von dem Verbrechen ihres Sohnes, nichts von seiner Verhaftung. Ich stellte mich vor, sie führte mich ins Wohnzimmer.

Ihr Mann saß in einem Lehnstuhl neben dem Weihnachtsbaum, der auf dem weiß gedeckten Tisch stand. Wenn sie mir alt geschienen hatte, so schien er mir uralt. Er hatte eine dicke Decke über den Knien und reichte mir eine mit Leberflecken übersäte Hand. Es roch nach Tannen und Äpfeln.

»Ich komme, um Sie zu fragen...«, sagte ich.

»Nehmen Sie Platz«, sagte Frau Kundegraber.

Der Mann mit den schlohweißen Haaren hob den Kopf von der Klöppeldecke, auf der er geruht hatte, und blickte hinaus.

»Es schneit noch immer«, sagte er.

Die Kugeln auf dem Weihnachtsbaum bewegten sich in der Wärme. Klöppelvorhänge und Klöppeldeckchen: Nichts hier schien seit Jahren den Klöppelfrieden gestört zu haben.

»Ich wollte Sie fragen«, sagte ich, »ob Sie von Ihrem Sohn gehört haben?«

Die Pendeluhr schlug fünf.

»Nein, nichts, seit neunzehn Jahren«, sagte Herr Kundegraber.

Eine häßliche Stimme in mir krächzte: »Er hieß Kundegraber / Doch keine Kunde gab er.« Das Bild der Mizzi Schmidt in der Klischeeanstalt. Der Lokalchef. In einer Stunde würden sie es ohnedies erfahren. In einer Stunde würden andere Reporter an der Tür klingeln. Marseille, *Hôtel du Nord*. Andere

Reporter: Das war die Stimme des Versuchers. Neunzehn war ich, in meinem Geburtsjahr hatte Paul Kundegraber die Mizzi Schmidt ermordet.

»Wir erkundigen uns nämlich über Personen, die seit Jahren vermißt werden«, sagte ich.

»Leider ...«, sagte Frau Kundegraber. Sie hatte die Hände im Schoß gefaltet, lose, auf Art alter Leute, als fürchteten die Finger, sich zu berühren.

»Also dann ...«, sagte ich.

Ich hatte das Taxi warten lassen. Auf dem Weg durch die Abenddämmerung wunderte ich mich, daß ich so froher Stimmung war. Ich fragte mich nicht einmal, was ich in der Redaktion sagen würde.

Ich lief auf den Treppen dem Lokalchef in die Arme. Er hatte seinen Mantel an.

»Sie können nach Hause gehen«, sagte er. »Die Sache Kundegraber ist im Eimer. Der Kerl war in der Fremdenlegion. Er hat es zum Leutnant gebracht.«

»Was hat das mit der Mizzi Schmidt zu tun?«

»Natürlich wissen Sie das nicht. Wer in der Fremdenlegion fünf Jahre ehrenhaft gedient hat, kann in Frankreich nicht mehr verfolgt werden. Straffrei, für immer. Der Hofrat hat angerufen. Der Bursche konnte sich ruhig im Hotel anmelden. Wird von der französischen Regierung geschützt, keine Auslieferung. Eine Riesenblamage für uns. Die Polizei wird kein Kommuniqué ausgeben. Wir haben ein Gedicht auf die erste Seite gesetzt. Ist ohnedies weihnachtlicher.«

»Die Eltern werden es nicht erfahren?« sagte ich.

»Nein.« Er knöpfte seinen Mantel zu. »Werden Sie sentimental? Na ja, stille Nacht, heilige Nacht. Übrigens: Fröhliche Weihnachten!«

»Danke«, sagte ich.

Der Lokalchef wandte sich um. Schließlich war »Fröhliche Weihnachten!« eine Formalität, dafür mußte man nicht so überschwenglich danken.

Ich ging, ein Lied vor mich hinpfeifend, zu Fuß nach Hause. Es war kein Weihnachtslied, Weihnachtslieder pfeift man nicht. Aber es erschien mir sehr weihnachtlich.

Wie gesagt: Es ist keine moralische Geschichte, die mir heute, nach fünfundvierzig Jahren, eingefallen ist. Aber ich denke, eine Geschichte braucht nicht moralisch zu sein, man kann trotzdem etwas aus ihr lernen.

Welt am Sonntag, Weihnachten 1975

Was uns noch alles blüht

I.

Wir gehen, wie uns schon Kaiser Wilhelm verkündete, herrlichen Zeiten entgegen. Sieben führende Gelehrte Amerikas, die ja mit Versprechungen nicht so leichtsinnig umspringen wie Monarchen, haben es bestätigt. Beim Richtfest des New Yorker Seagram-Turmes, des ersten Bronzewolkenkratzers der Welt, haben sie – mehrere Nobelpreisträger unter ihnen – eine Prophetie für das Jahr 2058 aufgestellt. Wir wollen sehen, was uns blüht.

II.

Sprach Professor Dr. James Bronner, einer der drei bedeutendsten Biologen der Welt: »In dem gleichen Verhältnis, in dem die Menschenzahl auf unserer Erde zunimmt, werden die eßbaren Tiere sich verringern. Wir werden Vegetarier werden. So werden wir Beefsteaks essen, die aus pflanzlichem Protein entwickelt, mit schmackhaften Kunststoffen gewürzt und nach Hinzufügung einer plastischen Masse leicht verdaulich sind.« (Besonders auf die leichtverdauliche plastische Masse – Rezept: Schnitzel in Gummihandschuhen – bin ich scharf. Guten Appetit, liebe Enkelkinder!)

III.

Sprach Nobelpreisträger Dr. Herman J. Muller, der führende Erbbiologe: »Man wird 2058 in der Lage sein, das Geschlecht eines Kindes vorherzubestimmen, nach Wunsch Zwillinge zu erzeugen und verbrauchte oder verletzte Körperorgane auszuwechseln.« (Überaus erfreulich ist die Sache mit den Zwillingen, weil sie die ohnedies lästigen und veralteten Liebesbeziehungen zwischen Mann und Frau auf ein Minimum reduziert, ohne die Fortpflanzung zu gefährden. Die Gefahr, daß bäuerliche Ehepaare nur Knaben erzeugen, besteht nicht, da es keine Bauern mehr geben wird.)

IV.

Sprach Professor Dr. John Weir, der eminente Psychologe: »Durch die Kontrolle der elektrischen Aktivität unseres Gehirns wird es möglich sein, unsere Gefühle und Impulse durch biochemische Mittel umzuwandeln.« (Schwierigkeiten dürften sich nur ergeben, wenn das Gehirn des Herrn auf hundertzwanzig, das der Dame auf zweihundertzwanzig Volt eingestellt ist. Trostreich jedoch, daß bei Kurzschluß die Gehirntätigkeit unserer Nachfahren ganz aussetzt.)

V.

Sprach Nobelpreisträger Professor Dr. Albert Szent-Györgyi, Entdecker des Vitamins C: »Wir werden den Pflanzen ihre Geheimnisse ablauschen und sie zwingen, schneller zu wachsen. Die Bäume werden jede gewünschte Menge von Früchten bringen.« (In der weiteren Folge werden zweifellos auch die überflüssigen Jahreszeiten abgeschafft werden. Millionäre werden ihren Herzensdamen Elefanten-Rosen schicken; Jünglinge allerdings werden sich mit Bären-Nelken bescheiden müssen. Sehr erfreulich ist es, daß Obstzüchter mit einem einzigen Baum auskommen dürften.)

VI.

Sprach Professor Dr. Harrison Brown, Amerikas erster Geochemiker: »Im Jahre 2058 wird Automation ungelernte Arbeitskräfte ganz und gelernte Arbeitskräfte zu einem wesentlichen Teil ersetzen.« (Nichts wird somit so veraltet sein wie Alfred Polgars schönes Bekenntnis, daß ihm »ein böhmischer Trampel« lieber sei »als der beste Eisschrank«. In schöner Einigkeit werden sämtliche Regierungen Arbeitsabschaffungsprogramme ankündigen.)

VII.

Sprach Professor Dr. Clifford Furnas, Chemiker von Weltruf: »Die heute gebrauchten Kleidungsstoffe werden verschwinden: Eine neue chemische Industrie wird ausschließlich unzerstörbare Kunststoffe erzeugen.« (Da Geldverdienst durch die Automation ohnedies entfällt, ist es nur zu begrüßen, daß kein Mann für die Kleider seiner Frau zu sorgen hat, da diese das unzerstörbare Kleid ohnedies in die Ehe mitbringt.)

VIII.

Sprach Professor Dr. Wernher von Braun, Direktor der US-Raumfahrtbehörde: »In den nächsten hundert Jahren dürfte die Oberfläche des Mondes mit stillschweigender Billigung der Vereinten Nationen zwischen den Großmächten in Interessensphären bereits aufgeteilt sein.« (So daß selbstverständlich der aus dem Konflikt der Interessensphären entstehende Krieg glücklicherweise außerhalb der Erde ausgetragen werden kann.)

IX.

Sämtliche Zitate sind wörtlich. Was uns blüht, ist nunmehr klar. Es blüht uns nichts. Es verdorrt uns alles, wenn wir den Größenwahnsinnigen nicht das Handwerk legen. Nicht erst im Jahre zweitausendachtundfünfzig. Sondern jetzt und sofort. Oder wollen wir kautschukfressende, uns durch Zellspaltung fortpflanzende, elektrisch denkende, ein Drohnendasein fristende, in Gummihäute gekleidete, nur zum Sterben geeignete Lebewesen werden? Prosit zweitausendachtundfünfzig!

Darmstädter Echo, Dezember 1957

An einem Juniabend in Dresden

I.

Unglaublich, daß es nur vor fünfundzwanzig Jahren geschah... Tief hingen die Gewitterwolken über dem Opernhaus zu Dresden, als am vierundzwanzigsten Juni 1935 *Die schweigsame Frau,* die neue Oper des größten lebenden deutschen Komponisten, Richard Strauss, aus der Taufe gehoben wurde. Im Parterre und auf der Galerie drängten sich die Musikbegeisterten aus allen deutschen Landen. In den Logen sah man mehr Uniformen, als das Opernhaus der fünfhundert Jahre alten albertinischen Residenz je gesehen hatte. Es waren die Uniformen jener Partei, die, einer riesigen Spinne gleich, ihr braunes Netz über Deutschland gezogen hatte. Noch hatten die neuen Herren ihre Frauen nicht, wie es später so oft geschehen sollte, über Bord, beziehungsweise über die Logenbrüstung geworfen. Eine neue Plebejeraristokratie sonnte sich im Glanz der Kristallüster. Es war alles da, was Rang, wenn auch keinen Namen hatte.

II.

Einer, der Namen, doch keinen Rang hatte, war abwesend. Der Dichter der Oper, Stefan Zweig, war geflohen. In einer anderen Barockstadt, Salzburg, noch nicht vertönt durch das Johlen des Horst-Wessel-Liedes, wartete er auf Nachrichten aus Dresden.

Ein Briefwechsel hatte stattgefunden, der zu den erschütterndsten menschlichen Dokumenten aus Deutschlands finsteren Jahren gehört. Strauss und Zweig, zu Repräsentanten, nicht zu Märtyrern geboren, wie Thomas Mann von sich gesagt hatte, befanden sich plötzlich in einem Straßenlärm, den ihre feinen Ohren hörten, aber nicht verstanden. Das Propagandaministerium hatte die Erlaubnis zur Uraufführung von der Entfernung des Namens Stefan Zweig abhängig gemacht. Schon stand in den Anthologien unter der *Loreley* die Worte: *Verfasser unbekannt*. Nach Heinrich Heine sollte nun auch Stefan Zweig ausgelöscht werden. Richard Strauss schrieb nach Salzburg. Um die Aufführung der *Schweigsamen Frau* zu retten, wollte Stefan Zweig verzichten. Strauss protestierte bei Goebbels. Er siegte. Man fürchtete, der Komponist des *Rosenkavaliers* könnte, wie andere Weltberühmte, die Flucht wählen. Unter dem Titel stand: *Komische Oper in drei Aufzügen, frei nach Ben Johnson und Stefan Zweig.*

III.

Es war das erste und, bis 1945, das letzte Mal. Als der Vorhang fiel, war die Nacht über Deutschland gefallen. Nachdem Richard Strauss den Dichter seiner unsterblichen Opern, den »Halbjuden« Hugo von Hofmannsthal, verloren hatte, verlor er jetzt auch Stefan Zweig. Von Heimweh gequält, warf Stefan Zweig später im brasilianischen Exil sein Leben von sich. Das Heimweh fesselte Richard Strauss an die Heimat. Ähnlich wie heute Boris Pasternak, vermochte er nicht, in der Fremde zu leben. Aber *Die schweigsame Frau* war sein letztes großes Werk. Die Stille, die sein komischer Sir Morosus begehrte, breitete sich tragisch um ihn aus.

IV.

An einem Juniabend in Dresden ... Es ist nur fünfundzwanzig Jahre her. Aber wer damals geboren wurde oder ein Kind war, kann es sich kaum vorstellen. Und auch wir wundern uns. Im vorigen Jahr sang Hilda Güden bei den Salzburger Festspielen Amita, die schweigsame Frau. Es gibt dort eine Stefan-Zweig-Straße. Warum die Erinnerung heraufbeschwören? Weil in diesen Tagen der Name Boris Pasternak oft erwähnt wird, des schweigsamen Mannes, des in Rußland Verschwiegenen. Weil in Dresden wieder der Name eines ungenehmen Dichters ungenannt bleibt. Weil der Fortschritt nicht so groß ist, wie wir glauben. Weil die Vergangenheit nicht so vergangen ist. So oft die Melodien der komischen Oper erklingen, tönt eine tragische Mahnung auf. Zuerst verschwindet ein Name vom Theaterzettel, dann die Freiheit aus den Seelen, dann eine Stadt vom Boden. Begann nicht alles, was mit Dresden, was mit uns allen geschah, an einem gewitterschweren Juniabend, an dem *Die schweigsame Frau* aufgeführt wurde . . .?

Neue Ruhr-Zeitung, Juni 1960

Pioniere der Demokratie

Zehn Jahre, nachdem ich im Auftrag der amerikanischen Militärregierung die erste Zeitung in der amerikanischen Zone, den »Kölnischen Kurier«, gegründet hatte, und nochmals zehn Jahre darauf, nämlich im März 1965, veröffentlichte ich in verschiedenen Zeitungen – darunter in der »Neuen Ruhr-Zeitung« und der »Berliner Morgenpost« – Beiträge zur Geschichte der deutschen Presse im Jahre Null. Das historisch Wichtigste fasse ich hier zusammen.

Zwölf Jahre lang hatte es in Deutschland nur eine dirigierte öffentliche Meinung gegeben. Die freies Land verkündende weiße Möwe hieß *Kölnischer Kurier*. Die Entstehungsgeschichte der neuen deutschen Presse ist so gut wie vergessen. Heute, da in der Bundesrepublik rund 1700 Tageszeitungen und 6000 Zeitschriften zum täglichen Brot gehören, lohnt es sich wohl, die Erinnerung aufzufrischen.

Den Auftrag, eine freie Presse in Deutschland aufzubauen, erhielt ich Anfang 1944 im Trainingslager der amerikanischen Abwehr, Camp Ritchie, Maryland. Fünf Monate vor der Invasion in der Normandie teilte mir General Banfill mit, daß sich mein Hauptquartier in Bad Nauheim befinden werde, genauer: im *Hotel Bristol*. Die Luftwaffe habe Weisung, Bad Nauheim zu schonen.

Die erste deutsche Zeitung war eigentlich keine Zeitung und erschien nicht in Deutschland. Sie umfaßte nur zwei Seiten, hieß *Mitteilungen*, wurde in Luxemburg gedruckt und in Jeeps in die besetzten Randgebiete gebracht.

Nun wurde den vordringenden amerikanischen Infanterie-Einheiten ein Team von Experten angeschlossen, die in jeder eroberten Stadt, oft noch während der Kämpfe, nach Druckereien suchten, zerstörte Druckereien wiederherstellten, das rare Zeitungspapier herbeischafften und möglichst schon wenige Tage nach der Besetzung eine deutschsprachige Zeitung veröffentlichten. Zuerst erschienen diese Zeitungen zwei- oder dreimal in der Woche. Über die Weisung der Militärregierung, nur Mitteilungen des Oberkommandos und der lokalen Behörden zu veröffentlichen, setzte ich mich hinweg. Ich gründete Zeitungen – sechzehn an der Zahl.

Die Schwierigkeiten waren schier unüberwindlich.

Ich hatte ein Team von knapp zehn Mitarbeitern. Lange Zeit mußte ich mir die Nachrichten auf dem »schwarzen Markt« beschaffen – über Ätherwellen. Die Militärregierung hielt meine Zeitungen für »*too good for the German people*«.

In *Köln* lag die Druckerei, als ich die erste Zeitung unter Assistenz des Sergeanten Josef Wechsberg, dem ausgezeichneten Schriftsteller, umbrach, unter schwerem Artilleriefeuer – das Ostufer war noch in deutscher Hand.

In *Frankfurt* wurde die *Frankfurter Presse* buchstäblich »aus der Taufe gehoben«: Die Druckerei war bombardiert worden und stand unter Wasser; deutsche Arbeiter und deutschsprachige amerikanische Redakteure standen knietief im Wasser.

In *Bamberg* ließ sich kein Maschinenmeister für die Bedienung der Rotationsmaschine finden, da die meisten Drucker gefallen waren oder sich in Gefangenschaft befanden. Wir entdeckten einen ehemaligen Maschinenmeister im benachbarten Gefängnis. Er hatte seine Frau umgebracht. Der *Bayerische Tag* erschien pünktlich.

In *Kassel* arbeiteten wir sozusagen in einem Puppenhaus – mit einer offenen Wand. Die erste Nummer der *Hessischen Post* erschien dennoch am achtundzwanzigsten April 1945 mit der Schlagzeile: *Die Russen im Herzen Berlins.*

In *Augsburg* konnten wir der technischen Schwierigkeiten nicht Herr werden. Wir druckten die *Augsburger Zeitung* vorerst in der Druckerei des *Völkischen Beobachters* in München.

In *Berlin,* im halbzerstörten Ullstein-Haus in Tempelhof, wurde die erste Nummer der *Allgemeinen Zeitung* in der Nacht vom siebzehnten zum achtzehnten Juli vorbereitet. Ihre erste *headline* war die Meldung über den Abwurf der Atombombe von Hiroshima. Die *Allgemeine Zeitung,* unter der Leitung meines Freundes und Nachfolgers Hans Wallenberg, hat die meisten Zeitungen der Militärregierung überlebt und hat Zeitungsgeschichte gemacht.

Mein Hauptquartier war, wie Anfang 1944 vorausbestimmt, Bad Nauheim – monatelang Deutschlands seltsame Zeitungsmetropole. Ich konnte in jede Stadt, wo unsere Zeitungen erschienen, nur einen amerikanischen Redakteur entsenden. Wenn eine deutsche Stadt fiel, fuhr ich im Jeep dorthin und brachte die neue Zeitung über Nacht heraus. Mit dem einzigen Redakteur, den ich dort zurückließ, stand ich über das Feldtelephon in Verbindung. Die Manuskripte aller Zeitungen wurden in Bad Nauheim geschrieben, mit typographischen Anweisungen »eingerichtet« und mit *Piper-cabs* in die besetzte Stadt geflogen. Obwohl die Manuskripte identisch waren, bemühte ich mich, sie so »aufzumachen«, daß sie verschiedene Zeitungstypen darstellten. Die *Frankfurter Presse* wirkte seriös, die *Regensburger Post* sensationell, der *Kölnische Kurier* schöngeistig, die *Ruhr-Zeitung* in Essen entsprach der »rheinischen« Mischung aus »Weltblatt« und Boulevard-Zeitung. Die jeweilige »Lokalredaktion«, die aus einem Mitglied meines Teams und ein oder zwei deutschen Reportern bestand, fügte dem aus Bad Nauheim eintreffenden Manuskript und Layout die Weisungen der Militärregierung und die Stadtnachrichten hinzu.

Während diese Zeitungen einem informationshungrigen Volk nach zwölf Jahren der Verdunkelung zum ersten Mal die Wahrheit brachten, suchten die Lizenzierungsgruppen der Alliierten – ich hatte nichts mit ihnen zu tun – nach deutschen Verlegern, Herausgebern und Journalisten, denen der Aufbau einer demokratischen Presse anvertraut werden konnte. Erstaunlich schnell wurden sie gefunden: lebendiges Dementi der von den Siegern damals verkündeten Kollektivschuld-Theorie. Am Tag, an dem in einer Stadt eine deutsche Zeitung erschien, wurde das Organ der Militärregierung eingestellt. Unter allen »meinen« Zeitungen hatte die *Stuttgarter Stimme* das kürzeste Leben.

Meine eigene Stunde Null schlug mit dem Erscheinen der *Neuen Zeitung* in München, am achtzehnten Oktober neunzehnhundertfünfundvierzig. Sie war als »richtige« Zeitung gedacht und sollte neben den lizenzierten Zeitungen weiterbestehen.

Mindestens zwei- oder dreimal im Jahr wendet sich auch heute ein Student der Zeitungswissenschaft an mich. Mehr als zwei Dutzend Dissertationen sind über die *Neue Zeitung* geschrieben worden. Robert Lembke, ein Liebling des deutschen Fernsehpublikums, der seine journalistische Laufbahn bei der *Neuen Zeitung* begann, hat ausgerechnet, daß es heute in Deutschland fünfzehn Chefredakteure gibt, die sich ihre Sporen bei der *Neuen Zeitung* verdient haben. Über hundert heute prominente Journalisten fanden zum erstenmal Arbeit in der *Neuen Zeitung* – zum geringeren Teil in »meiner« Zeit, zum größeren in der Zeit meines Nachfolgers Hans Wallenberg.

Die *Neue Zeitung* war der erste Test deutsch-amerikanischer

Zusammenarbeit. Die Redaktion bestand zur Hälfte aus amerikanischen Staatsbürgern – Emigranten und Söhnen von Emigranten. Wenige waren von Beruf Journalisten, der hervorragendste unter ihnen der später in die DDR abgewanderte Stefan Heym, der übrigens auch den ersten Leitartikel des Blattes schrieb. Die meisten hatte ich, so gut es ging, zu Journalisten ausgebildet, so einen Medizinstudenten namens Ernest L. Wynder, der heute als der Verfechter der Theorie des Krebserregers im Nikotin weltberühmt ist. Manche waren »Entdeckungen«, so der Agronom Ernest J. Cramer, heute einer der führenden Publizisten der Bundesrepublik. Zur anderen Hälfte setzte sich die Redaktion aus Deutschen zusammen – und manche der besten Deutschen waren unter ihnen. Ich holte Erich Kästner aus der inneren Emigration; er war der erste Feuilletonchef der *Neuen Zeitung*. Wer in Deutschland zwölf Jahre schweigen mußte, kam zu Wort – von Ernst Wiechert über Graf Kayserling bis Werner Fink.

Es war eine Pionierzeit. Die meisten deutschen Bibliotheken waren verbrannt, die Post funktionierte spärlich und beförderte keine Bücher. Es bedurfte der größten Anstrengungen, um Bücher von Thomas und Heinrich Mann, Lion Feuchtwanger, Oskar Maria Graf, Franz Werfel, Erich Maria Remarque und Stefan Zweig zu beschaffen, aber nun wurden die Arbeiten der Exilierten wieder gedruckt: Die deutsche Jugend las die verlorenen Namen. Reisende Soldaten brachten aus London die Beiträge des Idols meiner Jugend, Alfred Kerr.

Es war nicht alles eitel Wonne, bei weitem nicht. In dieser Zeit der hanebüchenen *Non-fraternization*-Bestimmung durfte die Militärregierung nicht erfahren, daß ich im Keller des Hauses Schellingstraße eine deutsch-amerikanische Kantine eröffnet hatte, die deutsche Arbeiter wie amerikanische Soldaten speiste. Die Amerikaner glaubten, man könne ein Volk auch geistig auf Kalorienrationen setzen: Die »deutsche« Aufmachung der Zeitung und die überwiegende Zahl »deutscher« Beiträge war meinen Vorgesetzten ein Dorn im Auge. Kollektivschuld und Morgenthau-Plan geisterten noch in Washington und im Hauptquartier der Informationskontrolle Bad Homburg. Weisungen aus Washington und Bad Homburg wanderten fast ausnahmslos in den Papierkorb. Die beiden amerikanischen Majore – der eine aus Berlin, der andere aus Wien –, Hans Wallenberg und ich, standen mit einem Fuß stets vor dem Militärgericht.

Man hat der *Neuen Zeitung* später vorgeworfen, sie habe sich um die »Umerziehung« bemüht. Das erscheint mir auch heute noch ein seltsamer Vorwurf, wenn ich daran denke, daß die »Erziehung« zwölf Jahre lang in den Händen von Dr. Josef Goebbels gelegen hatte. Jedenfalls hat nie eine deutsche Zeitung eine positivere Aufnahme gefunden als das »Blatt des großen Abenteuers«, wie Erich Kästner es nannte. Die Auflage erreichte zweieinhalb Millionen Exemplare; vier Millionen weitere Abonnenten mußten wegen Papiermangels leer ausgehen. Zum ersten Mal kam der Leser wieder zu Wort – *Das freie Wort* hieß die Leserbriefspalte: Täglich machten zweitausend Deutsche ihrem bedrängten Herzen in Briefen an die Redaktion Luft.

Als die ersten großen deutschen Zeitungen erschienen, war das Blatt, dessen erste Nummer noch auf dem Rotationspapier des *Völkischen Beobachters* gedruckt wurde, dessen Aufgabe der Brückenbau von der Lüge zur Wahrheit, vom Schweigen zur Sprache, von der Sklaverei zur Freiheit gewesen war, zum Tode verurteilt. Ich weiß nicht, warum es die Amerikaner zu einer langsamen Agonie verurteilten, der zuzuschauen ich keine Lust empfand. Gewiß aber ist, daß diese Zeitung, die das Bild der deutschen Presse von gestern veränderte und bei der Geburt einer neuen deutschen Presse Geburtshilfe leistete, in jenem schönsten Sinn überflüssig geworden war, in dem alles überflüssig wird, was seinen Zweck erfüllt hat.

Die Aufwertung der Spione

I.

Wenn Dr. phil. Richard Sorge, Meisterspion des Zweiten Weltkrieges, aus der speziellen Hölle, in der die Spione brennen, auf die ziemlich höllische Erde hinaufblickt, wird er erstaunt feststellen, daß er am siebenten November, dem zehnten Jahrestag seiner Hinrichtung, wie einer der Großen unserer Zeit gefeiert wird. Es fehlte nicht viel, daß ihn die Sowjetunion, der er in Japan gedient hat, nachträglich zum Helden der Sowjetunion krönte und mit dem verhältnismäßig dauerhaften Lenin-Orden schmückte. *Prawda* und *Iswestija* überschlagen sich im Lob des deutschen Journalisten, der die Sowjetunion angeblich als erster auf Hitlers Angriff vom zweiundzwanzigsten Juni 1941 aufmerksam gemacht und, durch seine richtige Einschätzung der abwartenden Haltung Tokios, die Verteidigung Moskaus ermöglicht hat. Die erste Trauerfeier für einen Spion.

II.

Stellen wir vorerst fest, daß Sorges Verdienste um die Sowjetunion gar nicht so groß gewesen sind, wie es jetzt den Anschein hat. Nur wenige wissen, daß Rußland lange vor Sorge von dem bevorstehenden deutschen Angriff informiert worden war – durch Amerika. Der damalige amerikanische Generalkonsul in Berlin, Mr. Woods, beschäftigte verschiedene deutsche »Zuträger«, darunter einen Angestellten der Notenbank. Dieser wünschte eines Tages, den Konsul zu treffen. Und wie das im romantischen Spielchen der Geheimdienste üblich ist, trafen sich die Männer in einem verdunkelten Kino. Als Mr. Woods heimkam, fand er in seiner Sakkotasche eine Banknote – es war Besatzungsgeld für Rußland, das die Deutschen vorsorglich gedruckt hatten. Wenige Tage darauf ließ der amerikanische Außenminister Cordell Hull den sowjetischen Botschafter zu sich bitten. In schöner Offenheit informierte er ihn über das seltsame Gewitterzeichen. Botschafter Wischinski gab die Banknote nach Moskau weiter, wo man sie jedoch für eine amerikanische Fälschung und ein Symptom der kapitalistischen Verschwörung gegen die Sowjetunion hielt. Mag sein, daß die Sowjets ihrem eigenen Spion, dem eleganten deutschen Intellektuellen Sorge, mehr vertrauten: Er war jedenfalls nicht der erste gewesen, der die Russen gewarnt hatte. Um so überraschender ist die Glorifizierung des spionierenden »Märtyrers«.

III.

Diese erste offizielle Ehrung ist jedoch keine besondere »kommunistische« Erscheinung. Wir stehen hier der generellen Aufwertung der Spionage gegenüber – noch einige Jahre, und man wird auch westlichen Spionen an ihrem Geburtstag Blumen überreichen; die Schaffung eines Nobelpreises für Spionage ist in Sicht. Paradoxerweise handelt es sich dabei um eine Folge der ständigen Mißerfolge der Spionage in Ost und West. Die traurige oder erfreuliche Wahrheit ist, daß die Geheimdienste so gut wie nichts wissen. Sie wußten nichts von dem bevorstehenden Sturz Chruschtschows; sie wußten, als das Zeichen zum Angriff auf die Schweinebucht gegeben wurde, nichts von den inneren Verhältnissen in Kuba, wie, andrerseits, Kuba nichts von der geplanten Invasion wußte; sie wußten nicht einmal von der geplanten Errichtung der Berliner Mauer. Sie sind Organisationen, die im wesentlichen nur sich selbst und ihren Mitgliedern dienen, den Steuerzahler um seine Groschen bringen, in einem veralteten Indianerspiel sich erschöpfen und ihre Existenz ausschließlich der Existenz gegnerischer Geheimdienste verdanken. Da sich diese Tatsachen allmählich herumgesprochen haben, müssen die Geheimdienste, wie abgewirtschaftete Filmstars, *Public-relations-men* anstellen. Die Regierungen, die unverrechnete Millionen für ihre Spione ausgeben, müssen den ramponierten Ruf der Geheimdienste aufmöbeln. Auf die immer drängendere Frage der Öffentlichkeit, wozu Spionage in Friedenszeiten, da eine sorgfältige Lektüre der Zeitungen über den potentiellen Feind besser Aufschluß gibt, als es ein Agentenheer tun könnte, überhaupt gut sei, antworten die Regierungen mit einem völlig originellen Personenkult. Die nervösen Geheimdienste bemerken dabei nicht, daß sich ein plakatierter »Geheim«-Dienst ad absurdum führt. Bevor aber die genarrte Welt die tragische Lächerlichkeit der Geheimdienste im Atomzeitalter erkennt, werden noch, in Ost und West, ein paar Denkmäler für die Richard Sorges, die bekannten und unbekannten Spione, errichtet werden.

St. Galler Tagblatt, November 1964

Das Bekenntnis der Lady Montagu

I.

Wer auch nur zuweilen die Gesellschaftsspalten der Zeitungen liest, die intimen oder sensationellen Berichte illustrierter Gazetten, dem ist der Name Lady Montagu vertraut. Die hübsche, dunkle Judy Montagu gehört seit vielen Jahren zum engsten Kreis Prinzessin Margarets von England. Immer wenn von den lebenslustigen Freundinnen der Prinzessin berichtet wurde, von den fleißigen Besucherinnen der Rennplätze, Bälle und Nachtlokale, fand man Judy Montagus Namen in der Liste der Dabeigewesenen. Nun hat die junge Aristokratin, mit den vornehmsten Familien Englands verwandt, die erste Rede ihres Lebens gehalten. Eine heitere Tischrede sollte es werden, wie sie in angelsächsischen Ländern als Nachtisch so gern serviert wird. Aber es kam anders.

II.

»Ich bin eine Jüdin« – mit diesen Worten begann die Rede, und mit diesen Worten endete sie. Was dazwischenlag, das war ein erschütterndes, für viele Zuhörer peinliches Bekenntnis. Da erzählte eine junge Frau von ihrem Vater, dem geadelten Juden; von ihrer glaubenslosen Mutter; von der katholischen Schule, in der sie erzogen wurde; von ihrem Weg zum Leugnen ihrer Abstammung. Nicht als ob das Judentum der Montagus in England unbekannt gewesen wäre. »Aber taktvoll nahm es niemand zur Kenntnis; da glaubte ich, es sei taktvoller, wenn ich es selbst nicht zur Kenntnis nehme.« Und sie fuhr fort: »Allmählich gewöhnte ich mich daran, gewisse Worte nicht zu hören, mich abzuwenden und mich taub zu stellen, wenn bestimmte Geschichten erzählt wurden.« Hitlers Antisemitismus – »in manchen Kreisen war er auch bei uns sehr populär«, erzählte das fröhliche junge Ding mit monotoner Stimme. Warum sie selbst so populär geworden war in der fröhlichen Gesellschaft? »Es entspricht meinem Wesen gar nicht, Witze zu machen, aber ich fühlte die Verpflichtung, Witze zu machen. Ich wurde zum Clown.« Wie der Negertrompeter Louis Armstrong, sagte Margarets Freundin, der neulich meinte: »Man liebt uns nur, wenn man über uns lachen kann.« Auf einmal wollte Lady Montagu nicht mehr, daß man über sie lache. Sie konnte selbst nicht mehr lachen. »Ich bin eine Jüdin.« Weinend brach sie über der Mittagstafel zusammen. Erstarrt saßen die Zuhörer. Es war ein bitterer Nachtisch geworden.

III.

Man muß für Judy Montagu nicht unbedingt Sympathien empfinden. Sie hat es sich selbst eingebrockt, könnte man sagen, und denkt an die Anne Franks, die es sich nicht selbst eingebrockt haben. »Spät habe ich entdeckt, daß ich eine Jüdin bin, noch später entdeckte ich meinen Stolz.« Mehr Mitgefühl verdienen wahrscheinlich jene, deren Stolz in einem Amsterdamer Mansardenzimmer, nicht in einer Londoner Bar erwachte. Aber leuchtet die Wahrheit nicht um so funkelnder, je weiter der Weg ist, der zu ihr führt? Kann das sich selbst zugefügte

Leid nicht ebenso schmerzlich sein wie das von Sadisten ersonnene? Und wer will ermessen, ob die gedemütigte Seele nicht mehr blutet als der gepeinigte Körper? Daran muß man denken – nach der Tischrede der heitersten Gefährtin Prinzessin Margarets.

Weser-Kurier, Dezember 1970

Die Prinzessin und der Pilot

So viele Seiten die Geschichte auch haben mag, deren Inhalt zu erzählen überflüssig ist, weil er von den Tageszeitungen, Wochenschauen, Fernsehprogrammen und Radiosendungen schon bis zum Überdruß erzählt wurde, die Geschichte von der Prinzessin und ihrem Piloten meine ich natürlich – so zahlreich sind die Aspekte dieses fatalen Märchens, daß ich nicht weiß, mit welchem ich beginnen soll, um nicht den Anschein zu erwecken, ich hielte den einen für wichtiger als den anderen.

Das Bezeichnende an den *news* ist heute nicht allein ihre Unbehaglichkeit, sondern zugleich ihre Unpersönlichkeit: Die Atombombe hat kein Gesicht, es sei denn, daß man einen Rauchpilz als Gesicht bezeichnen wollte. Schimmern also einmal durch die Reporterzeilen zwei Menschenantlitze, ticken im Fernschreiber zwei Herzen mit und läßt sich, vor allem, die Sensation in Porträts festhalten, dann fordert das Private, welches nur ein zimperlicher Ausdruck für das Menschliche ist, sein Recht vor dem Unbehaglichen und Unmenschlichen. Daß sie des langen und breiten erzählt worden ist, die Geschichte von der Prinzessin und dem Piloten, das wäre so arg nicht, als daß hier ein großer Vorwurf in ein sehr mittelmäßiges Drehbuch umgeschrieben wurde – nicht von den Autoren, wohlgemerkt, sondern von den Regisseuren und Darstellern.

Fürwahr, es waren ursprünglich königliche Rollen! Da war eine junge Königin, welche die Krone mit Würde und Grazie trug, der sie aber schwer wurde, als sie sich zwischen Schwesterliebe und vermeintlicher Pflicht entscheiden mußte. Denn damit beginnt ja die klitternde Verniedlichung, daß man so tut, als hätte die Prinzessin allein zwischen Liebe und Pflicht entscheiden können. Da war eine Königinmutter, angesichts der Liebe der jüngeren Tochter von bürgerlich anmutender Rührung ergriffen, Heiratsvermittlerin für einen Moment, dann jedoch an ihre Rolle schmerzlich gemahnt. Da war der Prinzgemahl, von liebenswürdiger Erscheinung, hartnäckig in der Wahrung seiner Privilegien, eine um so köstlichere Rolle, als das Publikum anfangs nicht ahnen konnte, welche Rolle er später spielen würde. Da war der Erzbischof, Hüter der Tradition einer evangelischen Kirche, die seit Thomas Cranmer, Heinrichs VIII. allzu willigem Erzbischof von Canterbury, nie aufgehört hat, mit ihren eigenen Traditionen in der Frage der Ehescheidung höchst uneinig zu sein, ein Greis, dem man von Anfang an ansieht, daß er genau weiß, was er will. Da waren, neben zahlreichen geringeren Figuren, Tanten, Gastgebern, Kindern, Reportern und Volk – auch die Länge des Theaterzettels war von den Dimensionen eines Shakespearschen Dramas –, der Held und die Heldin, die Prinzessin und ihr Pilot.

Aber es waren nicht nur königliche Rollen, es waren auch royale Szenen! Da war die Szene des Wiedersehens nach zwei Jahren bangen Wartens, als der verbannte Held heimkehrte aus dem Exil, um seine Prinzessin endlich ans hartgeprüfte Herz zu drücken. Da war der große Auftritt des Erzbischofs, der die schwankende Prinzessin empfing und sie, wie Metternich den Herzog von Reichstadt in Rostands *L'Aiglon*, mit harter Greisenhand vor ihr eigenes Spiegelbild führte. Da war der Familienrat auf hoher Burg, bei dem sich die unverheiratete Tante gegen die Heirat empörte; da löste das Gespräch der bedrängten Prinzessin mit ihrer Mutter das Gespräch zwischen Mutter und Königin ab; da war die Szene, als der Held, ein Mann von der Straße, auf der Straße die Verkündigung des Verzichts vernahm. Und da war das Ende: Als die Prinzessin nach ihrem Verzicht zum ersten Mal die Kirche betrat und ihr von der

Kanzel, im Angesicht von dreitausend Menschen, zugerufen wurde das Wort des Matthäus: »*Und so sich's begibt, daß er's findet, wahrlich sage ich euch: Er freuet sich darüber mehr denn über die neunundneunzig, die nicht verirrt sind.*«

In der Tat: Welch königliche Rollen, welch königliche Szenen und – welch mittelmäßige Vorstellung! Denn alles, man darf es nicht vergessen, was sich in den achtzehn peinlichen Tagen ergab – der Widerstand der Kirche, die Intrigen des Hofes, die Vorurteile des Adels –, alles war bekannt, ehe der Pilot nach England zurückkehrte: Hätte es, wenn die Begegnung zwischen Prinzessin und Pilot schon stattfinden mußte, nicht genügt, daß sie sich einmal, in der großen, schmerzlichen Liebesszene des Dramas, begegnen und Abschied nehmen für immer? Mußten wirklich dreizehn Rendez-vous, so viel zählte die Presse, stattfinden, Wochenendbesuche und Gartenparties, mußte der Jubel und die Betrübnis in allen Phasen vor der Öffentlichkeit dargestellt werden – kannte niemand mehr das einfache Gebot der Würde, die Entscheidung zu offenbaren und den Weg zu verbergen, der zu ihr führt? Vielleicht war es so, daß die Prinzessin ihr Herz erst prüfen mußte; aber wie kann die Geburt einer Entscheidung noch als würdig gepriesen werden, die sich nicht viel anders abspielt als jene schrecklichen Fernsehgeburten, die jetzt zuweilen in Amerika gesendet werden? Vielleicht war die Prinzessin tatsächlich »*der Lehre der Kirche eingedenk, wonach die christliche Ehe unauflöslich*« ist, doch ist diese Lehre wohl älter als achtzehn Tage.

Man hat viel von Würde gesprochen in diesen Tagen, und man sprach sogar von »viktorianischer Größe«. Abgesehen von der Tatsache, daß Victoria zeitweilig zu den unpopulärsten Herrscherinnen Englands gehörte – um 1870 erschien das berühmte Pamphlet *Was tut sie damit?*, wobei unter »damit« das schöne Geld verstanden wurde –, so bestand die »viktorianische Größe« nicht zuletzt in großen viktorianischen Formen. Hätte damals ein Erzbischof eine königliche Ehe verhindert: er hätte sich mit seiner ganzen Person vor seine Entscheidung gestellt und seine Hand nicht publik, wie es jetzt in einer unerwarteten Fernsehsendung geschah, in Unschuld gewaschen; noch hätte er gleichzeitig sein Pamphlet – »*ich bekomme einen Penny pro Exemplar*« – über die Scheidung angepriesen. Ein verschmähter Freier wie der Pilot, er wäre zu Zeiten der ersten Elisabeth geköpft und zu Zeiten Viktorias in den Herzogstand erhoben worden, beides unter gutem Vorwand, auf keinen Fall hätte aber ein Communiqué besagt, daß man ihn nicht zu heiraten wünsche, und auf keinen Fall hätte man ihn vor die Tür gesetzt, von niemand beweint als seinem Stalljungen. Er selbst, der verschmähte Freier, hätte, wie der vielfach verstoßene Lord Byron, einem neuen Weltschmerz seinen Namen geliehen, statt, nach seinen Zukunftsplänen befragt, zu erklären, er habe keine außer seiner Teilnahme an einem Hürdenspringen. Die Prinzessin, endlich, hätte wohl den Schleier genommen und dem weltlichen Leben für immer entsagt – aber als man sie achtundvierzig Stunden nach dem Verzicht in ihrem Wagen photographierte, lächelte sie wieder, und die Presse bemerkte, daß die »Flecken« auf der Aufnahme nur von den Regentropfen auf den Fensterscheiben herrührten. Die Fensterscheiben allein weinten.

Doch warum klagen oder gar anklagen? Nicht der Hof, die Kirche, die Monarchie, nicht diese oder jene Person tragen Schuld an der dürftigen Persiflage Shakespeares. Die Zeit ist mittelmäßig geworden: Der dramatische Schrei der verletzten Kreatur wird zum nüchternen Radiocommuniqué eines Ansagers; was Marlowe aufgezeichnet hätte, das kritzelt jetzt ein Klatschkolumnist in sein Notizbuch, und eine Königin hat keine Zeit, ihre Schwester zu trösten, weil sie am Abend des großen Verzichts die Filmstars aus der Traumfabrik empfangen muß. Das aber erscheint als penetrantes Symbol, daß der königliche Verzicht beinahe in den Schatten gestellt wurde von einer zweiten Sensation: Ein amerikanischer Filmstar vergaß den Hofknicks.

Im Lande der Prinzessin erwähnen jetzt viele, selbst königstreue Leitartikler, die Krise der Monarchie. Es ist zweifellos stark übertrieben – die Zeit wäre nicht so mittelmäßig, wie sie ist, entstünde aus einer Liebeskrise die Krise einer Staatsform.

Warum also die große Emotion? Weil es die Menschen nicht lieben, ihrer Märchenbücher beraubt zu werden. Das Wort Märchenprinzessin muß einst entstanden sein, als offenbar nicht jede Prinzessin eine Märchenprinzessin war. Heute gibt es nur Märchenprinzessinnen, weil man nicht weiß, welche Funktionen, außer den märchenhaften, eine Prinzessin erfüllen sollte. Solange die Monarchen eine echte politische Macht ausübten, war es nicht leicht, in Königinnen wie Elisabeth I., die Maria Stuart hinrichten ließ, oder in Anna, die Marlborough davonjagte, charmantes Frauentum zu entdecken. Der Charme der Königinnen aber und das Märchenhafte der Prinzessinnen ist eine ernste Sache, und ihre Pflicht, um das jetzt so gierig gebrauchte Wort zu wiederholen, besteht darin, hübsch artig zwischen den Seiten der Märchenbücher zu verweilen. *»Das Gesetz, wonach du angetreten«,* ist nicht minder streng, weil es eine romantische und liebenswürdige Erfüllung fordert, und die Reaktion der Menschen nicht minder bitter, wenn man ihnen nicht Brot oder Freiheit raubt, bloß eine labselige Märchenstunde am winterlichen Kamin.

Bedeutet das etwa, daß die Prinzessin ihren Piloten hätte heiraten müssen? Nichts dergleichen. Hat sie tatsächlich aus religiöser Überzeugung gehandelt – wer sollte ihr die Achtung verwehren? Aber religiöse Überzeugungen sind gerade dem religiösen Menschen zu heilig, als daß er annehmen möchte, sie werden in achtzehn stürmischen Tagen zwischen Cocktail-, Dinnerparties und Kirchenbesuchen erworben. Auch sind die Gesetze der anglikanischen Kirche – nicht um die römisch-katholische geht es – durchaus nicht so eindeutig, wie man außerhalb Englands anzunehmen geneigt ist, weshalb auch der heiße Streit, der jetzt dort um die Kirche entbrannt ist, verständlich erscheint. Die sogenannte *Königliche Minderheitskommission in Fragen der Scheidung* hat unter dem damaligen Erzbischof von York 1912 für die Scheidung »unter gewissen Umständen« Stellung genommen und ihren Empfehlungen, übrigens nicht den ersten ihrer Art, schlossen sich die Bischöfe von St. Albans, von Durham, von St. Edmundsbury und Ipswich sowie der Bischof von Birmingham an – undenkbare Emanationen in der Kirche von Rom. Erst vor kurzem hat Sir Alan Herbert darauf hingewiesen, daß die anglikanische Kirche eine zweite Ehe des Geschiedenen nur so lange verbiete, als sein erster Ehepartner lebt, daß es sich also, in Sir Alans Worten, »*nicht um die moralische Verdammung eines Menschen dreht, den etwa seine Frau verlassen hat, sondern um eine praktische Verteidigung der verlassenen oder auch ungetreuen Frau*«. Hätte die geschiedene Frau des Piloten einen Tag vor seiner Rückkehr aus dem Exil einen tödlichen Autounfall erlitten – die anglikanische Kirche hätte seine zweite Ehe gesegnet. Verständlich also, daß sich die Massen nicht ohne weiteres in die Begründung des Verzichts schicken ... – und die Diener der Kirche übrigens auch nicht, wie es sich aus dem Protest des Reverend John Hornby ergibt: »*Die Kirche ist kein Treibhaus für Heilige, sondern eine Schule für Sünder.*«

Dennoch – Märchenprinzessinnen ist es verstattet, ihre große Liebe zu opfern, wie sie sich der großen Liebe halber opfern dürfen: Soweit hat sich das Märchen schon modernisiert, daß es nicht unbedingt ein Happy-end fordert. Auf keinen Fall kann aber das Märchen, wie immer es ausgehen mag, aus einem anderen Stoff gewoben werden als aus dem der Romantik: Der Verzicht muß so romantisch sein wie die Rebellion. »*So viele Menschen!*« ruft Klaus Heinrich in Thomas Manns *Königliche Hoheit* – »*Da stehen sie und rufen herauf. Viele davon sind sicher Kujone und führen einander auf den Leim und bedürfen dringlich der Erhebung über den Wochentag und seine Sachlichkeit ...*« Und am Schluß: »*Das soll fortan unsre Sache sein: beides, Hoheit und Liebe – ein strenges Glück.*« Ja, die Menschen »*bedürfen dringlich der Erhebung über den Wochentag und seine Sachlichkeit*«, und wenn man sie schon der Strenge halber um das Glück bringt, dann wollen sie, daß ihre Klaus Heinrichs und Inas wenigstens Hoheit und Liebe bezeugen – beides!

Deshalb, auch das ein Aspekt, ist der Vergleich mit dem abschreckenden Beispiel des abgedankten Onkels und seiner bürgerlichen Gattin so abwegig. Was stützt eigentlich die Befürchtung, daß die Abdankung des Königs und seine Liebesheirat die Monarchie in ihren Grundfesten erschüttert habe? Das Gegenteil geschah: Auf den bedenklich schwankenden König folgte einer der beliebtesten Monarchen in der Geschichte des Landes; auf ihn wieder eine schwärmerisch geliebte Königin, und der Premierminister, der des Königs bester Freund war, ist des Reiches *great old man* geworden. Jahrelang sprach man von des Königs Opfer und seiner Ehe als der »schönsten Liebesgeschichte des Jahrhunderts«, und als solche wäre sie eingegangen in die Geschichte, hätten der Ex-König und seine Gattin nicht eben jene Romantik verraten, die ihnen und der Krone so zuträglich war. Hätten sie doch, das Liebespaar des Jahrhunderts, den Gesetzen der liebenden Romantik nachgelebt, nach denen sie angetreten! Die golfspielenden Ahasvere wurden erst dann zum abschreckenden Beispiel für das Volk und zu einer Peinlichkeit für die Krone, als sie ständig nach dem Verlorenen äugten und aus der Größe eines einmaligen individuellen Augenblicks hinabsanken in die Mittelmäßigkeit der Zeit. Auch sie haben nicht etwa die Krone oder den Glauben, sie haben das Märchen verraten. Und »*das Märchen*«, sagt Achim von Arnim, »*will getreu erzählt werden und duldet nicht eines Stümpers Hand*«.

Ich sollte zu Ende kommen – allein bei dem sozialen Aspekt möchte ich noch eilends Station machen.

Es geschah in der Wiener Hofburg, bei einem Herrenessen Kaiser Franz Josephs I., daß Ministerpräsident Graf Gyula Andrássy sich in äußerst abfälligen Bemerkungen über einige aristokratische Herren erging, die, mehr als gestattet war, über die Stränge geschlagen hatten. Sich plötzlich der Anwesenheit seines königlichen Herrn besinnend, hielt der Graf mitten in einem Satz inne. Der Kaiser aber wandte sich mit einem Lächeln ihm zu: »Sprechen Sie ruhig weiter, mein lieber Andrássy. Ich bin kein Aristokrat – ich bin der Kaiser!«.

Was der Kaiser sagte, war profunder, als die versammelten Herren annehmen konnten, und eine profunde Bedeutung wohnt dem auch in bezug auf unsere Prinzessin inne. Das absolute Königtum lag zu Zeiten Franz Josephs in seinen letzten Zügen, und das Volkskönigtum, wie wir es heute in den skandinavischen Ländern finden, war noch kaum geboren. Im Land der Prinzessin nun ging das absolute Königtum nicht in eine Republik oder in ein Volkskönigtum über, sondern in eine aristokratische Monarchie. Diese Monarchie, nicht die Monarchie an sich, erlebt ihre natürliche historische Krise – ein Zufall nur, bedauerlich vielleicht, daß sie mit dem Namen der schönen Prinzessin verbunden bleiben wird.

Warum mit ihrem Namen? Weil die Entscheidung, die sie an diesem strahlenden Oktobertag fällte, keine volkstümliche, aber auch keine monarchische, sondern eine aristokratische Entscheidung war. Volkstümlich war, um in romantischen Gefilden zu bleiben, die Entscheidung des Schwedenprinzen, der einer Bürgerlichen zuliebe seine Thronrechte kurzerhand an den Nagel hing; königlich war der Beschluß, mit dem der Onkel der Prinzessin den lästigen Purpur von sich warf. Die Entscheidung der Prinzessin entspringt weniger dem Code der Kirche, und schon gar nicht königlichen Pflichten, sondern den ungeschriebenen Gesetzen der Aristokratie, die ein Monarch wie Franz Joseph verachtete. Es ist kein Zufall, und dem sorgfältigen Zeitungsleser kann es nicht entgangen sein, daß die Freunde der Prinzessin in den zwei Jahren ihrer Zweifel Angehörige jener mittleren Aristokratie waren, von der Lord Palmerston sagte, sie verdanke »*der Krone mehr als die Krone ihr*«. Kein Zufall auch, daß sich die gleichen Freunde sogleich, nachdem dem *commoner* die Tür gewiesen war, zu Wort meldeten und erklärten, in ihren Häusern und Klubs und hohen Schulen habe man die geplante Ehe mit dem Piloten schon immer mißbilligt. Kein Zufall schließlich, daß die Presse, die königstreu und populär, aber nicht aristokratisch denkt, die Frage aufwirft, ob sich zwischen ein »*kräftiges, ein großes Volk und auch ein gutes Volk*« und eine geliebte Monarchin nicht jene sechsten und siebenten Grafen und Barone gedrängt haben, die ihre Schlachten nicht mehr bei Calais, Malplaquet und Abukir, sondern in den Logen von Ascot ausfechten.

Entscheidung zwischen Liebe und Pflicht? Wie könnte die Antwort richtig sein, da es die Fragestellung nicht ist. Worin bestehen die Pflichten einer Prinzessin, und könnten sie nicht darin bestehen, eine Brücke zu schlagen zwischen Königspalästen und Bürgerhäusern? Anderseits: Wer sollte ernstlich behaupten wollen, daß die sentimentale Verbindung zwischen einer Prinzessin und einem Piloten die sozialen Probleme unserer Zeit löst oder auch nur anrührt? Die Monarchie wäre nicht sozialer geworden, wenn die Prinzessin ihren Piloten genommen hätte, und sie wird nicht mittelalterlicher, weil sie auf ihn verzichtete.

Die Zuschauer wissen vielleicht nicht, was sie mit Unbehagen erfüllt. Ihr Unmut entlädt sich gegen die Kirche, die aristokratische Monarchie, den Prinzen und die wankelmütige Königin. In Wirklichkeit ist es aber das Unbehagen vor einem schlecht gespielten Drama vor dem Hintergrund einer grauen Zeit.

Unrecht behalten jene, die da meinten, die Prinzessin hätte der Idee des Königtums gedient. So viel ist nämlich gewiß: daß sich in diesem goldenen Herbst des Jahres 1955 die Liebenden inniger lieben in London und Sydney, in Paris und Bagdad, in Stockholm und San Francisco; daß junge Frauen der Vorsehung danken, keine Prinzessinnen, junge Männer der Vorsehung danken, keine königlichen Piloten zu sein. Das ist ein gewaltiger Umschwung in einer Zeit, in der die Märchenprinzessinnen beinahe so modern waren wie die Atombomben. Die arme Zeit, sie ist noch ärmer geworden ...

Süddeutsche Zeitung, November 1955

Berlin – Nr. 234 404 2355

I.

Unter der Nummer *Berlin 2344042355* erteilt die Geheime Staatspolizei, Amt II., am neunten November 1938 einen geheimen Befehl an »*alle Stapostellen und Stapoleitstellen*«, in dem es heißt: »*Es werden in kürzester Frist in ganz Deutschland Aktionen gegen Juden, insbesondere gegen deren Synagogen, stattfinden. Sie sind nicht zu stören ... Es ist vorzubereiten die Festnahme von etwa 20 000 bis 30 000 Juden im Reiche. Es sind auszuwählen vor allem vermögende Juden.*« Dieses geheime »*Blitztelegramm*« war der Auftakt zur Kristallnacht, die vor fünfundzwanzig Jahren stattfand. Es sollte eine Nacht werden, deren Dunkelheit noch heute über Deutschland lastet.

II.

Die historischen Tatsachen sind bekannt. Am Morgen des siebenten November hatte der siebzehnjährige Jude Herschel Feibel Grynzpan, der seine deportierten Eltern rächen wollte, den ahnungslosen deutschen Legationssekretär Ernst vom Rath in Paris erschossen. Das war Auftakt und willkommene Gelegenheit zu der Erklärung im *Völkischen Beobachter:* »*Der Juden Maß ist voll.*« Drei Tage später lautete die Bilanz: »101 Synagogen niedergebrannt, 76 demoliert, 7500 jüdische Geschäfte zerstört oder geplündert, 36 Juden ermordet, ebensoviel schwer verletzt, 20 000 Juden verhaftet und zur Überführung in Konzentrationslager bereitgestellt.« Was ist hinzuzufügen?

III.

Hauptsächlich dies: Daß die Kristallnacht, über ihre unfaßbare Grausamkeit hinaus, ein historisches Ereignis bleiben wird, weil damit die Legalisierung der Verbrechen begann, die noch beinahe sieben Jahre in ununterbrochener Folge begangen werden sollten. Es gibt Beispiele in der Geschichte, daß der »Volkszorn« von gewissenlosen Regierungen organisiert und entfesselt wurde. Keine Regierung zuvor war jedoch so schamlos, sich mit den Verbrechen und den Verbrechern offiziell zu identifizieren. Die Leitfunkstelle Hannover des Polizeifunkdienstes ordnete am 11. November an: »*Sobald von Gauleitungen Anweisungen zur Beendigung der Aktionen vorliegen ... dafür sorgen, daß ... Trümmer von Synagogen usw. beschleunigt beseitigen lassen.*« In einem »*Schnellbrief*« bestätigte am gleichen Tag SD-Chef Heydrich an den Ministerpräsidenten Generalfeldmarschall Göring, zu Händen von Ministerialdirektor Dr. Gritzbach, all das, was die Welt heute als die Verbrechen der Kristallnacht kennt. Unter dem Schreiben Heydrichs stehen die Worte: »Generalfeldmarschall hat Kenntnis genommen. Es ist nichts zu veranlassen.« Die Organisation war so perfekt, daß Ende des Monats die Namen aller Mörder den Behörden bekannt waren. »*In den Fällen 3–16*«, hieß es hier, »*bittet das Oberste Parteigericht den Führer, das Verfahren vor den staatlichen Strafgerichten niederzuschlagen.*« Der »Führer« schlug nieder. Am zwölften November fand bei Göring eine stenographisch festgehaltene Besprechung über die Judenfrage statt, in welcher der Ministerpräsident die Zerstörung gewisser Sachwerte beklagte und den Satz sprach: »*Mir wäre lieber gewesen, ihr hättet 200 Juden erschlagen und hättet nicht solche Werte vernichtet.*«

IV.

Heute, fünfundzwanzig Jahre später, ist das Vergessen der Gesetzlosigkeit zum ungeschriebenen Gesetz geworden. Möge es so sein – nicht alle Verbrechen können gesühnt werden, eine neue Jugend wächst ohne Blutschuld heran, die Toten stehen nicht auf. Aber wenn wir uns nicht wenigstens einmal im Jahr erinnern, was das Gesetz in der Hand von Verbrechern bedeutet – welche Sicherheit soll dann bestehen, daß die Legalität, die allein uns zu schützen vermag, nicht eines Tages wieder in die Hände von Mördern, Einbrechern, Dieben und Lügnern gerate? Deshalb sollten an jedem Jahrestag der Kristallnacht die Worte wiederholt werden, die Theodor Heuss am zehnten November 1958 geschrieben hat: »*Dieses Tages zu gedenken, ist sonderliche Pflicht in einem Zeitpunkt, da die Zahl derer wächst, die sich in die Annehmlichkeit des Vergessensollens flüchten möchten oder bereits geflohen sind. Die Infamie hat sich selber damals ein loderndes Denkmal gesetzt – die Flammen mögen längst in sich zusammengesunken sein, aber ihre düstere Glut wirkt über die Jahrzehnte hinweg als brennende Scham.*«

St. Galler Tagblatt, November 1963

Schwieriger Mai

Deutschland geht einem schwierigen Mai entgegen. In diesem Monat, den die Dichter einst den Wonnemonat nannten, wird die Flut bedrängender Erinnerungen ihren Höhepunkt erreichen, und am achten Mai wird man sich der bedingungslosen Kapitulation entsinnen, die im Schulhaus von Reims unterzeichnet wurde.

C'est le ton qui fait la musique, sagen die Franzosen, und die Politiker, mit ihnen aber auch das deutsche Volk, werden sich entscheiden müssen, in welchem Ton sie des geschichtlichen Tages gedenken wollen. Vor zwanzig Jahren, in jenem Mai 1945, konnte man an Häuser- und Ruinenwänden die fatale Proklamation des alliierten Oberbefehlshabers Dwight D. Eisenhower lesen, die Proklamation Nummer eins, die mit den Worten begann: »*Wir kommen als Sieger, nicht als Befreier.*«

Eine fatale Proklamation: das war sie. Im Kanonendonner, im Feuergeruch, im Dunst des kriegerischen Hasses entstanden, sprach aus ihr der gottlose Geist des Morgenthau-Planes, der auf dem Irrglauben beruhte, daß es nicht nur verdammte

Regierungen und Staatsformen, daß es auch gottverlassene Völker gäbe. Für die Unbelehrbaren und Unverbesserlichen war die Proklamation Eisenhowers der Nährboden ihrer sich erneuernden Haßpropaganda.

Immerhin sollte heute nicht vergessen werden, daß es die westlichen Siegermächte waren, die beinahe sogleich mit der Revision ihrer eigenen Ansichten begannen, den Rückzug von ihrer eigenen Proklamation antraten. Am fünften Juni 1947, nur zwei Jahre nach der bedingungslosen Kapitulation Deutschlands, proklamierte George C. Marshall den nach ihm benannten Hilfs- und Rettungsplan, am einundzwanzigsten September 1949, nur viereinhalb Jahre nach dem Sieg, beendete die amerikanische Militärregierung ihre Tätigkeit in Westdeutschland. Im Jahre 1952 rückte Präsident Eisenhower endgültig von General Eisenhower, dem Verfasser der Proklamation Nummer eins, ab. Gewollt oder ungewollt: Die Befreiung war eine Tatsache geworden.

Dieser Tatsachen sollten die deutschen Politiker aller Parteien gedenken, wenn sie ihre Reden, Artikel und Äußerungen für den achten Mai vorbereiten.

Seit beinahe zwanzig Jahren wird in Deutschland leichtfertig vom »Zusammenbruch« gesprochen, ohne hinzuzufügen, was denn eigentlich am achten Mai 1945 zusammengebrochen ist. Immer wieder wird der Anschein erweckt, als beklagte man den Zusammenbruch Deutschlands, da doch in Wirklichkeit ein zwar nicht gutes und glückliches, aber, wenigstens auf der westlichen Seite, ein besseres und glücklicheres Deutschland den Trümmern jenes »Zusammenbruchs« entwuchs, der nur ein Zusammenbruch des schändlichsten aller Regime gewesen ist.

Ob das alles mit gebotener Deutlichkeit dokumentiert wird, hängt in erster Linie von den Männern der einzigen in Freiheit gewählten deutschen Regierung des Jahres 1965 ab. Will man das Wort »Befreiung« dem Vokabular des ostdeutschen Diktators überlassen, der auch heute nichts als die östliche Siegermacht des Jahres 1945 repräsentiert?

Hier liegt die Gefahr dieses schwierigen Monats Mai. Kein einziges Mal seit zwanzig Jahren hatte Deutschland eine bessere Gelegenheit, sich und der Welt zu beweisen, daß es am achten Mei 1945 besiegt, aber auch befreit wurde. Es kommt auf den Ton an.

Neue Ruhr-Zeitung, April 1965

Der Tod im Hôtel Crillon

Wie soll man daraus keine Novelle schreiben? Gibt es die Maupassant nicht mehr, die Thomas Mann, die Ivan Bunin? Wie soll man daraus keine Novelle schreiben?

***

An einem regnerischen Herbsttag kamen sie in Paris an. Auf der Place de la Concorde, im schönen altmodischen *Hôtel Crillon* stiegen sie ab. Keine Autogrammjäger erwarteten sie, keine *Papparazzis*, keine *Fans*. Niemand beachtete sie: den größten Filmstar aller Zeiten, die zufällig auch die größte Filmschauspielerin aller Zeiten war, und ihren »ständigen Begleiter«: Greta Garbo und George Schlee. Sie: die man *die Göttliche* genannt hatte, Symbol und Idol einer Generation. Er: ein eleganter, liebenswürdiger Mann ohne Bedeutung, mit der berühmten Hollywooder Modezeichnerin Valentina verheiratet, ein halbes Leben lang Geliebter der Garbo. Längst schwieg der Klatsch, längst hatte die vielbeschäftigte Valentina die Beziehung zur Kenntnis genommen. Nun waren sie wieder in Paris. Zusammen bezogen sie ein Appartement, warum nicht, es hatte niemand etwas angegangen, jetzt ging es niemand etwas an. Spät nachts rief die Garbo nach einem Arzt. Er fand den sterbenden George. Im Morgengrauen stellte der Arzt den Totenschein aus. Herzinfarkt. Die Garbo rief Hollywood an, verständigte die Frau. Am nächsten Tag traf sie die Arrangements für die Überführung der Leiche. Sie trug, wie immer, die schwarze Brille, als sie nach Amerika zurückflog, aber es waren ohnedies keine Autogrammjäger da, keine *Papparazzis*, keine *Fans*. Es regnete noch immer. In der nächsten Woche vermerkte *Time* in elf hämischen Zeilen den Vorfall. Das Alter des Toten gab die Zeitschrift mit dreiundsechzig an. Das Alter der Garbo verschwieg sie. Oder, mit Heine: »*Keine Messe wird man singen, / Keinen Kadosch wird man sagen, / Nichts gesagt und nichts gesungen / Wird an meinen Sterbetagen.*«

***

Sicher war es der Einsamen, die nun noch einsamer blieb, so lieber. Aber was wäre geschehen, vor nur zwanzig Jahren, beim Tod im *Hôtel Crillon?* Hoch hätten die Wellen der Empörung geschlagen und hoch die Wellen des Mitleids. Tausende wären dem Sarg des Toten gefolgt und Hunderte der flüchtenden Schwedin. Bei den Großen der Welt, wie man sie nennt, wohnen Indiskretion und Mitleid nahe beisammen. Jetzt waren sie allein gewesen im plüschroten Appartement, die alternde Frau und der alte Playboy. Ein halbes Leben lang hatten sie den Skandal gefürchtet. Die Vergessenen dürfen sich im Verborgenen lieben und allein sterben. Die *Göttliche* war vor ihrem Spiegelbild geflohen, nun war das Spiegelbild verhängt. Oder, mit Kerr über die Duse: »*Kein Schluchzen dringt aus Ellas Kehle. / Von Rührung ist sie längst befreit. / Bloß noch der Abglanz einer Seele; / Und schon ein Gast der Ewigkeit. / ... Das Atmen einer letzten Blume / Im alten Schein des späten Lichts; / Daran erinnert die posthume, / Gewaltige Schönheit des Gesichts.*«

***

Natürlich haben sie recht, die Klatschkolumnisten und die illustrierten Gazetten, die sich, gewiß nicht aus Takt, so ungewöhnliche Zurückhaltung auferlegen. Sie ist nicht mehr »interessant«, die umschwärmte Anna Karenina, die Kameliendame, die Ninotschka von gestern. Heute ist heute von gestern weit entfernt. Die Jugend weiß nichts mehr von der Garbo, und die

Jugend kümmert sich nicht um einen Sechzigjährigen, der in einem Pariser Hotelzimmer an Herzinfarkt stirbt. Aber einst, wenn die Geschichte der Garbo, dieses Wunders an Talent und Schönheit, geschrieben werden wird, wird man sagen, daß sie bis zum Schluß das Sinnbild einer müde-melancholischen, romantisch-herbstlichen Epoche geblieben ist, die sie wie keine andere repräsentierte. Die sentimentale, kitschige, rührende, tragische Filmromanze aus der Traumfabrik großer Tage konnte nicht anders enden: in Einsamkeit, im Regen, in Paris, zwischen Plüschmöbeln. Wie soll man daraus keine Novelle schreiben? Es gibt keine Maupassant mehr, keine Thomas Mann, keine Ivan Bunin ...

Elegante Welt, Februar 1965

Chaplin und Dulles

I.

Wenn ich es darauf angelegt hätte, meine Leser zu überraschen, könnte ich es nicht besser tun als mit der Bemerkung, daß ich zwischen dem amerikanischen Außenminister John Foster Dulles und dem großen Komiker Charlie Chaplin eine bemerkenswerte Ähnlichkeit wahrgenommen habe. Wir wollen sehen ...

II.

Bei der zweiten Genfer Konferenz, die mit der ersten nichts als die Lokalität gemeinsam hat, weigerte sich Amerikas John Foster Dulles beharrlich, sich mit seinem sowjetischen Kollegen Wjatscheslaw M. Molotow zusammen photographieren zu lassen. Als er ihm endlich die Hand reichen mußte, geschah es, als wollten die beiden Herren die volle Länge ihrer Arme abmessen. Dies über Dulles. Zur gleichen Zeit äußerte sich Charlie Chaplin in der amerikanischen Wochenzeitung *Natio-*

nal Guardian. Er erklärte, den Vereinigten Staaten für immer den Rücken gekehrt zu haben. *»Ich gehe nicht mehr zurück, selbst wenn Jesus Christus dort Präsident wäre.«* Soweit Chaplin.

III.

Man merkt es: Humorlosigkeit zeichnet beide Herren in verdächtig ähnlicher Manier aus. Humorlosigkeit ist aber eine infantile Eigenschaft. Kinder können komisch sein, aber sie haben keinen Humor. Humor ist ein Resultat der mit Erfahrung erworbenen Überlegenheit. Wer von einem Berggipfel hinabblickt ins Tal, dem erscheinen die Menschen so klein, wie sie in Wirklichkeit sind. Wer Humor hat, nimmt die Menschen nicht ganz ernst. Nur wer sie nicht ganz ernst nimmt, kann sie lieben.

IV.

Die Weigerung des Außenministers Dulles, sich mit Molotow aufnehmen zu lassen, zeigt Mangel an Humor, also Mangel an Überlegenheit. »Wenn du mit mir nicht Abrüstung spielst, reiche ich dir nicht die Hand.« Oder: »Erst, wenn Deutschland wieder vereinigt ist, gehe ich mit dir zum Photographen.« Man muß argwöhnen, daß Amerikas Außenminister wirklich annimmt, der sowjetische Außenminister habe über irgend etwas Entscheidendes zu entscheiden. Wenn das zuträfe, wären die Sowjets keine Sowjets, und die Genfer Konferenz erster und zweiter Auflage wäre überflüssig. Aber Dulles' Geste, oder die Geste, die er nicht tat, ist noch beunruhigender. Dulles befürchtet offenbar, man werde ihm einst vorwerfen, Molotow die Hand gereicht zu haben. Können Diplomaten etwas Besseres tun, als sich die Hand zu reichen? Seit wann schadet es, wenn Staatsmänner im persönlichen Verkehr mit etwas Humor gutzumachen versuchen, was ihre humorlosen Regierungen verdorben haben?

V.

Vielleicht noch schlimmer ist es jedoch, wenn der größte Komiker unserer Zeit jeglichen Humors ermangelt. Die amerikanische Regierung hat Chaplin schnöde behandelt. Sie ließ ihn mit einem Rückreisevisum ziehen – und zog das Visum zurück, noch ehe er europäischen Boden erreicht hatte. Es war damals eine von dem Hexenjäger McCarthy terrorisierte Regierung. Inzwischen hat sich manches geändert. Unverändert ist nur, daß der große Spaßmacher keinen Spaß versteht. Während der Humor seiner Natur nach individualistisch ist, ist die Humorlosigkeit kollektiv. Chaplin macht sich nicht, wie es seines Amtes wäre, über einen Mann oder eine Regierung lustig – sein Groll richtet sich gegen ganz Amerika. Er lacht nicht mehr, weil er nicht mehr liebt. Wie soll er uns, da er nicht mehr liebt, zum Lachen bringen?

VI.

Wobei man den Humor verlieren könnte. Wenn man nämlich Staatsmänner und Komiker ernst nehmen wollte ...

Neue Ruhr-Zeitung, November 1955

Unfall in Hamburg

Die Geschichte, die ich euch zu erzählen habe, Freunde, ist von unwiderstehlicher Komik: Seit Wochen bildet sie den Gesprächsstoff der literarischen Kreise Frankreichs.

Ich darf mit den Tatsachen beginnen. Eines Morgens besteigt der französische Romancier Alain Robbe-Grillet samt Gattin das Flugzeug Paris–Tokio. In Frankreich gilt Robbe-Grillet als der Führer der Widerstandsbewegung gegen den erzählenden Roman. Seine Romane sind so abstrakt, daß Gemälde von Morita, Pollock oder Mondrian daneben gegenständlich wirken.

Dieser Robbe-Grillet fliegt also nach Tokio ab, die Maschine erleidet jedoch in Hamburg einen schweren Unfall. Obwohl sie in drei Stücke zerbricht, sind glücklicherweise keine Todesopfer zu beklagen. Und da Robbe-Grillet der prominenteste Passagier ist, wendet sich die Presse für einen Augenzeugenbericht an den Dichter; er, nicht faul, erzählt, was ihm widerfahren.

Merkt ihr, Freunde, worum es geht? Nein, wir hätten es alle nicht gemerkt, hätte es die Pariser Zeitschrift *Express* versäumt, Alain Robbe-Grillets schriftliche Darstellung unter die Lupe zu nehmen. Da sie es aber nun einmal tat, bemerkte sie zu ihrem bassen Erstaunen, daß Robbe-Grillet tatsächlich »erzählt« hatte, ganz schlicht und einfach erzählt. Da fanden sich Sätze wie: »*Wir waren im Begriffe, aufzusteigen. Da geschah es, daß sich das Flugzeug brüsk nach links neigte und wir von unseren Sitzen geschleudert wurden.*« Ganz präzis: nach links. Und am Ende gar: »*Ich würde von nun an bei jedem Flug zittern, im Gedenken an den Abflug von Hamburg. Ich fürchte, der Schmuck meiner Frau ging verloren.*«

Nun benützt *Express* das Unglück des Romanciers allerdings zu einer fürchterlich bösartigen Karikatur, indem die Zeitschrift kurzerhand schreibt, wie Robbe-Grillet den Unfall beschrieben hätte, wäre er nicht selbst dabei gewesen. Da hätte kein Leser je erfahren, daß es sich um einen Unfall gehandelt habe. Vielmehr hätte man eine mit Kaviarsauce übergossene Philosophie vorgesetzt bekommen, gefolgt von einem atomaren Wortschnitzel und einer siebendimensionalen Dichtungstorte. Der *Express* meint, Robbe-Grillets aus dem Schrecken entstandene Selbstentlarvung sei für ihn eine größere Katastrophe als für die Fluggesellschaft; sein Ruf als Sprachzertrümmerer sei in mehr als drei Teile gebrochen.

So ist es nämlich, Freunde, daß die großen menschlichen Empfindungen, unter denen Angst und Schrecken einen vornehmen Platz einnehmen, abstrakt nicht wiedergegeben werden können; da geht dann alles in Rauch und Wortschwall unter. So ist es auch, daß nur jene abstrakt erzählen, die nichts zu erzählen haben; daß sie die Gaspatronen der Verwirrung nur abschießen, weil sie keine echten Waffen der Phantasie besitzen; daß sie jedoch, erleben sie wirklich etwas, unwillkürlich in die verpönte Erzählung verfallen. So ist es schließlich auch, daß der Mensch, wenn er etwas erlebt oder erleidet – was ja ohnedies meistens dasselbe ist –, das Bedürfnis empfindet, es anderen mitzuteilen, die es entweder mit ihm erlebten oder hätten erleiden können. Die Abstraktion, die heute in jeder künsterlischen Form, besonders aber im Roman »getragen« wird, ist die extreme Form der Selbstbezogenheit: Der Egoist will nichts erzählen, nichts mitteilen, woraus ein anderer profitieren könnte, es genügt ihm, sein Mißbehagen auszuspeien.

Nicht als ob Alain Robbe-Grillet jetzt anders schreiben würde. Er wird den Schock, einmal gegenständlich, das heißt verständlich erzählt zu haben, sicher verwinden; seine Schüler, beinahe von der Nabelschnur des Meisters geschnitten, werden sich bald wieder in die Nabelschnur verstricken.

Das waren noch Zeiten, Freunde, als die Lächerlichkeit tötete! Sie tötet längst nicht mehr. Immerhin könnte das Flugzeugunglück von Hamburg in die Literaturgeschichte eingehen. Es zeigt, wie wenig sich der betroffene Mensch um die originelle Interpunktion und wie sehr er sich um den Schmuck seiner Frau kümmert.

Rhein-Neckar-Zeitung, Mai 1959

Der Schüler Lysikow und der Kalte Krieg

Ende der fünfziger Jahre, auf der Höhe des Kalten Krieges, erregte es gewaltiges Aufsehen, daß ein Junge aus der Sowjetunion, der in Karlshorst studierte, nach einer Flucht in den Westen, reuig, wie es hieß, nach Rußland zurückkehrte. In der »Süddeutschen Zeitung« sandte ich ihm einen Brief nach.

Lieber Valery Lysikow!

Seit ich die Nachricht vernahm, daß Du nach dem Osten zurückgekehrt bist, von wo Du vor drei Wochen entkamst, gehst Du mir nicht aus dem Kopf. Das ist nicht verwunderlich, denn in Ost und West will der Lärm um Dich nicht verstummen, als wärest Du nicht ein einfacher Schulschwänzer, sondern als gehörtest Du zu den Krawschenkos und Johns, die mit dem Getöse tonnenschwerer Lokomotiven über die Brücken der Freiheit und Unfreiheit rasseln.

Du bist erst siebzehn Jahre alt, aber auch Du mußt jetzt erkannt haben, daß wir in einer Zeit leben, die an akuter und galoppierender Symbolitis leidet. Einen Mann, der geruhig seinem Tagewerk nachgehen, Kinder zeugen, eine Familie betreuen und in Frieden entschlummern könnte, gibt es kaum noch: So vorsichtig kann einer gar nicht wandeln, daß ihm nicht jemand eines Tages, wie einem kriegsdiensttauglichen Pferd, den Stempel irgendeines Symbols auf den Rücken drückte. Sitzt bei Euch drüben ein Bauer auf dem Traktor, bis die Abendsonne die Erde küßt, dann wird er flugs zu einem Helden der Arbeit; entdeckt ein Astronom bei uns ein paar neue Schatten auf der Venus, dann beweist er, unter der Hand, die Überlegenheit der freien Forschung; seht Ihr in einer westlichen Illustrierten Marilyn Monroe auf einem rosa Elefanten reiten, dann werden für Euch ihre oder des Elefanten Kurven zu Sinnbildern bürgerlicher Dekadenz; wenn unsere nach Rußland entsandten Photographen berichten, daß auf dem Moskauer Viktualienmarkt nur Kunstblumen feilgeboten werden, dann geben wir ein befriedigtes »Aha!« von uns. Daß Du, Valery Lysikow, aus Deiner Karlshorster Schule davonliefst, weil Du Dein Logarithmenbuch verloren hast oder weil Du Samstag wegen ungehörigen Betragens nachsitzen mußtest, fällt füglich keinem Menschen mehr ein – in der S-Bahn vom Berliner Alexanderplatz verwandeltest Du Dich unversehens in ein Symbol, und es soll kein wohlfeiler Scherz sein, wenn ich meine, daß in Deinem Fall S-Bahn wohl Symbol-Bahn heißen soll.

Freilich bist Du nicht völlig unschuldig an dem um Dich entstandenen Trubel. Bei Deiner Großmama in Stalingrad – ich werde mich hüten, den Ort und seinen Namen symbolisch auszuwerten – sollst Du, so berichten die Zeitungen, eifrig den russischen Sendungen westlicher Rundfunkstationen gelauscht haben. Die brandenden Ätherwellen, so will man uns weismachen, flüsterten Dir den Meeresgesang der Freiheit ins Ohr. Die Propagandisten, die sich vornehmlich selbst propagieren, sind nicht klug: Wie armselig müßte es um eine Freiheit bestellt sein, die nur dem Ohr, aber nicht dem Auge standhält! In Wirklichkeit hast Du aus den hastig abgehörten Kurzwellennachrichten nur einen Eindruck empfangen: daß man im Westen stets ein »gemästet Kalb« zu schlachten bereit ist, wenn ein verlorener Sohn wiedergefunden wird, und daß es nichts weiter ausmacht, wenn der Verlorene und Wiedergefundene zufällig jemandes anderen Sohn ist. Ja, bei Euch wie bei uns geht eine große Suche nach verlorenen Söhnen, und »Gesänge und Reigen« werden angehoben, wie es im Evangelium Luca heißt, wenn man einen findet, der nach der Fasson der »anderen Seite« glücklich zu werden bereit ist. Als Du mit dem beinahe biblisch schlichten Ausspruch: »Ich bin ein Iwan und möchte hierbleiben« dem amerikanischen Soldaten auf dem Tempelhofer Flugfeld entgegentratst, da warst Du, meine ich, nicht halb so naiv, wie es scheinen mag – Du wußtest, daß heute ein Schaf, das überläuft, höher im Kurs steht als neunundneunzig, die bei der Herde bleiben. Es war schon immer eine Versuchung, neben die Schule, statt in die Schule zu gehen: Wie groß muß erst die Versuchung sein, wenn neben der Schule gleich die Weltgeschichte wartet!

Indessen möchte ich nicht ungerecht sein – das Ausmaß der üblen Posse, deren Mittelpunkt Du werden solltest, konntest Du nicht erraten. In Amerika wurde auf die frohe Kunde, daß sich endlich ein ideologischer Schulschwänzer gefunden hat, gleich ein Empfangskomitee ins Leben gerufen, und in Körben konnte man die Briefe aufnahmelustiger Adoptiveltern sammeln; auf der anderen Seite forderten Dich der Militärkommandant des Sowjetsektors, der Hohe Kommissar der UdSSR und schließlich der russische Außenminister zurück, als hinge das Schicksal der Weltrevolution von der Rückkehr des Schülers Lysikow ab. Man könnte nun meinen, es sei etwas Trostreiches in diesem großen Tauziehen um einen einzelnen: Ich möchte Dich warnen vor solchem Idealismus und solcher Eitelkeit. Um die Menschen kümmern sich die Menschen am wenigsten, und wichtig bist Du erst geworden, Valery, als Du aufhörtest, der Schüler Valery Lysikow zu sein und zum Symbol Valery Lysikow wurdest. Du hast unserer und ihrer Propaganda geglaubt und bist in das Räderwerk zweier Maschinen geraten, bis Du nichts mehr als eine durchlöcherte Hollerithkarte in der Registratur feindlicher Ideologien warst.

Jeden Tag wird nun auch eine neue Spekulation angestellt, warum Du Dich zuerst auf einer Pressekonferenz wie ein aufgedrehtes Propagandagrammophon zum Westen bekanntest; warum Du Vater und Mutter, die Dich zurückholen wollten, abwiesest, und warum Du Dich endlich doch gen Osten wandtest.

Und der Anekdoten um Dich ist kein Ende, Valery. Man behauptet, Dein amerikanischer Begleiter, der keinen Augenblick von Deiner Seite wich, habe Dich in Frankfurt in ein Kino geführt, wo ein Film mit der üppigen Marilyn gezeigt wurde: Auf dem Heimweg hättest Du Dich zum erstenmal erkundigt, ob es am Main eine sowjetische Mission gäbe. Nun, manches an der schönen Marilyn könnte einen Siebzehnjährigen in Schrekken versetzen, aber daß man vor ihrem Leinwandbild gleich zur Großmama nach Stalingrad fliehen wollte, scheint mir doch gröbliche Übertreibung. Schon wahrscheinlicher ist die Version, Du hättest die sowjetische Unfreiheit dem entfesselten Boogie-Woogie vorgezogen, aber wenn man den amerikanischen Gehirnreinigern auch allerhand zumuten kann, so ist doch nicht anzunehmen, daß sie Dich mit Brachialgewalt zum allabendlichen Boogie-Woogie zwangen.

Nein, mein lieber Valery, so einfach liegen die Dinge nicht. Es wurde Dir, wenn auch gewiß nicht mit definierender Klarheit, in diesen drei Wochen bewußt, daß Du aufhörtest, der Schüler Valery Lysikow zu sein und daß man Dich in ein entpersonifiziertes Sinnbild verzauberte. Vielleicht war Freiheit um Dich, aber Du warst ein Gefangener, wie alle, die zu Symbolen werden, und sei es auch zu Symbolen der Freiheit. Wie drohende Alpgestalten umstanden Dich zudem die Symbole der anderen. Junge Menschen im Westen spielen an einem Abend Schach, am nächsten tanzen sie Boogie-Woogie; einmal wandern sie durch den grünenden April, ein andermal sehen sie sich die Monroe an. Aber das ist ja die satanische Aufgabe der Lehrmeister unserer und Eurer Propaganda, daß sie die gemeinsamen Nenner von der schwarzen Tafel zu löschen und die ungleichen Nenner zu unterstreichen beauftragt sind, damit das Einende nicht entdeckt, das Trennende aber um so deutlicher gesehen werde. Da auch bei Euch Schach gespielt wird, da auch bei Euch im April die Primula veris aus dem Boden springt, mußtest Du ja von Boogie-Woogie zu Monroe geschleppt werden, genau wie ein westlicher Valery Lysikow bei Euch sofort ein blaues FDJ-Hemd bekäme und seine Stimme in munteren Sprechchören erproben dürfte. Die schönen Zeiten, da es hieß, man liebe zwar den Verrat, aber nicht den Verräter, sind vorbei – heute liebt man den Verräter mehr als den Verrat: Härter gesotten als Du müßte er sein, um nicht von so viel Liebe, Trenchcoats und Fliegenkrawatten erdrückt zu werden.

Auch ich gerate jedoch in Gefahr, Dich sozusagen historisch zu sehen, Valery. Die Wirklichkeit ist nicht halb so historisch. Wer von uns, der Kinder hat, wüßte nicht, mit welch keckem Selbstgefühl sie am Anfang des Sommers in ein Ferienheim abfahren und welch verschämte Freude sie am ersten Herbstabend zeigen, wenn ihre Mutter sie zärtlich zudeckt. Du bist siebzehn Jahre alt, und da nimmt man die eigene Männlichkeit sehr wichtig. Kein großartiges Bekenntnis zur Freiheit sprach aus Dir, als Du Papa und Mama wegschicktest aus dem Gebäude der amerikanischen Oberkommission: es war nur zu früh, einzugestehen, daß nicht alle Deine »Blütenträume reiften«.

Wäre Mama in Frankfurt gewesen, Du wärest ihr ganz gern entwischt, um Marilyn Monroe zu sehen, und vielleicht hätte Dir sogar der kapitalistische Veitstanz allerlei Spaß bereitet. Aber Marilyn ersetzt Mama nicht, das Luxushotel nicht die enge heimische Bude, nicht auf die Dauer – und wenn das sentimental-bürgerliche Deutungen sind, so sind sie doch nicht minder wahrhaftig. Hier aber beginnt schon wieder der Kreislauf unserer törichten Zeit: So wenig der Westen zugeben wird, daß Du die Freiheit nur wähltest, weil Du in Mathematik eine Vier hattest, so wenig wird man drüben zugeben, daß Du heimkehrtest, weil es nachts sehr einsam war ohne Mama.

Es wird jetzt schrecklich viel um Dich gelogen, Valery. Man hätte Dich gekidnappt, sagt der Osten; nur um Deinen Vater vor Sibirien zu retten, wärest Du heimgekehrt, sagt der Westen. Es wäre ein Wunder, wenn Dein von allen Händen gewaschenes Gehirn rein bliebe. Und doch könntest Du uns allen wahrhaftig einen Dienst erweisen, wenn Du geständest, daß Du nicht vor Marx, sondern vor dem Mathematiklehrer entflohst, und daß Du nicht zu Bulganin, sondern zur Borschtschsuppe zurückgekehrt bist. Aber ich fürchte, ein solches Bekenntnis würde doch nie bekannt werden. Sie brauchen Symbole, hüben wie drüben. Es kommt ihnen nicht darauf an, daß ein schmaler, blonder Junge daran zugrunde geht, Valery ...

Sputnik oder Gott

I.

Das neue Jahr hat die vom sowjetischen Unterrichtsministerium herausgegebene *Lehrer-Zeitung* mit einem Leitartikel begrüßt, der seit dem Abschuß des Sputniks überfällig war. Das Organ der sowjetischen Lehrer fordert darin die Erzieher auf, »*intensivere atheistische Propaganda zu betreiben*«; »*ungläubige Schüler in ihrer Überzeugung gegen religiöse Eltern zu bestär-*

ken« und »*die Existenz Gottes mit Hinweis auf die neuesten wissenschaftlichen Fortschritte der Sowjetunion zu bestreiten*«. Ähnliche Artikel finden sich in der Presse der Satelliten-Staaten und der Ostzone, wo die anti-religiöse Propaganda um Weihnachten ihren Höhepunkt erreicht hat. Überall wird der Sputnik gegen Gott ausgespielt. Es ist selbstverständlich nur ein Beginn ...

II.

Sehr wohl lohnt es sich, der neuesten Offenbarung kommunistischer Gottlosigkeit Beachtung zu schenken – nicht, weil müßige Gottesbeweise überzeugte Kommunisten bekehren könnten, sondern weil die »Eroberung des Alls«, wie der aufgeblasene Ausdruck lautet, auch gläubige Menschen in Zweifel zu stürzen geeignet ist ... Erscheint uns der Vorstoß in den Himmel nicht als Beweis der Ungültigkeit des ersten Buches Mose, darin es heißt: »*Und Gott machte zwei große Lichter: ein großes Licht, das den Tag regiere, und ein klein Licht, das die Nacht regiere, dazu auch Sterne.*« Sehen wir nicht alle, bangenden Herzens, in der Eroberung des Außerirdischen die Verneinung des Überirdischen? Gewinnt Chruschtschow nicht die Dimensionen des höhnenden Prometheus: »*Da ich ein Kind war, / Nicht wußte, wo aus noch ein, / Kehrt ich mein verirrtes Auge / Zur Sonne, als wenn drüber wär / Ein Ohr, zu hören meine Klage, / Ein Herz wie meins, / Sich des Bedrängten zu erbarmen.*« Hat der kreisende Hund die schwebenden Engel vertrieben?

III.

Begreiflich sind solche Zweifel, und unrecht tun, meine ich, die Kirchen aller Religionen, ihnen nicht offen ins Auge zu sehen. Der Sputnik hat uns reif gemacht für den Atheismus. Die Gottlosen wissen es. Ihre Werbung für das Nichts, stets reger als die Proselytenwerbung jeglicher Kirchen, ist zeitlich wohlgezielt ... Die Frage ist gestellt. Wir müssen sie beantworten.

Wir müssen sie beantworten im Namen jener Millionen, die an einen persönlichen Gott glauben und die Heilige Schrift wörtlich nehmen. Die anderen haben es leichter. Ist Gott nur ein Symbol, eine innere Stimme, im Spinozaschen Sinne nur eine fluktuierende Allgegenwart, war Christus nur ein Expressionist – dann freilich ist auch der biblische Himmel nur sinnbildlich gemeint, und Himmelsstürmer von Menschenhand können ihm nichts anhaben. Der wirklich gläubige Mensch aber ist kein Philosoph. Gegen ihn wurde der Sputnik abgeschossen.

Schon die Trennung zwischen Außerirdischem und Überirdischem sollte unseren Kleinmut zerstreuen. In keinem einzigen Wort der Heiligen Schrift ist die Existenz des Außerirdischen bestritten; sie ist vielmehr auf beinahe jeder biblischen Seite bestätigt – und nur wir waren bisher zu sehr mit unserer irdischen Wichtigkeit beschäftigt, um sie gebührend zu beachten. Es ist – nur ein Beispiel ist es – astronomisch erwiesen, daß die Weisen aus dem Morgenland nicht irgendeinem schimärischen Stern folgten, sondern daß die äußerst seltene »Haarnadelkurve« von Jupiter und Saturn zur Zeit von Christi Geburt über Bethlehem kulminierte. Gott hat die Sternlein nicht wie Weihnachtsbaumschmuck aufs Himmelszelt gehängt. Sie sind von der Bibel durchaus als Himmelskörper im modernsten Sinne geschildert, und noch dazu als recht fürchterliche, wie das hervorgeht aus dem vierundzwanzigsten Kapitel des Matthäus: *»Bald aber nach der Trübsal derselbigen Zeit werden Sonne und Mond den Schein verlieren, und die Sterne werden vom Himmel fallen, und die Kräfte der Himmel werden sich bewegen.«*

Der Himmel, nicht *des* Himmels – man beachte den astronomischen Plural, der jenen falschen Gläubigen entgangen war, die Nikolaus Kopernikus und Galileo Galilei anklagten, jenen falschen Gläubigen auch, die in Glauben und Wissenschaft einen Widerspruch sahen, während in Wirklichkeit die Wissenschaft den Glauben bestärkt. Hätten, wie uns die Chruschtschows jetzt weiszumachen versuchen, die Apostel nichts von der Wirklichkeit der Sternenwelt gewußt, dann hätten sie die zweite Sintflut nicht ausdrücklich vom »*Fallen der Sterne*« und von der »*Bewegung der Himmel*« datiert.

In Wirklichkeit war der Exzöllner Matthäus dem Kommunisten Chruschtschow weit voraus. Über »*dieselbige Zeit*«, das Sputnik-Zeitalter, heißt es nämlich: »*Ihr werdet hören Kriege und Geschrei von Kriegen ... denn es wird sich empören ein Volk über das andere und ein Königreich über das andere, und werden sein Pestilenz und teure Zeit und Erdbeben hin und wieder.*« Ja, auch jener ist gedacht im gleichen Kapitel des Apostels, die jetzt Leitartikel in der *Lehrer-Zeitung* schreiben: »*Und es werden sich viel falscher Propheten erheben, und werden viele verführen. Und dieweil die Ungerechtigkeit wird überhandnehmen, wird die Liebe in vielen erkalten.*«

Markus geht noch weiter. »*Himmel und Erde werden vergehen, meine Worte aber werden nicht vergehen.*« Nicht nur das Kreisen künstlicher Planeten, sogar das »*Vergehen*« des Himmels ist vorausgesagt. Die überirdische Prophezeiung schloß das Außerirdische mit ein. Daß die Bibel doch recht habe, beweisen gerade jene, welche die vorausgesagte neue Sintflut heraufbeschwören.

IV.

Was heute in und von der Sowjetunion unternommen wird, ist der Versuch der Exilierung Gottes durch die Invasion des Alls. Mit dem Blick auf den religiösen Menschen sollen, wie bei einer richtigen Invasion, die himmlischen Heerscharen so lange zurückgedrängt werden, bis für sie kein Platz mehr ist. Auf die Vertreibung Gottes von der Erde folgt seine Vertreibung aus dem Himmel.

Am Beginn dieser Invasion, wie der meisten irdischen, steht der Größenwahn. Welch frecher Unsinn, anzunehmen, wir hätten das »All« erobert, weil es uns gelingt, mit Verlaub gesagt, den Hintern des Mondes zu photographieren. Als die Brüder Montgolfier zum ersten Mal in die Lüfte aufstiegen, stiegen sie in den Himmel empor. Doch über dem Montgolfierschen Himmel war ein zweiter, dritter und fünfter, bis hinauf zur Stratosphäre Piccards und zur Raumschiffahrt eines armseligen Hundes. Über den Himmeln, die wir erstürmen, wölben sich Hunderte neuer. Es gibt ewig ein »drüber«. Die Sowjets können Gott aus dem All nicht vertreiben, weil sie gar nicht wissen, wo Er wohnt.

Doch bleiben wir auf der Erde. Wenn, wie die Kommunisten behaupten, Wissen tatsächlich mit Atheismus und Unwissen mit Religiosität identisch ist, brauchen wir nicht zu bangen, denn unser Unwissen bleibt kolossal. Zwar greifen wir nach den Sternen, aber wir wissen nicht einmal, wie Liebe oder Haß entsteht; ob es nächste Woche schneien wird; ob Kinder unsere Ehe segnen werden; warum uns das Schicksal heute ungnädig und morgen hold ist. Wann der erste Mondmensch starten wird, weiß Nikita Chruschtschow vielleicht, doch weiß er, ob ihn nicht selbst inzwischen ein Herzschlag hinwegrafft? Viele wissen jetzt vom All, doch allwissend bleibt nur einer.

Man müsse die Kinder lehren, umzudenken, sagt die sowjetische Pädagogenzeitung. Wieso? In allen Epochen des sogenannten Fortschritts hat sich am menschlichen Wesen nichts geändert. Die römischen Straßenbauer dachten mit Eifersucht an das Treiben ihrer zurückgelassenen Frauen; portugiesische Seefahrer mordeten einander um eines Klumpen Golds willen; deutsche Piloten sorgten sich, hoch oben in den Lüften, um die Masern ihrer Kinder, und im besten oder schlechtesten Sinne menschlich, doch menschlich in jedem Fall, ist der Ehrgeiz, der die russischen Raketenkonstrukteure trieb. Noch auf dem Mond wird ... ein Mann im Raumtaucheranzug seinen Arm um eine Raumtaucherin legen, und bevölkert sich gar der Mond, dann werden die Monddichter die Erde besingen, in deren Licht sie auf mondischen Seen Kahn fahren.

V.

Sie wollen uns den Glauben nehmen und versprechen uns als Ersatz ein Wochenende in der Wüstenei des Mondes. Nun kommt es darauf an, ob wir auf den größten Schwindel der Menschheitsgeschichte hineinfallen. Ob wir uns von dem Blendwerk technischer Taschenspielerei über die einzigen wahren Wunder, die da sind Geburt und Tod, hinwegtäuschen lassen. Ob nur unsere Flugzeuge, oder auch unsere Gebete zum Himmel emporsteigen.

»Wenn aber dieses anfänget zu geschehen«, heißt es bei Lukas, *»so sehet auf, und erhebt eure Häupter, darum daß sich eure Erlösung nahet.«*

»Dieses« hat zu geschehen angefangen. Erheben wir unsere Häupter zu Sputnik oder zu Gott? Auch diese Frage ist nicht neu. Sie ist die Wiederholung der Pilatus-Frage: Christus oder Barabbas? Wie damals, liegt bei uns, nicht bei dem Pilatus von Moskau, die Entscheidung.

Abendzeitung, Januar 1958

Laika an Goliath

Mein lieber Affe Goliath, der Du das Zeitliche gesegnet hast, ich diktiere diesen Brief meinem Freund Hans Habe, weil er die Menschensprache beherrscht, daher wohl als Dolmetscher zwischen meiner Hundesprache und Deiner Affensprache geeignet ist.

Ich weiß nicht, ob Du Dich noch meiner erinnerst. Ich bin jene kleine Hündin, die vor einiger Zeit in einem russischen Sputnik ins All geschossen wurde und heil wieder unten ankam. Da ich nicht eitel bin, möchte ich hinzufügen, daß ich seither sehr gealtert bin. Denn, Du weißt es vielleicht, wir Hunde altern sieben Jahre in einem Jahr.

Mein Brief dient eigentlich dazu, Dich zu trösten. Denn, wie ich aus der internationalen Presse entnehme, sind Deinem Heldentod in einer amerikanischen Atlas-Rakete höchstens je drei Zeilen gewidmet worden, während mein Name wochenlang die ersten Seiten der Zeitungen in aller Welt füllte.

Glaube mir bitte, daß diese schnöde Ungerechtigkeit der Publicity nichts mit Deiner amerikanischen und meiner sowjetischen Hunde-, beziehungsweise Affenbürgerschaft zu tun hat. Normalerweise verstehen sich beide Länder gleich gut auf Selbstbeweihräucherung. Auch damit, daß ich damals zufällig am Leben blieb, hat die Sache nichts zu tun. Im Gegenteil: Die Welt liebt ihre Helden eigentlich recht tot.

Es geht um etwas anderes.

Als man sich anschickte, mich in den Weltraum zu schießen, schlugen die Wellen der Empörung elefantenhoch. Man könnte einer kleinen Hündin, einem Lebewesen also, nichts Derartiges antun, hieß es – nicht nur die Tierschutzvereine, auch die weit weniger rührigen Menschenfreunde gerieten in Harnisch. Man fand, das Experiment sei nicht nur unmenschlich, es sei sogar unhündisch, denn es diene, anders als die Vivisektion an den armen Mäuschen, nicht einmal der Menschheit. Und nun, da Du in den Menschenhimmel katapultiert wurdest und auf tragische Weise im Affenhimmel endetest, erhebt sich keine Stimme, rührt sich keine Hand, schlägt kein Herz.

Sollte das Menschenherz so träge sein? Ach wir, Hunde und Affen, gewöhnen uns an allerlei, aber die Menschen gewöhnen sich an alles. Richtige Gewohnheitsmenschen sind es. Zuerst jammern sie, daß eine Hündin in eine Rakete eingeschlossen wird, dann schießen sie Menschen ins All und fischen tote Affen aus dem Wasser.

Ich weiß nicht, ob Du die Zeitungen verfolgst. Du wirst in ihnen lauter Beispiele für meine Befürchtungen finden. Weißt Du noch, daß die Menschen fast in den Krieg zogen, weil die Freiheit in dem Menschenland Ungarn unterdrückt wurde? Heute haben sie mit Ungarn wieder einen »kulturellen Austausch«. Denkst Du noch an den Kardinal Mindszenty? Weißt Du, daß er seit fünf Jahren das Haus nicht verlassen konnte? Oder erinnerst Du Dich an den Gewaltstreich des Obersten Nasser? Er richtet heute über seine Richter. Es wird mir ganz übel, wenn ich daran denke, daß man demnächst auch über die

Berliner Mauer zur Tagesordnung übergehen wird. Ich glaube, das Menschenherz gleicht der Milch, die von selbst sauer wird, wenn man sie lang genug stehen läßt. Und auch dem Rahm gleicht es, der hart wird, wenn man ihn lang genug schlägt.

Augsburger Allgemeine, Dezember 1961

Das duftende Wasser

I.

Mit den Erfindungen – das ist so eine Sache. Als vor zweihundert Jahren, 1766, ein Mann namens Johann Maria Farina in der Stadt Köln zu Grabe getragen wurde, galt er als der Erfinder des Eau de Cologne, auch Kölnisch Wasser genannt, und der Ruhm soll ihm nicht streitig gemacht werden, obwohl er der Erfinder des duftenden Wassers eigentlich nicht ist. Ein Italiener mit dem bezeichnenden Namen Paul de Feminis war es, der einige Jahrzehnte zuvor das geheime Rezept von Mailand nach Köln gebracht hatte. Bei seinem Tod vermachte er das Geheimnis seinem tüchtigeren Neffen Johann Maria Farina.

II.

Paul de Feminis nannte sein Produkt *Eau admirable* – den geläufigen Namen gab ihm erst der Neffe –, und um ein »wunderbares Wasser« muß es sich in der Tat gehandelt haben, denn künstliche Wohlgerüche spielen in der Kulturgeschichte seit beinahe siebentausend Jahren eine Rolle, ohne daß irgendein kosmetisches Erzeugnis so berühmt geworden wäre wie jenes aus der Stadt am Rhein. Indes ist, man wird es gleich sehen, zwischen Parfüm und Kölnischem Wasser wohlweislich zu unterscheiden. Die Lust, Wohlgerüche zu verbreiten und selbst in gutem Geruch zu stehen, geht auf uraltes Altertum zurück. Im Altertum verbrannte man Weihrauch und Bernstein; die Perser bereiteten kosmetische Mittel aus Sandelholz und Rosenöl; die Araber brachten duftende Wasser faßweise nach Europa; im Busen der Sphinx ist eine steinerne Abbildung des Königs Tuthmosis IV. zu sehen, der eine »Parfümflasche« verschenkt. Die Römer wußten genau, was sie meinten, als sie argwöhnisch erklärten, Marc Anton sei von »Salben, Ölen, Wassern und Wässerchen« der Kleopatra »verzaubert« worden. Unter Ludwig VII. begann die industrielle Verzauberung – heute gibt es rund 3000 Parfümsorten, die französische Parfümindustrie allein beschäftigt 23 000 Personen; fast alle großen Pariser Couturiers mußten sich allmählich damit abfinden, daß es nicht genügt, die Frauen zu bekleiden, man muß sie auch »beduften«. Dem Jubilanten, dem Eau de Cologne, tut das aber keinen Abbruch: Sein Geheimnis besteht eben darin, daß es nicht verzaubert, sondern erfrischt.

III.

Das Wasser aus Köln ist eine demokratische Erfindung, eine Erfindung der männlichen Gleichberechtigung, denn während es bis vor zweihundert Jahren den Damen vorbehalten war, den angenehmsten Duft zu verbreiten – Marie Antoinette bestand darauf, wohlriechend auf die Guillotine zu steigen –, setzte sich, dank Johann Maria Farina, die Überzeugung durch, daß auch ein Mann nicht unbedingt nach Schweiß riechen müsse. Zugleich hat das Kölnisch Wasser den Reiz des Egoismus: Mit ihren herrlichen Parfüms erfreuen die Damen jene, die sich an sie neigen, während das Eau de Cologne Herren und Damen gleichermaßen ein neues Lebensgefühl verleiht, so daß der Werbeslogan: »Mit Kölnisch Wasser hat man sich lieber« durchaus zu empfehlen wäre. In seinem Roman *Der grüne Husar* behauptet Franz Molnár, jede Abreibung mit Kölnisch Wasser ersetze eine halbe Stunde Schlaf, mit achtundvierzig Abreibungen könne man also gänzlich des Schlafes entraten. Das ist zwar etwas übertrieben, aber neben dem pharmazeutischen Rezept besteht das Geheimnis des Johann Maria Farina zweifellos in der unübertrefflichen Kombination von Zauberei und Hygiene. Eau de Cologne ist ein Parfüm mit gutem Gewissen.

IV.

Der zweihundert Jahre alte Siegeszug des wunderbaren Wassers aus Köln ist nicht aufzuhalten. Zwar wurde noch 1770 vom englischen Parlament ein Gesetz eingeführt, wonach alle Personen, die sich »verführerischer Duftwässer« bedienen, wegen Hexerei angeklagt werden sollten, aber man ließ sich von dieser Drohung so wenig beeindrucken wie von dem Feldzug des amerikanischen Hemingway-Ersatzes Robert Ruark: Der Amerikaner führte in den frühen vierziger Jahren einen Feldzug gegen die »Unmännlichkeit« von Kölnisch Wasser und Lotions. Obwohl man bei dem Wort Kölnisch Wasser nicht mehr unbedingt an den Erfinder, ja nicht einmal mehr an Köln denkt, lächelt Johann Maria Farina im Himmel, wenn er in den Statistiken blättert. Allein in New York werden täglich dreißigtausend Flaschen Kölnisch Wasser verkauft ...

St. Galler Tagblatt, Oktober 1966

Jubiläum einer Schande

I.

Er war ein deutscher Einwanderer und hieß Wilhelm Kemmler. Er hatte einen Raubmord begangen, mit Vorbedacht oder im Impuls, das wollte man nicht so genau wissen. An einem Augusttag des Jahres 1890 wurde er im Auburngefängnis von New York auf dem elektrischen Stuhl hingerichtet. Hunderte wohnten der Premiere bei. Tagelang priesen die Zeitungen diese »neue humane Form« der Todesstrafe.

II.

Bis zur Mitte des achtzehnten Jahrhunderts erschien den Menschen die Todesstrafe selbstverständlich. Sie beruhte auf der *jus talionis*, der aberwitzigen, jeder Religion und aller Moral widersprechenden Idee, daß jedes Verbrechen mit einem möglichst gleichartigen Übel, *poena talionis*, vergolten werden müsse. Erst der italienische Lehrer der Staatswissenschaften, Cesare Bonesano de Beccaria, erkannte den groben Unfug einer Rechtsprechung, die, folgerichtig durchgeführt, dem Bestohlenen das Recht auf Diebstahl, dem betrogenen Ehemann das Recht auf Ehebruch, dem Opfer der Gewalttätigkeit das Recht auf Gewalt hätte verleihen müssen. Der Marquis de Beccaria wagte es jahrelang nicht, seine Schrift gegen die Todesstrafe, *Dei delitti e delle pene*, unter seinem Namen zu veröffentlichen; obwohl sie 1764 anonym in Monaco erschien, wurde sie in zweiundzwanzig Sprachen übersetzt. Damit begann eine Diskussion, die noch heute nicht abgeschlossen ist.

III.

Was man so Fortschritt nennt! Die Hinrichtung durch Starkstrom, mit allen ihren Begleiterscheinungen – die Fesselung des Gefangenen, die Sicherung des menschlichen Körpers gegen Kurzschluß, die bis zu zwei Minuten währende Todesqual –, galt vor siebzig Jahren als besonders menschlich. Die Menschen sind äußerst zimperlich, wenn es um die Formen ihrer Unmenschlichkeit geht. Sie unterscheiden peinlich zwischen einem »unehrenhaften« Tod durch Erhängen und einem offenbar noblen durch Erschießen. Sie halten das Fallbeil, unter dem der schöne Kopf der Maria Antoinette fiel, für absolut altmodisch, aber es war noch im Zweiten Weltkrieg durchaus elegant, einem unbotmäßigen Offizier die Ausführung der Todesstrafe an sich selbst zu überlassen. Seit Wilhelm Kemmler auf dem elektrischen Stuhl sein Leben ließ, riß das Naserümpfen über diese oder jene Form der Exekution nicht ab. Und Alfred Kerr hat es doch so einfach ausgedrückt: »›Du sollst nicht töten‹ – sagt der Denker/Nicht bloß zum Mörder. Auch zum Henker.«

IV.

Freilich: Ein gewisser Fortschritt ist seit den Tagen des Professors Beccaria nicht zu übersehen. Selbst die Anhänger der Todesstrafe berufen sich nicht mehr auf das altgriechische und altjüdische *Auge um Auge, Zahn um Zahn:* Gott hat zwar durch den Mund Seiner Propheten die menschliche Schwäche des Rachegefühles registriert, aber auf Sein letztes Recht, die Auslöschung des Lebens, hat Er nicht verzichtet. So berufen sie sich auf das gesellschaftliche Recht der Abschreckung, wobei sie die Statistik, die ihrer Theorie widerspricht, geflissentlich übersehen. Und niemand scheint zu bemerken, daß die Todesstrafe just von jenen reaktionären Kreisen gefordert wird, welche die Geburtenkontrolle als teuflisch bezeichnen. Wer, wie es ihm zusteht, die Entscheidung über die Geburt als ein göttliches Privileg bezeichnet, kann an dem göttlichen Recht des Todes nicht zweifeln.

V.

Am siebzigsten Geburtstag einer menschlichen Schande sollte man aber an das Wort Lichtenbergs denken: »*Es ist eine Frage, ob wir nicht, wenn wir einen Mörder rädern, gerade in den Fehler des Kindes verfallen, das den Stuhl schlägt, an dem es sich stößt.*« Es kann sich dabei auch um den elektrischen Stuhl handeln.

Neue Ruhr-Zeitung, Juli 1960

Wunder auf der Insel

Vor genau siebzig Jahren, Weihnachten 1890, wurde die aus dem Hafen von New York aufragende, kleine Felseninsel Ellis Island als Auffangstation für Einwanderer eröffnet. Hunderttausende haben seither, bevor sich ihnen die neue Heimat erschloß, zwangsweise auf der Insel verweilt. Vor drei Jahren wurde das Einwandererlager aufgelassen.

***

Fünfzig Jahre alt war sie damals, die Insel. Man schrieb neunzehnhundertundvierzig. Wer vom hellerleuchteten New Yorker Hafen hinausblickte in die Dunkelheit, dem schien sie endlos. Jenseits der Insel, irgendwo, lag Europa. Seit sechzehn Monaten ritten die schwarzen, die apokalyptischen Reiter durch Europas Länder. Warschau, Rotterdam, Coventry, London. Paris, *la ville lumière*, unterworfen, Stiefelknarren auf dem Boulevard, Dunkelheit. Dunkel die deutschen Städte, als duckten sie sich, noch unversehrt, unter dem unausbleiblichen Schicksal. Ach, in Gedanken waren wir noch drüben, in Europa.

Genau einundzwanzig Tage war ich in Amerika. An diesem Nachmittag fuhr ich mit der Fähre nach Ellis Island. Der bittere Wind trieb Eiskörner an die Fensterscheiben. Es war schon lange finster.

Ich war auf dem Festland, und ich war froh. Nicht die vielen traurigen Geschichten über Ellis Island fielen mir ein. Sondern eine heitere. Von Madame Rosa, der berühmtesten Bordellmutter aus Wiens Rothenturmstraße. Die spießerische Republik hatte sie vertrieben, nach dem Weltkrieg. Und Amerika, engstirnig nicht minder, wollte sie nicht aufnehmen. Monatelang wartete sie auf Ellis Island. Mit Kochen vertrieb sie sich endlich die Zeit. Sie kochte koscher. Und weil es viele orthodoxjüdische Einwanderer gab, die man nicht ins Land ließ, kam den Behörden Madame Rosas Kochkunst gelegen. Auch nachdem sie längst amerikanische Staatsbürgerin geworden war, blieb sie auf Ellis Island. Ihr »Restaurant« wurde zu einer Heimat der Vertriebenen. Und eine in ganz New York gepriesene Gaststätte. Ich wollte auf Ellis Island fragen, ob Madame Rosa noch lebt.

Auf meinem Schiff – vierzehn Tage hatte es von Lissabon seinen Weg gesucht; das Steuer war gebrochen, kurz vor New York – hatte ich viele kennengelernt, die in Amerika eine neue Heimat suchten. Ein Auswandererschiff? Ein Emigrantenschiff war es gewesen. Jeder hatte jeden kennengelernt, auf diesem Zwischendeck des gemeinsamen Schicksals.

So gemeinsam war es doch nicht gewesen. Denn der Mensch war damals nur so viel wert wie das Papier, das seine Existenz bestätigte. Kein Papier, keine Existenz. Manche hatten keine Pässe, manche falsche. Manche hatten ein Visum, doch nicht für Amerika, oder es war schon abgelaufen. Die saßen nun auf Ellis Island. Zitternd, daß man sie zurückschicken würde. Gestrandet am Strand.

Ich brachte dem Rechtsanwalt aus Wien etwas Kuchen und etwas Hoffnung. Er war ein alter Mann, etwa siebzig, man hatte ihn nicht ins Land gelassen, weil etwas mit seiner Gesundheit nicht stimmte; wirklich komisch, als müßte man gesund sein, um im Krankenhaus aufgenommen zu werden. Ich hatte jemand gefunden, der für seinen Spitalaufenthalt zu bürgen bereit war – oder für sein Begräbnis.

Aber das sagte ich ihm nicht, als ich ihn wiedersah, auf Ellis Island. Um uns waren Kinderstimmen. Kinder finden sich leicht in das gemeinsame Schicksal. Durch die Fenster sah man die angestrahlte Freiheitsstatue. Der alte Mann zitierte Mehring: »*Und als er an der Reling stand / Winkt sie, die Fackel in der Hand. / Da küßte er dem Riesenweib / Von fern den nebelweichen Leib. / Und schaut sie an. / Doch sie verschwand / In einer Wolkenkratzerwand.*« Er war ein gebildeter Mann, der Anwalt aus Wien.

Es ging auf sechs. Gleich sollte die Bescherung stattfinden. Ein Polizist war nach New York hinübergefahren, hatte für jene, die Geld hatten, etwas besorgt. Mein Freund sagte, es sei doch besser als drüben in Europa, wo die Polizisten nicht Weihnachtsmann spielen. Nicht alle waren siebzig, nicht alle waren zufrieden. Man sprach von Reisepässen, vom Visum, von vergangenen Festen. Der nebelweiche Leib der Freiheitsstatue verschwand. Die elektrischen Kerzen leuchteten kalt. Unter dem Baum saß als Bescherung die Angst.

Dann öffneten sich auf einmal die Türen, wirklich auf einmal, wie in den Ballsälen. Ein streng aussehender Beamter, ganz in Schwarz, kam herein, von Polizisten gefolgt. Es wurde still. Man erwartete eine schlechte Nachricht; man war an schlechte Nachrichten gewöhnt. Der Mann aber sagte, nun könnten alle gehen, bis auf ein paar Dutzend, deren Namen er verlesen würde. Es waren die Namen der »Alteingesessenen«, Verbrecher und Schmuggler – von »unserem« Schiff war keiner dabei.

Meine Fähre verließ die Insel. Ich sah den Auszug nicht, den Einzug ins gelobte Land. Ich konnte ihn mir nur vorstellen, als mein Boot langsam auf das Lichtermeer zuschwamm. Ich hatte keine Ahnung, daß sich das Wunder am fünfzigsten Geburtstag von Ellis Island ereignet hatte.

Ihren siebzigsten Geburtstag hat Ellis Island nicht erlebt. Vor drei Jahren ist die Seufzerinsel geschlossen worden. Ich habe die einzige schöne Geschichte erzählt, die mit ihr verbunden ist. Außer der Geschichte der Madame Rosa natürlich. Schließlich ist Geburtstag. Schließlich ist Weihnachten.

Freie Presse, Weihnachten 1960

Einmal um den Père Lachaise

I.

Jetzt graben die französischen Zeitungen wieder die Geschichte des Père Lachaise aus, der vielleicht berühmtesten Grabstätte der Welt. Der Anlaß ist, seltsamerweise, politischer Natur. Im Pariser Friedhof Père Lachaise ist vor einigen Tagen der französische Kommunistenführer Maurice Thorez beerdigt worden, und zwar genau gegenüber der Mauer, an der zwischen

Mai und Juni 1871 eintausendundachtzehn Revolutionäre, die *Communards*, in einem Graben verscharrt wurden. Da natürlich die gesamte Presse der Leichenfeier beiwohnte, erinnert sich Paris wieder seines stolzen Friedhofs.

II.

Ein stolzer Friedhof: Das dürfen die Pariser wohl sagen. Es mag schönere Ruhestätten geben, in Genua etwa oder in Mailand, aber keine, die mehr Berühmtheiten zum letzten Heim geworden wäre. Im Nordosten von Paris, wo die Ebene zu grünen Hügeln ansteigt, ruht der Gigant der französischen Literatur, Honoré de Balzac, der buchstäblich an den Erschöpfungen eines Lebens voll Arbeit, Abenteuer, Schulden, Erfolgen und Anfeindungen starb. Hier schläft der Komödiendichter Caron de Beaumarchais, dessen *Hochzeit des Figaro* Mozart angeregt hatte. Rossini hat im Père Lachaise seine letzte Ruhestätte gefunden, neben Bizet und dem großen Polen Frédéric Chopin, der im Père Lachaise zu lustwandeln pflegte, um an den »traurigen und liebenswerten Ort sich zu gewöhnen«. Genau vor zehn Jahren – am dritten August 1954 – wurde hier Colette zu Grabe getragen, die Mutter von *Gigi* und *Chérie*, Königin einer federleicht-unvergänglichen Literatur. Nicht weit von ihr ruht eine andere Königin: Gertrude Stein, Monarchin im Reiche der Avantgarde, in deren Salon Picasso, Matisse und Braque sich getroffen, Hemingway und Dos Passos ihre stärksten Jugendimpulse empfangen hatten. Hier sind die Maler Ingres, Corot, David in die Ewigkeit gebettet, und natürlich auch der Mann, der das französische Bürgertum durchschaute und verspottete, Honoré Daumier. Ein anderer Spötter, der geistreichste von allen, Oscar Wilde, hatte in dem elenden *Hôtel d'Alsace* Zuflucht vor den Verfolgungen der Spießer seiner englischen Heimat gefunden: Der mit allen Hunden Gehetzte, der sich Mr. Melmoth nannte, hat sich im Père Lachaise endgültig allen Verfolgungen entzogen.

III.

Der Friedhof, nach dem Beichtvater Ludwigs XIV. so benannt – ein verdienstvoller Mann, zweifellos, denn was muß er sich an Beichten des Sonnenkönigs wohl angehört haben! –, der Friedhof wurde am Anfang des neunzehnten Jahrhunderts errichtet, als man zu der hygienischen Erkenntnis gelangt war, daß Friedhöfe sich nicht mitten in der Stadt befinden sollten. Immer weiter breitete der Friedhof sich aus: Neben individuellen Grabstätten wurden hier Monumente der Geschichte errichtet – sie sprechen nicht nur von dem Ende der Kommune, sondern auch von den Opfern der Nazi-Deportationen, die in den Konzentrationslagern Mauthausen und Ravensbrück ihr Ende gefunden haben. Es heißt, nicht ganz kontrollierbar, daß auch La Fontaine und Molière hier ruhen, sowie das klassische Liebespaar Héloise und Abälard, der Philosoph und die Kanonikersnichte, die ihr Leben hinter Klostermauern beschlossen. Jedenfalls pilgern heute noch Tausende zu den Grabstätten der Liebenden, denn der Père Lachaise, den in mancher Woche zwanzigtausend Menschen besuchen, wird seit jeher von den Liebenden besucht, die den Tod nicht fürchten.

IV.

Opfer der politischen Verfolgungen und Edith Piaf, der »Spatz von Paris«, Staatsoberhäupter und die Unsterblichen der Bühne, wie Sarah Bernhardt, Massenmörder und der zarte Musiker Luigi Cherubini: Wie muß es zugehen »*Nachts um die zwölfte Stunde*«, wenn die »nächtliche Heerschau« beginnt. Die Gespenster lachen dann gewiß – denn Gespenster lachen gern – über die Amerikanerin, die, aus Paris heimgekehrt, gefragt wurde, ob sie den Père Lachaise gesehen habe und geantwortet haben soll: »Wir sind nur einmal um ihn herumgetanzt.« Sie lachen, die Gespenster, aber sie meinen, die Amerikanerin hätte gut daran getan, einmal um den Père Lachaise herumzutanzen. Sie wäre an keinem Ort der Welt so vielen Prominenten begegnet ...

Augsburger Allgemeine, August 1964

Liebeserklärung an eine Straße

I.

Die Zürcher Bahnhofstraße ist hundert Jahre alt – so berichten die Zeitungen, die es wissen müssen, obwohl es schwerfallen würde, einer Straße einen Geburtsschein auszustellen: Sie ist auf einmal da, beginnt zu wachsen, bald glaubt man, sie sei immer schon dagewesen. Nun ist aber das hundertjährige Jubiläum gekommen: würdige Gelegenheit zu sagen, wie ich diese Straße liebe, wie sie von Tausenden geliebt wird.

II.

Bahnhofstraße: Der Name hat etwas Provinzielles. Weder in London noch in Paris, weder in Berlin noch in New York gibt es eine Bahnhofstraße, nicht daß ich wüßte. Die Bahnhofstraße von Zürich: Sie ist das Gegenteil von provinziell. Da stehen die Bankpaläste, die Loire-Schlösser des Kapitalismus: verläßlich, dauerhaft, stolz und dabei diskret, Wahrer großer und kleiner Geheimnisse, Wahrer von Vermögen und Sparheftchen. Es gibt Leute, die behaupten, in der Bahnhofstraße wandle man nicht über dem zugeschütteten Wasser des Fröschengrabens, man gehe hier auf Gold. Da sind die Warenhäuser und Geschäfte: Juwelenläden, die es mit den Schmuckkästchen der Mailänder Via Monte Napoleone aufnehmen können; Seiden- und Stoffhandlungen, die den Vergleich mit denen des Pariser Faubourg St. Honoré nicht zu scheuen brauchen; Hotels und Restaurants, deren Ruf nicht geringer ist als der Gaststätten um New Yorks Central Park. Anders als diese Avenuen hat aber die Zürcher Bahnhofstraße nichts Furchterregendes: Hier gibt es billige Geschäfte neben teueren, billige Waren in den teuersten Läden; hier wird auch der bescheidenste Käufer nicht schief angesehen; betrogen und übervorteilt wird hier überhaupt niemand, und sei er noch so fremd – die Bahnhofstraße liegt inmitten einer demokratischen Stadt, und diese wieder inmitten eines demokratischen Landes. Natürlich ist die *Bahni*, wie die Zürcher sie liebevoll nennen, ein Stück Provinz – in jenem besten Sinne, in dem der eine Bewohner den anderen noch zu kontrollieren vermag, in dem die Schweizer Behaglichkeit eine milde Hand über den Weltstadtbetrieb legt. Die Bahnhofstraße ist ein Symbol des »westlichsten« Staates in Europa: Fortschritt und Tradition.

III.

Ich liebe die Bahnhofstraße auch ihrer Festlichkeit wegen. Die *Bahni* hat etwas von einem langgestreckten Ballsaal, den man nicht »überquert«, sondern »betritt«, für dessen Besuch man sich rüstet. Ich bin manchmal den gleichen Reisenden innerhalb von wenigen Tagen in deutschen, französischen, italienischen Städten und dann auf der Bahnhofstraße begegnet, aber auf der *Bahni* sahen sie anders aus, für die *Bahni* hatten sie sich schön gemacht. Ich liebe an der Bahnhofstraße ihre eigenartige Internationalität. Hier gibt es zwar deutsche Touristen neben Diplomaten aus Ghana und vornehme Inder neben trippelnden Japanerinnen – übrigens dreht sich niemand nach ihnen um –, aber es ist ein Kosmopolitismus ohne Inzucht: Die Zürcher haben sich von den Fremden nicht vertreiben lassen; auf der Bahnhofstraße sehen die Zürcher ein wenig wie Inder, die Inder ein wenig wie Zürcher aus. Das ganze Jahr schmücken sich die Fremden für die Bahnhofstraße: Im Dezember läßt die *Bahni* sie an ihrer Weihnacht teilnehmen. Und schließlich liebe ich die sanfte Strenge, mit der sich die Bahnhofstraße gegen den Aberwitz der Zeit behauptet – die Automobile fahren etwas leiser als anderswo und die blauen Straßenbahnen klingeln etwas fröhlicher; die Menschen aber, vor allem, gehen etwas langsamer. Am schönsten ist die Bahnhofstraße zwischen zwölf und zwei Uhr mittags; viele Geschäfte schließen, die Menschen essen oder schlafen – man sieht dieser dösenden Straße nicht an, wie trotzig sie ist: Und mag die Welt noch so hasten, in der Atemlosigkeit hält sie den Atem an. Eines der größten Geschäftszentren der Welt ist zwischen zwölf und zwei ein Kurpark für Nervenkranke.

IV.

J'ai deux amours – mon pays et Paris«, sang einst Josephine Baker, die dunkle Königin der *Music-halls*. Jeder von uns hat eine Heimatstraße, eine Kinderstraße, die er liebt. Aber für jeden, der die Zürcher Bahnhofstraße kennt, ist sie eine zweite Liebe. Die charmanteste Hundertjährige.

St. Galler Tagblatt, September 1963

Die Legende vom Kaffeehaus

I.

Der 275. Geburtstag eines Menschen oder einer Institution ist keine runde Zahl; er wird selten gefeiert. Anders ist es in Wien, wo jetzt der 275. Geburtstag des Kaffeehauses mit Veranstaltungen und Ministerreden feierlich begangen wurde. Manch Hübsches hat man dabei aus der Historie des Cafés aufgewärmt – obschon eigentlich nichts, was mit Kaffee zu tun hat, aufgewärmt werden sollte –: so etwa, daß es der serbische Kundschafter Georg Franz Kolschitzky gewesen ist, der 1683 mit einigen Säcken von den Türken entwendeten grünen Bohnen das erste Kaffeehaus gründete. Manch Beklagenswertes auch bekam man zu hören: Dreißig bis vierzig Kaffeehäuser verschwinden jährlich; die liebenswürdigen Geheimwörter *Kapu-*

ziner, Einspänner, Schale Gold weichen dem nüchtern-internationalen Espresso. Sie sind sentimentale Wahrzeichen Wiens, diese Kaffeehäuser, deren Wände mit Kaffeegeruch imprägniert sind; wo die in Holzrahmen gespannten Zeitungen, ihrer Schlagzeilenhysterie entkleidet, alsbald angenehm dahinaltern; wo manch seriöser Kaufmann, durch ein Ecktischschlümmerchen erfrischt, zwischen zwei Schachpartien seine Geschäfte abwickelt. Die böse Lust, die Feiertagsstimmung zu stören, ergreift einen dann auch nur, weil in Reden und Aufsätzen in erster Linie auf die geistige Bedeutung des Kaffeehauses hingewiesen wird, auf seine schöpferische Rolle in Kunst und Literatur. Hier regt sich der historische Protest, und hier wird die Sache, auch weitab von Wien, interessant.

II.

Daß die Kaffeehausluft zur Größe der österreichischen Literatur, der Literatur überhaupt, beigetragen hätte, ist eine Legende. Zuweilen besuchten Österreichs große Dichter, von Grillparzer bis Schnitzler, von Nestroy bis Werfel, das *Café Fenstergucker* oder das *Café Central,* aber ebenso besuchten sie öffentliche Badeanstalten, ohne daß man diese als literarische Anstalten ansprechen könnte. »Zuhause« war im Wiener Café niemals die Literatur, Heimat war es immer nur den Literaten. Die Literaten haben die Literatur nie mehr geliebt als Beckmesser die Opern von Wagner. Geliebt haben sie immer nur sich selbst, Fußvolk der Fußnoten, ihr Kommentar eine Kommentarnung der Unproduktivität. Das Literatentum, das nun auch in Deutschland erklärt: »Was Literatur ist, das bestimme ich«, hat vor zweihundertfünfundsiebzig Jahren an den ersten Marmortischen des Wiener Kaffeehauses zu sprießen begonnen. Haben einige wenige Dichter auch vornehmlich am Kaffeehaustisch gedichtet – Roth und Kästner und Kesten –, so war das Kaffeehaus stets das Asyl der Literaten, die, weil sie kein Talent zum Dichten haben, vorgeben, keine Zeit zum Dichten zu haben. Es gibt viele Definitionen des Dichters: Auf jeden Fall aber ist er ein Mann, der schreibt statt zu sprechen. Kaffeehaustische und Konferenztisch ähneln sich: An beiden wurde seit eh und je zerredet, was an Schreibtischen geschrieben wurde. Ein Wiener Kaffeehaus nannte man »Café Größenwahn«, doch schlürft der Größenwahn an allen Kaffeehaustischen seinen Kapuziner. Die Arroganz der Literaten wählte nicht umsonst das Kaffeehaus, wo man sich gleichzeitig über den Bürger am Nebentisch und den »Kollegen« am Schreibtisch erheben konnte. Die Geburtstagsromantik will aus Österreichs Kaffeehausliteraten Dichter und aus seinen Dichtern Kaffeehausliteraten machen: In Wirklichkeit haben die Dichter, empfindsamer als sie sein sollten, unsäglich unter der schalen Kritik, der neidischen Mißgunst und dem frechen Meinungsterror des Kaffeehauses gelitten. Von Grillparzer bis Werfel fiel die Literatur im Wiener Literatencafé immer durch. Daß es dabei selbst durchfiel, hat es an seinem zweihundertfünfundsiebzigsten Geburtstag noch immer nicht bemerkt.

III.

Mit dem Zauber der alten Wiener Cafés hat das nichts zu tun, nur eine kulturhistorische Korrektur war am Platze. Im milden Süden wie im rauhen Norden ist der Dichter nur am Schreibtisch zuhause. Wann feiert der Schreibtisch Geburtstag ...?

Neue Rhein-Zeitung, September 1958

Das traurige Paradies

Er hatte es gar nicht so gemeint, der Dr. Daniel Gottlob Moritz Schreber. Er war ein Leipziger Arzt, Spezialist für Orthopädie. Eigentlich kam es ihm nur auf Bewegung, Wandern, Luft und Hygiene an. Aber er erkannte, daß sich der Mensch am liebsten auf ein Ziel zubewegt. Da forderte er die Großstädter auf, an den Stadträndern einen kleinen Garten sich zu bauen, vielleicht auch etwas Gemüse zu pflanzen und einen Obstbaum. Ganz individuell, im Niemandsland der Großstädte. Kleine grüne Inseln, jenseits der Endstationen, Ziel und Rast der Sonntagswanderung. Aber der Mensch konnte sich schon damals nicht bewegen, ohne eine Bewegung zu gründen. Vor hundert Jahren, im Sommer 1864, griff der Leipziger Schuldirektor E. J. Hauschild die Idee auf. Er gründete die Schrebergärtenvereine. Nun wuchsen die »Schrebergärten« wie Pilze aus dem Boden, breiteten sich an den Eisenbahnschienen aus, krochen sie die Hügel hinauf, drängten aneinander, wurden Symbole einer armen Sehnsucht. Sie wurden auch die Vorläufer des Camping.

***

Man kann manches Kulturgeschichtliche, ja manches Historische an den Schrebergärten ablesen. Erstens einmal den fatalen Drang des Menschen nach Kollektivität. Der Dr. Schreber war ein weitsichtiger Mann: Er sah das Wachstum der Städte voraus, die Ausbreitung des steinernen Meeres, die Verpestung der Luft, den Wolkenkratzerbau von Babel. Aber so weitsichtig war er nicht, daß er an Vereinsgründer gedacht hätte. Schon wenige Jahre nach seinem Tod – er starb 1861 – gab es überall in Europa, besonders in Deutschland, Österreich und der Schweiz, Kolonien von Schrebergärten, traurige kleine Paradiese, mit Zäunen aus Kistenholz oder Stacheldraht voneinander getrennt, mit winzigen Hütten, zuerst für Gartenwerkzeug, Arbeitskleidung und Kaninchen, dann für die ganze Familie. In den beiden Weltkriegen erwiesen sich die Schrebergärten praktischer, als es Dr. Schreber je geplant hatte. Der Schrebergärtner, auf den der Villenbesitzer hinuntergeschaut hatte, wurde der beneidete Besitzer von Gemüse und Obst; Landpacht und Mieterschutz wurden auf den Kleingärtner angewandt; sogar in Amerika breiteten sich die Schrebergärten aus, wenn man auch den Erfinder aus Leipzig vergaß, man nannte sie *Victory-gardens*. Im Wirtschaftswunder der Nachkriegszeit begannen die

Schrebergärten seltener zu werden. Aus dem kleinsten Bürger wurde ein Kleinbürger, der Kleinbürger strebte nach dem großen Bürgertum. Aus dem »Garten« auf dem Balkon war einst der Schrebergarten geworden, jetzt verachtete man einen Garten, der kein Wohnhaus umgab. Das Schrebergartenhäuschen, vor dem der eigene Wagen parkt, ist kein Gartenhaus mehr. Schließlich nahm das Camping überhand, diese überaus merkwürdige Flucht aus der Enge der Großstädte in die Enge des Zeltlagers, diese Primitivität mit Wasserspülung, diese kollektive Einsamkeit. Der Schrebergarten hatte noch etwas von der Sehnsucht nach der Stabilität des neunzehnten Jahrhunderts, von der bescheidenen Illusion des Privatbesitzes, vom bürgerlichen Familiensinn, von dem späten Protest gegen das Nomadentum. Es war nie mehr als ein trauriges Paradies gewesen, aber man wußte wenigstens, wo es sich befand. Jetzt fährt der Mensch, sein Haus im Kofferraum, durch die Landschaft und sucht das Paradies, an dem er blind vorbeifährt.

***

Aber man sollte nicht sentimental werden. Der Schrebergarten ist hundert Jahre alt, er ist altersschwach, er liegt in Agonie. Der höchst fortschrittliche Dr. Schreber würde ihm wahrscheinlich keine Träne nachweinen. Die Mietskasernen steigen immer höher, aber die Sehnsucht des Bürgers ist das Einfamilienhaus mit einem kleinen Garten, und die Verwirklichung dieses Traumes rückt näher. Je reicher ein Land, desto weniger Schrebergärten gibt es – in der Nähe der deutschen und Schweizer Großstädte verschwinden sie allmählich, in dem ärmeren und konservativeren Wien gibt es immer noch 263 Kleingartenvereine mit 34 000 Mitgliedern. Sie gleichen den Hundertjährigen, zu deren Geburtstag der Bürgermeister gratuliert und deren Namen er gleich wieder vergißt. Eine Blume für den hundertjährigen Schrebergarten also – und sei es auch eine Blume, die nicht mehr aus dem Schrebergarten stammt.

St. Galler Tagblatt, Juli 1964

Wenn einer keine Reise tut ...

Wer befindet sich denn noch in Deutschland, fragte man sich, wenn man auf den Parkplätzen von Verona, Athen, Nancy und Kopenhagen vor lauter *D's* den Parkplatz nicht mehr sah, wenn einem auf den Caféterrassen von Ascona, Velden, Brindisi und Malaga diverse Landessprachen, nämlich Berlinerisch, Schwäbisch oder Bayerisch entgegentönten, wenn einen die Kellner am venezianischen Lido, in Ostende oder Scheweningen der Einfachheit halber gleich deutsch anredeten.

So wenigstens geschah es in diesem Sommer, sagt man mir, denn ich selber reise nur, wenn es unerläßlich ist. Was niemand daran hindern soll, auch im nächsten Jahr wieder seine Koffer zu packen. Ich selbst habe mir eine Philosophie des Nichtreisens zurechtgelegt – und sie beginnt gleich mit dem Kofferpacken.

Man wird mir zugeben, daß das Packen von Koffern, besonders wenn man seinen Aufenthaltsort oft ändert, zu jenen Lästigkeiten gehört, die nicht das Schicksal bestimmt hat. Man hat da nur die Wahl, entweder sein halbes Heim auf den Buckel zu nehmen, in welchem Fall man mehr packt als reist, oder »leicht« zu reisen, in welchem Fall man just das zuhause gelassen hat, was man unbedingt braucht, um den Widrigkeiten der Witterung oder der Bademode zu trotzen.

Nun reisen ja viele Menschen nicht, um sich zu erholen – das könnten sie zuhause besser und billiger, indem sie, zum Beispiel, das Telephon abstellen. Sie reisen, um fremde Länder, Menschen und Sitten kennenzulernen. Hier wird die Sache ausgesprochen bedenklich.

Wenn sich die Menschen mehr liebten, je besser sie sich kennenlernten, dann gäbe es heutzutage, da Völker in Waffen von Völkern auf Rädern abgelöst wurden, überhaupt keine Feindlichkeiten, von Kriegen ganz zu schweigen. Leider ist das Gegenteil wahr. Zwar meint es der Gepäckträger nicht böse, aber da man sich mit ihm in seiner Sprache nicht verständigen kann, ist man bald überzeugt, daß er der Repräsentant einer überaus feindlichen Nation ist. Zwar ist, um es ganz gewerkschaftlich auszudrücken, das »Gastgewerbepersonal« in der Heimat nicht minder trinkgeldsüchtig als im Ausland, aber man geht doch nicht fehl, wenn man die ausgestreckte Hand eines französischen Portiers für kein Zeichen der Völkerversöhnung, sondern eher für ein Charakteristikum des Hochnehmens hält. Der Tourist ist, kurz gesagt, ein freiwilliger Fremdarbeiter, und seine Reaktion auf das Gastgeberland ist nicht weniger unfreundlich als jene der minderbemittelten Fremdarbeiter. Wohin der Mensch auch reist, er reist todsicher in einen Minderwertigkeitskomplex. Er ist am Ende so gereizt, daß er nichts reizend findet.

Was dagegen die Sitten fremder Länder betrifft, so lernt man sie hauptsächlich kennen, um festzustellen, wie viel besser die eigenen sind. Reist man von einem Luxushotel zum anderen, dann sammelt man die verhältnismäßig einfache und unverhältnismäßig kostspielige Erfahrung, daß sich Zürich, London oder Rom in nichts voneinander unterscheiden; reist man dagegen »billig«, dann lernt man auf ermüdende Weise die Überlegenheit der heimatlichen Küche, des heimatlichen Service und der heimatlichen Badewannen kennen.

Richtig ist, daß man einmal auf der Akropolis gestanden haben muß. Das ist aber in der Reisesaison ziemlich wertlos, weil es für die Kunstbetrachtung einer gewissen Muße bedarf und weil doch selbst der Ritter Tannhäuser, der gewiß kein Flugzeug benützte, auf der Börse zu Hamburg meinte: *»Ich glaubte, ich wär noch in Celle.«* Da aber, besonders bei älteren Leuten, der Besuch berühmter Stätten ohnedies nur der Erhöhung des gesellschaftlichen Status dient, erwäge ich den Gedanken, in jeder Stadt ein Büro zu errichten, das gegen ein geringes Honorar die Versendung von Ansichtskarten mit den »lieben Grüßen« des daheimgebliebenen Auftraggebers an Verwandte, Bekannte und andere Neider übernimmt.

Ich weiß: Mein Appell an Bequemlichkeit und Sparsamkeit

wird ungehört verhallen. Vielleicht nützt es schon eher, wenn ich das patriotische Gefühl anspreche. Kehren nämlich die Deutschen von ihren Auslandsreisen mit der freilich wohltuenden Gewißheit von der eigenen Überlegenheit zurück, so gleicht sich das wieder durch den Deutschenhaß aus, den sie allüberall verbreiten. Das ist, es sei gleich gesagt, nicht ihr Fehler. Sie benehmen sich im Ausland nicht besser, aber auch nicht schlechter als die Angehörigen anderer Stämme. Die Menschen sind wie gewisse, nicht allzu wertvolle Weinsorten: Sie reisen schlecht. Das unterbewußte Gefühl: »Den seh' ich nicht wieder« ist dem zivilisierten Zusammenleben der Völker keineswegs zuträglich. Wer »Ferien vom Ich« macht – und ich wüßte nicht, warum man sonst Ferien machte –, der verstaut zwar allerlei überflüssiges Zeug in seinem Gepäck, aber sein ohnedies schwer erworbenes zivilisiertes Betragen vergißt er zuhause. Wenn man sich gut benehmen will, lohnt es sich überhaupt nicht, wegzufahren. Soll man jedoch den guten Ruf seiner Nation ständig im Sinne haben, ist der blumengeschmückte Balkon der eigenen Wohnung der richtige Ferienaufenthalt.

Was nützt es? Es gibt zu viele gute und schlechte Gründe, seine Zelte zuweilen auf fremdem Boden aufzuschlagen. Man will sich bilden, ohne zu lesen; man will zeigen, daß man sich etwas leisten kann, dafür muß man etwas leisten; man will nicht entspannen, weil der plötzliche Tempowechsel zum Herzinfarkt führt; man will etwas erleben, weil man sich das ganze Jahr gelangweilt hat; man will die teuer erworbenen Beförderungsmittel amortisieren; man will, um des Himmels willen, nicht allein sein, und man will, vor allem, sich selbst entgehen.

Mißversteht mich nicht, Freunde: Ich will es niemand verleiden. Nur erinnere ich mich, für meinen Teil, an meine kluge alte Tante, die zu sagen pflegte: »Die Ehe ist eine Institution zum gemeinsamen Ertragen von Mißlichkeiten, die man nicht zu ertragen brauchte, wenn man nicht geheiratet hätte.« Das gilt auch für das Reisen.

Er, Oktober 1965

Fünfzig Jahre Wochenende

I.

Samstag und Sonntag gibt es, seit es einen Kalender gibt, aber das »Wochenende« gibt es erst seit fünfzig Jahren. Kein Zufall, daß sich das deutsche Wort erst langsam einbürgerte, denn das »Weekend« kommt aus Amerika. Es ist ein Meilenstein des Fortschritts und wird, fünfzig Jahre später, zur sozialen Gefahr.

II.

Der soziale Fortschritt äußerte sich vorerst in der verkürzten Arbeitszeit. Bis 1910 wurde in Amerika – in den meisten europäischen Staaten noch lange danach – am Samstag gearbeitet. Kurz nach der Jahrhundertwende begann man in Amerika, die Arbeit schon am Samstag mittag niederzulegen. Der Mensch brauche mehr Zeit »für sich«. Anfangs änderte sich wenig. Der Samstagnachmittag diente der Rast, zur Vorbereitung auf den Sonntag. Noch hieß es: »Raste viel und haste nie,/ Sonst haste die Neurasthenie.« Am nächsten Morgen ging man zur Kirche. Das Sonntagsfrühstück blieb ein Familienfest. Den ganzen Vormittag zog der Geruch des Sonntagsbratens durch die Wohnung. Vater unternahm einen Sonntagsspaziergang, trank vielleicht einen Frühschoppen, die Kinder spielten. Am Nachmittag wurde entweder ein Ausflug ins Freie unternommen, oder man empfing Besuche von Freunden, besuchte sie. Man ging früh schlafen, um sich auf eine neue Arbeitswoche vorzubereiten.

III.

Mit der »Erfindung« des Weekends wurde das alles anders. Niemand weiß, woher die Mode kam, das Heim möglichst schon am frühen Nachmittag des Samstags zu verlassen, aber 1913 schrieb der amerikanische Kulturhistoriker Howes, man merke den Wohlstand des Bürgers daran, daß »*die Fensterläden seines Hauses am Sonntag geschlossen sind*«. Um diese Zeit war indes das Weekend noch ein reiner Segen. Die Wochenendausflüge, die man höchstens einmal im Monat unternahm, bedurften einer so umsichtigen Organisation, daß sie die Mitglieder der Familie einander noch näher brachten. Man hatte die ganze Woche etwas, worauf man sich freuen konnte – Vorfreude, die größte der Freuden –, und man beschäftigte sich tagelang mit der Vorbereitung des unerläßlichen Picknicks. Der Wochenend-Rummel, der den Segen in einen Fluch verwandelt, setzte erst nach dem Ersten Weltkrieg ein, um neunzehnhundertundzwanzig.

IV.

Keine einzige zivilisatorische Einrichtung hat die Familie mehr erschüttert als das Weekend. Der Mensch braucht Korsettstangen: Das Heim ist eine solche Korsettstange, so daß die Familie, mag sie auch traut vereint »auf« Weekend gehen, einer Familie kaum noch ähnelt. Aber von traut vereint ist keine Rede. Die Kinder, einmal den sogenannten Kinderschuhen entwachsen, benützen das Wochenende, sich von den Eltern zu entfernen, von denen sie sich entfernt haben. Durfte sich der Mensch früher, von der Kollektivität seines Alltags befreit, wenigstens am Sonntag auf sich besinnen, so rast er jetzt schon am Samstagnachmittag in eine neue Kollektivität. Jedenfalls tut er, was er die ganze Woche getan hat, nämlich das, was die anderen tun. War die Arbeitszeit schon vor fünfzig Jahren mehr oder weniger industrialisiert, so wird es jetzt auch die Freizeit. Sie wird, was mit der freien Zeit nie geschehen dürfte, »gestaltet«. Nichts ist dafür bezeichnender als das Camping, eigentlich als Flucht in die Natur, Primitivität und Einsamkeit gedacht, jetzt ein Konzentrationslager der Lebensfreude. Nicht minder bezeichnend die jüngste Feststellung deutscher Ärzte, daß sich die meisten Herzanfälle am Montag ereignen, nicht etwa als Reaktion auf die feiertägliche Entspannung, sondern weil die

Rückkehr zur Arbeit auf den erschöpfenden Wettlauf mit dem eigenen Vergnügen folgt. Der Zwang zur Entspannung ist überaus anstrengend.

V.

Solche Erkenntnisse werden nichts ändern; es wird von Wochenend zu Wochenend schlimmer werden. Kein guter Rat verhindert die Absurdität der Ferien auf Raten. Man sollte wenigstens daran denken, welch teuflische Kräfte am Werk sind, um jedes Haus, das sich der Mensch baut, in einen Kerker zu verwandeln. Vielleicht sogar ein Wochenendhaus.

Badisches Tagblatt, Januar 1961

Das Ende der Neugierigen

I.

In Lardy, unweit von Paris, wird in den nächsten Tagen ein Altersheim eröffnet werden, wie es die Welt nie zuvor gekannt hat. Ein Altersheim für die unbeliebtesten Alten Frankreichs. Denn das sind die zweifellos, die Hausbesorgerinnen, die *concierges,* für die hier der wackere Gewerkschaftsobmann René Laffon eine vorletzte Ruhestätte geschaffen hat. Im übrigen, heißt es, haben es die vier Concierge-Gewerkschaften beileibe schwer. Sämtliche modernen Häuser von Paris werden ohne Concierge-Wohnungen gebaut. In der ganzen Metropole gibt es nur noch 64 000 von der berühmten Sorte. Man wird die Concierges, die einstigen Königinnen von Paris, demnächst im Museum zeigen.

II.

Wer je in Paris gelebt hat, der weiß von der Schreckensherrschaft der Concierges ein Lied zu singen. Die Concierge-Wohnung befand sich meistens gleich hinter dem Eingangstor und war mit einer Glastür versehen. Kein Zufall, denn kein Geringerer als Napoleon Bonaparte hat es so verfügt. Der Kaiser, der Vater der Concierges sozusagen, hatte angeordnet, daß im Erdgeschoß jedes Hauses ein »Hausmeister« etabliert werde: Die Concierges, treue Bonapartisten samt und sonders, standen im Dienst der Geheimpolizei und berichteten ihr regelmäßig von geheimen Zusammenkünften, verdächtigen Besuchern, keimenden Verschwörungen. Eine solche Tradition verpflichtet. Später wollte die Polizei zwar nichts mehr von den Concierges wissen, aber die Spionage war den guten Leuten – fast ausschließlich Damen – zur lieben Gewohnheit geworden: Nun interessierten sie sich für gesellschaftliche Ereignisse, diskrete Besucher und Besucherinnen, beginnende und zerbrechende Liaisons. Böse Zungen behaupteten, die Concierges täten nichts, was sie sollten, und alles, was sie nicht sollten. Huschte eine mehr oder minder verschleierte Frauensperson an der Portierloge vorbei, hinauf zu ihrem Liebhaber: Die Concierge war immer da, blickte hinweg über ihre Drahtbrille, schüttelte den Kopf oder äußerte sich in einer Sprache, die mit der Racines oder Corneilles wenige Ähnlichkeiten hatte. Klopfte man jedoch schüchtern an, um zu fragen, ob Monsieur Laporte oder Madame Dunant im dritten oder vierten Stock wohne, begann die unvermeidliche Straßenkreuzungsmischung erbärmlich zu kläffen, und die Concierge äußerte sich, sofern sie überhaupt eine Auskunft erteilte, aufs abfälligste über diese Störung ihres Rundfunkempfanges. Verdarb die enge Loge, in der die Concierges hausten, den Charakter, oder bedurfte es besonderer Charaktereigenschaften, um diesen Beruf zu wählen? Gleichviel: Es gibt heute manche Leute in Paris, die sich fragen, wie es da in Lardy zugehen wird, wo man zum ersten Mal an die hundert Logenhüterinnen zusammensperrt.

III

Dabei haben sie zu Paris gehört wie der Louvre oder der Arc de Triomphe. Hausfrauen, die einen Weg gefunden hatten, mit der

Concierge auszukommen, wurden bewundert, als ob sie das Penicillin erfunden hätten. Es war weniger gefährlich, den Geburtstag der eigenen Frau zu vergessen als den der Concierge. Man lästerte über die Bestechlichkeit der Concierges, aber das Leben wird manchmal erst durch Korruption erträglich, und man vergaß, daß die Concierges mit vierzig bis achtzig Francs im Monat elend bezahlt waren – nun ja, die Geheimpolizei, die sie, im Sinne des Schöpfers, hätte bezahlen müssen, wollte den Hausherren nicht mehr unter die Arme greifen. Neben ihrem Einkommen schwand auch die Macht der Haustordamen dahin, die ja hauptsächlich im Besitz des Haustorschlüssels bestanden hatte: Seit halbwüchsige Töchter und nachtschwärmerische Hausgehilfinnen ihren eigenen Schlüssel haben, war es um die Schlüsselposition der Concierges geschehen. Es war ein Wunder, daß man überhaupt noch Concierges bekam: Die Neugierde, wer weiß, ist ausgestorben. Es ist ein trauriges Symbol der Torschlußpanik, daß sich die Concierge-Gewerkschaft für das Altersheim in Lardy umsonst nach einer Concierge umsieht. Niemand will Concierge bei den Concierges sein.

NRZ am Sonntag, März 1964

Ein selbstloser Gruß

I.

Wer in seiner morgendlichen Post eine Ansichtskarte findet, der schiebt mit einer instinktiven Geste alle Briefe beiseite und sieht lächelnd nach, wer ihm da einen Gruß gesandt hat. Lächelnd, selbstverständlich, denn von der Ansichtskarte geht ein Lächeln aus, das der Griesgrämigste erwidern muß. Es gibt häßliche Briefe, unter denen die »Binnenbriefe« und die anonymen die häßlichsten sind. Telegramme haben an und für sich etwas Erschreckendes, als hätten es die guten Nachrichten nicht so eilig: nur die schlimmen glauben, schnell reisen zu müssen. Das bezieht sich auch auf Expreßbriefe, deren rote Etikette Alarm verkündet: Liebesbriefe werden nur selten eilig befördert. Nicht zu sprechen von den rekommandierten: Die gelbe Marke versinnbildlicht wohl die Geistesverfassung des Absenders, der meint, mit seiner Absendebestätigung gleichsam einen Beweis gegen den Adressaten in Händen zu halten. Keine solche Drohung geht von der Ansichtskarte aus, keine Hast, keine Forderung. Nicht einmal die peinliche Pflicht, zu antworten. Es gibt unbeantwortete Briefe, hämische Zwerge, die in der Mappe *Zu beantwortende Post* zu bösen Riesen werden. Unbeantwortete Ansichtskarten gibt es nicht. Der Mann, der sie erfand, vor neunzig Jahren, war ein Wohltäter. Er war wahrscheinlich auch ein Dichter.

II.

Sein Name ist vergessen. H. von Stephan hieß er, das ist alles, was man von ihm weiß. Ein Österreicher war er, wahrscheinlich einer jener feinsinnigen Edelleute, die in der k. u. k. Monarchie zuhause waren. Er propagierte die Postkarte eigentlich schon 1865, aber die österreichische Bürokratie brauchte vier Jahre, um sie zu »genehmigen«, und die deutsche Post führte sie erst 1870 ein. Sie war, als sie »für das nord-deutsche Postgebiet zugelassen« wurde, noch nicht illustriert. Ja, er mußte wohl ein Dichter gewesen sein, der Herr von Stephan. Deshalb sind die Ansichtskarten teils Illusionen von Reisen, teils reisende Illusionen. Mag ein Sommer noch so verregnet sein: Selbst auf den Postkarten von der Nordsee oder aus dem Salzkammergut scheint die Sonne beharrlich. Mag der Verkehr in einer Hauptstraße so mörderisch sein, daß die ganze Stadt nur aus den Lizenznummern von Automobilen zu bestehen scheint: Die Photodichter, die Ansichtskarten herstellen, sehen die Straßen im milden Licht des Morgengrauverkehrs. Auf Ansichtskarten gibt es keine schlechten Schneeverhältnisse, keine fetten

Strandnymphen und keine Grenzschikanen. Ansichtskarten sind die Briefe der Optimisten. Es ist kein Wunder, daß sie aus der Mode kommen.

III.

Vielleicht eine Wiedergeburt in Deutschland, wo ihre Wiege stand? Es hieß einst, die Deutschen, denen man ihre Untugenden leichter verzeiht als ihre Tugenden, seien Ansichtskarten-Touristen; sie sähen Natur und Städte nicht mehr, weil sie ihre Nasen zu tief in Ansichtskarten stecken. Man lästerte sogar, sie unternähmen Reisen nur, um »herzliche Grüße aus dem Süden«, oder »liebe Gedanken bei einem Glas Wein« heimwärts zu senden. Gewiß, es gab einige, die »aus lustiger Gesellschaft« Ansichtskarten mit einem Dutzend Unterschriften schickten, obwohl sie ganz allein auf der Seeterrasse saßen, und manche wollten sogar Neid erwecken mit ihrer kostspieligen Wanderlust. Aber warum sollte man sich über eine so harmlose Prahlerei beklagen? Wer eine Ansichtskarte schreibt, der will ein wenig von seinem eigenen Glück in den Alltag senden. Es gibt keine selbstlosere Grußform als die Ansichtskarte, nicht einmal das Lüften des Hutes, denn der Ansichtskartenschreiber erwartet nicht, daß man ihn »zurückgrüßt«. Es ist eine wehmütige Statistik, die zeigt, daß, inmitten der allgemeinen Konjunktur, das Ansichtskartengeschäft zurückgeht. Zur Not schreibt man noch Ansichtskarten, aber man sammelt sie nicht mehr. Ob die Ansichtskarte an ihrem hundertsten Geburtstag so verpönt sein wird wie heute der Gartenzwerg? Es hat uns nichts genützt, die Gartenzwerge zu verbannen. Das Ende der Ansichtskarte wäre der Verlust der Alltagspoesie.

Neue Ruhr-Zeitung, Mai 1960

Gedanken zum Kalender

Es ist die Zeit der neuen Kalender. Was tut man, wenn man einen neuen Kalender bekommt? Man sieht nach, auf welchen Wochentag der eigene Geburtstag fallen wird. Wodurch unterscheidet sich der Kalender von anderen Geschenken, zum Beispiel einer Krawatte? Man kann ihn nicht umtauschen. Im Durchschnitt bekommt jeder Deutsche zu Beginn des Jahres drei Kalender. Kalendermacher sollte man sein!

***

Dabei ist der Kalender gar kein angenehmer Begriff. Er stammt von den Römern. Die wollten ihre Steuern und Zinsen zur rechten Zeit eintreiben. Am Ersten jedes Monats. Sie trugen daher ihren Priestern auf, den Himmel genau zu beobachten und möglichst laut zu verkünden, wenn sich die erste schmale Mondsichel am nächtlichen Firmament zeigte. *Calo* heißt: Ich rufe! Sie riefen zu Steuer- und Zinszahlung. Ein unangenehmes Wort.

***

Jedes Kalenderblatt wird von der Hand des Todes abgerissen. Zwei feindliche Geschwister regieren die Welt. Der Bruder hart, herzlos und skeptisch, ein Menschenverächter. Die Schwester wohltätig und mild, voll Mitleid für die Menschen. Prinz Kalender und Prinzessin Uhr. Der Kalender mahnt an die Vergänglichkeit, die Uhr erinnert an die Ewigkeit. Immer weniger werden die Kalenderblätter, bangend sieht der Mensch sie schwinden; je weiter der Wind sie forttreibt, desto atemloser läuft er ihnen nach. »Vergebens verfolgst du mich«, höhnt Prinz Kalender. »Alles Verlorene ist endgültig.«

***

So endgültig ist der Kalender aber nicht. Zur Zeit Papst Gregors XIII., im sechzehnten Jahrhundert, war der Kalender allzusehr in Unordnung geraten. Weil nämlich jedes Jahr um elf Minuten und vierzehn Sekunden kürzer gewesen war, als die Römer angenommen hatten. Dem ordnungsbedachten Schöpfer des Gregorianischen Kalenders blieb nichts anderes übrig, als autoritär zu verfügen, daß im Jahre 1582 auf den vierten Oktober der fünfzehnte folge. Jeder Mensch, der damals lebte, alterte in einem Tag um elf Tage. Jetzt gibt es Leute in der UNESCO, die meinen, man müsse wieder Ordnung schaffen. Sie möchten, daß jeder Tag in jedem Jahr auf den gleichen Wochentag falle. Das ginge ohne weiteres, wenn man jedes Jahr einen »weißen Tag« ohne Datum einschalten würde. In Schaltjahren zwei »weiße Tage«. Was die Leute für Sorgen haben!

***

Wer zum Jahreswechsel einen Kalender bekommt, den reizt es, Tagebuch zu führen. Mindestens fünfzig von hundert tun das auch. Im Januar. Spätestens im März erlahmt der Tagebucheifer. Es ist mit dem Tagebuchführen wie mit allen Grundsätzen. Höchstens einer von hundert führt sie aus.

***

Der älteste Kalender soll von den Ägyptern im Jahre 4221 vor Christi Geburt geschaffen worden sein. Natürlich gab es nur einen und er galt als mindestens so geheim wie heute die Konstruktion einer Kobaltbombe. Was aber hoffentlich nicht heißt, daß man in sechstausend Jahren in jedem Papiergeschäft eine Kobaltbombe wird kaufen können.

***

Zum guten Schluß drei Aussprüche über den Kalender. Lord Byron: »*Der griechische Frohsinn, zum Unterschied von der römischen Strenge, war vielleicht darauf zurückzuführen, daß die Griechen keinen Kalender besaßen.*« Sacha Guitry: »*Das waren noch glückliche Zeiten, als man nach dem Kalender lebte*

– jetzt lebt man nach der Uhr.« Julius Wilhelm Zincgreff: *»Die Kalendermacher machen den Kalender, aber Gott macht das Wetter.«* Dieser Spruch stammt übrigens aus dem Jahr 1626 und steht in dem Buch *Des Teutschen scharffsinnige kluge Sprüche*.

Allgemeine Zeitung, Dezember 1962

An ein Buch

Liebes Telephonbuch!

Die Kulturgeschichten des Alltags, in denen ich mit besonderem Gewinn zu blättern liebe, belehren mich, daß Du in diesem Mai fünfundsiebzig Jahre alt wirst.

Natürlich kennst Du Deine eigene Geschichte, aber das ist bei berühmten Jubilaren nun einmal so üblich, daß man ihnen erzählt, was sie selbst am besten wissen.

Du wurdest also vor fünfundsiebzig Jahren in New York geboren. Ob man das Telephon vom Jahre 1861 datiert, als Philipp Reis mit dem ersten Telephon für elektrische Tonübertragung hervortrat, oder von 1876, als Alexander Graham Bell das erste praktisch brauchbare Telephon konstruierte – das erste Telephonbuch gab es jedenfalls erst dreizehn Jahre später. Der Name Deines Erfinders ist unbekannt. Was soll das übrigens heißen – »erst« dreizehn Jahre später? Daß zwischen der Einführung des Fernsprechers und der Geburt des ersten Telephonbuches nur dreizehn Jahre vergingen, beweist einerseits den Siegeszug des Telephons, anderseits aber, daß das Telephon ohne das Telephonbuch eine ganz und gar nutzlose Erfindung wäre.

Jetzt, an Deinem fünfundsiebzigsten Geburtstag, gehen mir allerlei Gedanken durch den Kopf, nicht zuletzt nämlich, wie wandelbar die Begriffe des sozialen Ansehens, des gesellschaftlichen Status, des lieben Snobismus doch sind. Im Jahre 1889, Deinem Geburtsjahr, und noch gut ein paar Jahrzehnte danach, gehörte man, so man in ein Telephonbuch aufgenommen wurde, zu der erlesensten Elite, ja es wird behauptet, daß es Leute gab, die sich auf die spitzfindigste Weise eine Telephonnummer beschafften, obwohl sie gar kein Telephon besaßen. Ich sage Dir nichts Neues, liebes Telephonbuch, und sage es nicht gern öffentlich, aber heutzutage gibt es schon Leute, die sich besonders fein dünken, wenn sie zwar in jedem Zimmer einen Apparat haben, im Telephonbuch jedoch nicht erscheinen: Sie wollen zeigen, daß sie jeden herbeizuläuten vermögen, ohne jemals selbst angerufen werden zu können. Insbesondere Staat- und Filmstars gehören zu diesen hochnäsigen Besitzern von sogenannten Geheimnummern, während es zugleich für die demokratische Gesinnung gewisser skandinavischer Monarchen spricht, daß sie auf Deinen Seiten registriert sind: nüchtern und wortkarg scheinst Du zu sein, und erzählst doch, siehe da, ganze Telephonbände vom Wandel der Demokratie.

Im übrigen brauchst Du Dich um den eitlen Klimbim nicht zu kümmern. Still und bescheiden, bist Du doch im Laufe von fünfundsiebzig Jahren zum sichersten Maßstab des Wachstums einer Stadt, eines Bezirkes, eines Landes geworden. In dieser Zeit, in der jedermann abzumagern bestrebt ist, wirst Du mit den Kalorien der Nummern bis zum Platzen gefüttert; ich wüßte kein schöneres Kompliment für eine Stadt als den Ausruf: »Was hat sie doch für ein schönes dickes Telephonbuch!« Dabei bist Du aber, was Dich so sympatisch macht, kein schmerbäuchiger Protz: Du denkst immer an andere – ich erschaudere bei dem Gedanken, wie viele Kranke gestorben, wie viele Häuser abgebrannt, wie viele Einbrecher ungestraft entkommen wären, hätte man in Dir nicht rechtzeitig die richtigen Nummern erblättern können.

Auch den Scherz des albernen Grafen Bobby, der meinte, das einzige Buch, das er je gelesen habe, sei das Telephonbuch gewesen, finde ich recht geschmacklos. Wie viele einsame Hotelgäste hast Du schon zerstreut, wie viele alte Freunde haben sich allein durch Dich gefunden, und es sind beileibe die

Dümmsten nicht, die im Telephonbuch einer fremden Stadt wie in einer Geschichtschronik lesen. Für manchen, der ein Telephonbuch vor und nach einem Krieg verglich, gemahnte es an das Grab des unbekannten Soldaten. Oder will man, wie es sich bei einem Geburtstag geziemt, von etwas Heitererem sprechen: Bist Du, liebes Telephonbuch, nicht auch ein vollwertiger Ersatz für die Zeitung, da man Dich doch nur mit Verstand zu lesen braucht, um zu erfahren, ob jetzt vielleicht, neben der neuen, auch die frühere Frau Müller in der Stadt lebt, ob aus dem Prokuristen Meier ein Generaldirektor, oder ob die junge Frau Lehmann so alt geworden ist, daß ihre Tochter schon ein eigenes Telephon besitzt?

In New York, wo Du vor fünfundsiebzig Jahren das Licht der schrillen Welt erblicktest, werden die Helden gefeiert, indem man die Telephonbücher herzlos in schmale Streifen zerreißt und auf die Boulevards hinabflattern läßt. Aber weine nicht, denn nur wer ein neues Telephonbuch sein eigen nennt, zerreißt das alte. Das Herz eines Telephonbuches bricht nie. Wer immer Dich erfunden hat: Er hat Dir das Geheimnis der ewigen Fruchtbarkeit in die Wiege gelegt.

St. Galler Tagblatt, Juni 1964

Autor mit Schreibmaschine

Lieber Mark Twain!

In diesem Jahr 1964, vierundfünfzig Jahre nach Ihrem Tod, wird der Geburtstag der Schreibmaschine gefeiert. Das wäre eigentlich Anlaß, die diversen Erfinder besagter Maschine zu zelebrieren, deren Zahl verwirrend groß ist: So geht es nun einmal mit erfolgreichen Erfindungen. Vor genau zweihundertfünfzig Jahren erfand schon der englische Ingenieur Henry Mill eine »künstliche Maschine oder Methode, Buchstaben abzudrucken oder abzuschreiben«, der Stuttgarter Friedrich Knauss, der Franzose Pierre Carmien und der Schweizer Pierre

Jacquet-Droz arbeiteten in der Mitte des achtzehnten Jahrhunderts an verschiedenen »Schreibklavieren«; kein Geringerer als der Erfinder des berühmten Pendelversuches, der französische Physiker Jean Bernard Léon, soll 1855 die »eigentliche« Schreibmaschine konstruiert haben; der Italiener Ravizza verwendete zum ersten Mal eine Schreibmaschine mit Farbband, und genau vor hundert Jahren baute der Tiroler Peter Mitterhofer, durch eine Aufmunterungsgabe des guten Kaisers Franz Joseph ermutigt, »unsere« Tippkiste. Für die Popularisierung und industrielle Erzeugung des Typewriters zeichnet – seit genau neunzig Jahren – die Firma Remington verantwortlich, die, aufgrund des Patents der Amerikaner Sholes, Glidden und Soule, gleich im ersten Jahr 146 Maschinen baute und verkaufte.

Sie lächeln, dear Mr. Mark Twain, denn Sie wissen schon, warum ich nicht diese Herren feiere, sondern an Sie schreibe: Sie waren, so heißt es, der erste Schriftsteller, der sich einer Schreibmaschine bediente. Zwei Jahre nach dem Beginn der industriellen Erzeugung unserer Schreibmaschinen, im Jahre 1876, haben Sie Teile des Manuskripts Ihres unsterblichen *Tom Sawyer* mittels eines dieser Teufelsapparate zu Papier gebracht, und Ihre Korrespondenz hätten Sie vollends per Schreibmaschine erledigt, wären Sie nicht nach jedem also geschriebenen Brief von lästigen Anfragen, natürlich technischer Natur, überflutet worden.

Nun, für die Erledigung der Korrespondenz eignet sich die Schreibmaschine heute ganz vorzüglich, und wird man von lästigen Anfragen überflutet, so geschieht es sicher nicht der schreibenden Maschine wegen. Dagegen darf ich mit allem Respekt bemerken, daß Sie mit der Verwendung des genannten Apparates für schriftstellerische Arbeiten eine überaus böse Mode ins Leben gerufen haben: Auf diese Unsterblichkeit hätten Sie wirklich verzichten können.

Vielleicht übertreibe ich ein wenig, aber ich vermute ernstlich, daß der Niedergang der Literatur mit den maschinenschreibenden Autoren begonnen hat. Da ist einmal, daß der Schreibmaschinenschrift etwas entsetzlich Endgültiges anhaftet. Was man zu Papier gebracht hat, sieht so hübsch säuberlich aus: Wer sollte noch den Mut finden, Wörter, Zeilen, ja ganze Seiten auszubessern oder wegzuwerfen? Und es ist doch so – Sie wissen es am besten –, daß bei dem Schriftsteller der Buchstabe »X« der wichtigste sein sollte: Was man aus einem Manuskript weggeext oder, ich sollte sagen, weggehext hat, ist der Schlüssel zur Zauberei. Das zweite Malheur ist die Selbständigkeit des Instruments. So eine Maschine, verehrter Freund, schreibt ganz von selbst: Sie ladet zum Viel- und Schnellschreiben ein; mit der Schreibmaschine schreibt man leichter, während doch, nicht nur nach Thomas Mann, der Schriftsteller ein Mann ist, der »schwer schreibt«. Drittens und hauptsächlich aber übt die nunmehr zweihundertfünfzig Jahre alte Erfindung eine hypnotische Wirkung aus: Sie starrt einen an und ruft einem zu: Schreib' etwas!, da doch Literatur weniger im Schreiben als im Nachdenken besteht. Wenn Sie sich die Literatur des letzten halben Jahrhunderts ansehen, werden Sie finden, daß die Zahl der Schriftsteller bedenklich gewachsen, die Zahl der Denksteller jedoch erheblich gesunken ist, und ich fürchte, auch daran hat die Konstruktion des Herrn Mitterhofer – oder wen Sie sonst dafür verantwortlich machen wollen – einen schlimmen Anteil.

Ich ersehe aus Ihrer Biographie, daß Sie selbst bald zur Feder zurückgekehrt sind: Ihr *Huckleberry Finn,* wenigstens, ist ganz und gar unmechanisch entstanden. Sollten Sie dort, wo Sie sich jetzt befinden, einen gewissen Einfluß ausüben: Vielleicht können Sie, lieber Meister, veranlassen, daß die Dichter das Schreiben mit der Maschine den Sekretärinnen überlassen und selber zur Handschrift zurückkehren.

PS. Übrigens habe ich dieses Erinnerungsblatt mit der Schreibmaschine geschrieben. Aber es handelt sich ja auch nur um einen Brief.

Göttinger Tagblatt, Oktober 1964

Lob des Bleistiftes

I.

In den ersten Dezembertagen des Jahres 1565 wurde in einem Vorort von London von einem jungen Industriellen und seinen vier Arbeitern die Gründung einer neuen »Fabrik« gefeiert. Von diesem Tag an werden in der Welt Bleistifte fabrikmäßig hergestellt.

II.

Die Erfindung des Graphitbleistiftes ist fünfundsechzig Jahre älter: Im ersten Jahr des sechzehnten Jahrhunderts hat ihn ein Engländer, dessen Name unbekannt ist, erfunden. Daß der Bleistift so »jung« sein soll, ist im Grunde merkwürdig, denn heute, da mehr und mehr Menschen zur Feder beziehungsweise zum Kugelschreiber greifen, würde man annehmen, es habe den Bleistift lange vor der Feder gegeben. Das ist falsch und richtig – richtig, weil die Stahlschreibfeder tatsächlich erst 1780 von William Harrison aus Birmingham, die Füllfeder gar erst 1841 von dem Engländer Mallet »konstruiert« wurde; falsch jedoch, weil die Chinesen schon Jahrhunderte früher den Übergang vom Pinsel zur »Feder« gefunden hatten, die alten Ägypter manche ihrer Hieroglyphen mit Hilfe von Feder und Gallapfeltinte zeichneten. Wie bei allen Erfindungen ist es übrigens schwer, ihren Ursprung genau zu bestimmen, den ganzen Ruhm einem Erfinder zu leihen. Im gleichen Jahr 1565, in dem auch die aus Südamerika eingeführte Kartoffel zum ersten Mal in Europa auftauchte, begann in Zürich ein gewisser Conrad Gesner mit der Erzeugung von Bleistiften, und diesen nun könnte man als den eigentlichen Vater des Bleistiftes bezeichnen, da er klugerweise die Graphitmine mit einem Stück Holz umgab, so daß das Gewerbe des Schreibens aufhörte, eine »schmutzige Kunst« zu sein. In deutschen Landen ließ man sich etwas Zeit, die epochemachende Erfindung gebührend zu begrüßen. Beinahe hundert Jahre vergingen, ehe Friedrich Staedtler in Nürnberg seine erste Bleistiftmanufaktur ins Leben rief; weitere hundert Jahre später erst wurde die Bleistifterzeugung durch Faber in Nürnberg zur richtigen Industrie. Der endgültige Durchbruch ließ sogar bis 1790 auf sich warten, als der französische Mechaniker Jacques Conté mit seinem Wiener Kollegen Josef Hardtmuth die Tonbeimischung zum Graphit und die Brennung der Graphitminen möglich machte, so daß man Bleistifte der unterschiedlichsten Härtegrade erzeugen konnte.

III.

Wenn die Popularität des Bleistiftes auch ihren Höhepunkt überschritten hat, so besteht doch aller Anlaß zur Geburtstagslaudatio. Bleistifte sind vor allem Gegenstände von wahrer Schönheit. Liegen sie fein gespitzt nebeneinander, erinnern sie an eine noble militärische Parade, doch haben Bleistifte, anders als Soldaten und Waffen, niemals böse Absichten. Sie haben etwas weit Menschlicheres als Federn, weil sie nämlich, wie der Mensch, vergehen: Bleistift-»Stummel« wirken wie Kranke, und der Papierkorb ist ihr Grab. Sehr menschlich ist es auch, daß der Bleistiftschrift nichts Endgültiges anhaftet: Was man mit der Feder geschrieben hat, das läßt sich nicht mehr leugnen, zumindest nicht ganz; man muß brutal vorgehen und das Geschriebene ausstreichen, während sich das mit Bleistift Geschriebene ausradieren, ganz und gar auslöschen läßt, als hätte man das Falsche nie gedacht. Bleistifte sind diskret, sie drängen sich niemals als Zeugen unserer Dummheit auf: Es sind zarte Wesen, deren Spuren sich alsogleich verwischen lassen. Auch ihre negativen Tugenden sind grenzenlos – so läßt sich mit Bleistift kein Wechsel, kein Scheck, kein Vertrag unterschreiben; man unterschreibt mit dem Bleistift nichts, das man später bereuen könnte. Zwar gibt es nur wenige Schriftsteller, die mit dem Bleistift zu Papier bringen, was sie der Ewigkeit anvertrauen wollen, aber es ist eine erwiesene Tatsache, daß fast alle Notizen zu den großen Werken mit Bleistift geschrieben wurden, und diese Notizen sind es ja schließlich, die dem Geist des Schöpfers am nächsten liegen. Nicht zuletzt sind unsere Kindheitserinnerungen mit dem Bleistift verbunden: Der Kasten mit den Buntstiften gehört zu unseren Kindheitsträumen, die keine Sammlung bunter Kugelschreiber zu verdrängen vermag. Nicht viel, das vor vierhundert Jahren erfunden wurde, hat sich in unveränderter Frische erhalten. Prosit vierhundert!

St. Galler Tagblatt, November 1965

Abschied vom Fingerhut

I.

Nur eine kleine Nachricht, doch ist sie um so trauriger: In dem deutschen Städtchen Schorndorf hat die Gablersche Spezialfabrik für Fingerhüte ihre Produktion eingestellt. Außerhalb Deutschlands werden schon längst keine Fingerhüte mehr erzeugt. Die letzte und kleinste Festung der guten alten Zeit, nur von Zwergen bewohnt, ist gefallen.

II.

Der Fingerhut ist eine Verteidigungswaffe gewesen, die natürlich nur als Antwort auf eine Angriffswaffe entstehen konnte. Übrigens haben sich die Finger spät zur Wehr gesetzt. Die Nähnadel mit feinem Öhr gab es bereits vor vierzigtausend bis dreißigtausend Jahren, also in der Jüngeren Steinzeit; sie war aus Fischgräten oder dünnen Holzsplittern hergestellt. Zehntausende Jahre später, nämlich 1389, hört man zum ersten Mal von der Verteidigungswaffe zarter Frauenhände; es war in Deutschland, der guten Stadt Nürnberg, wo sich der Widerstand gegen die ständigen Sticheleien organisierte. Übrigens war es in diesem Jahr, daß die Schneider zum ersten Mal zeigten, wie gut sie ihrerseits organisiert waren: Sie traten in Streik. Über dreihundert Jahre mußten jedoch vergehen, ehe die Erzeugung der Fingerhüte industriell aufgenommen wurde; das geschah erst 1696, ebenfalls in Deutschland. Rund hundert Jahre später erwuchs dem Fingerhut ein mächtiger Feind in der Person des österreichischen Schneidermeisters Joseph Madersperger, dem eigentlichen Erfinder der Nähmaschine. Von da an ging es langsam, aber stetig abwärts mit dem Fingerhut, bis ihm das Konfektionszeitalter den Garaus machte. Zusammen mit dem liebenswürdigen Kragenknopf, mit dem er die neckische Eigenschaft des Sichversteckens gemeinsam hatte, wandert er jetzt ins Arsenal musealer Gegenstände.

III.

Man müßte fürwahr einmal ein Museum der liebenswerten Gegenstände gründen. Neben Fingerhut und Kragenknopf fänden darin Spinnrad und Herrengamaschen, Ballfächer und Riechfläschchen ihren würdigen Platz. Sie alle repräsentieren eine Epoche. Unsere Urgroßmütter und Großmütter sind unvorstellbar ohne das Nähkästchen, in dem sich der Fingerhut befand oder befinden sollte. Die Gebrüder Gabler zu Schorndorf haben noch 112 Modelle auf den Markt gebracht, denn die Zeit des Fingerhutes war einerseits eine verspielte Zeit, andererseits eine Zeit der Klassenunterschiede: Die arme Näherin Elise Lensing, die den jungen Friedrich Hebbel am Leben erhielt, hat zweifellos einen ganz plebejischen Fingerhut benützt, während der Kaiser Franz Joseph seiner geliebten Katharina Schratt einen mit Diamanten belegten Fingerhut schenkte. In der seligen Zeit des Fingerhutes, als auch jene Märchen entstanden, in denen die kleinsten Zwerge in »Fingerhüten« hausen, und sich die Prinzessinnen, mangels eines solchen, in den Finger stechen, in dieser seligen Zeit also standen die hausfraulichen Tugenden hoch im Kurs, so daß sich mancher hartgesottene Junggeselle zur Ehe entschloß, weil er sich den ominösen Knopf nicht selber annähen und seine Socken nicht selber stopfen konnte. Heute greifen die Damen des Hauses nur noch selten zur Nadel; tun sie es aber doch, dann halten sie es nicht für notwendig, auf ihre lackierten Finger einen Hut zu setzen. In unserer blutigen Zeit kümmert sich niemand mehr um das Bluttröpfchen an der Spitze eines Nähfingers. Inmitten von so viel Leid und Weh ist man nicht mehr wehleidig.

IV.

Und so nehmen wir Abschied von dir, lieber Fingerhut, der du so wenig wiederkehren wirst wie die Beschaulichkeit ohne das Beschauen der Fernsehkiste, das Vorlesen von Gedichten am Kamin, die Fingerübungen am Klavier und das Kuchenbacken für die lieben Gäste. Der Fortschritt gleicht der Rolltreppe, die unter unseren Füßen immer neue Treppen aufrollt. Und den wir nur verlassen können, wenn es anderen paßt ...

St. Galler Tagblatt, Januar 1963

Das Jahrhundert der Bequemlichkeit

I.

Wenn man das zwanzigste Jahrhundert das Jahrhundert des Fortschritts zu nennen liebt, so wirft sich die Frage auf, was man als Fortschritt bezeichnet. Das neunzehnte Jahrhundert kann sich nicht rühmen, Fernsehapparate, Düsenflugzeuge und Atombomben in den Dienst der Menschheit gestellt zu haben; dafür wurden im neunzehnten Jahrhundert gut zwei Dutzend Erfindungen gemacht, die zur Schönheit und Bequemlichkeit des Lebens bis heute nicht unerheblich beitragen. Am sechsten März 1864 rollte der erste Schlafwagen, rollte im gleichen Monat der erste Speisewagen über die Geleise Amerikas.

II.

Es ist im zwanzigsten Jahrhundert nicht so Vornehmes erfunden worden wie der Schlafwagen, den der amerikanische Industrielle George Mortimer Pullman bauen ließ. Es gibt zwar immer noch Leute, die behaupten, im Schlafwagen nicht schlafen zu können, aber diese verwechseln ihre eigene Erregung oder die Länge ihrer Beine mit den Untugenden der Institution. Schon das Einsteigen in den Schlafwagen – der Empfang durch den uniformierten Wagonwirt, die magische Formel, mit der er ein Bettlein-deck-dich aus der Wand zaubert, die Abgeschlossenheit einer noblen Gefängniszelle, aus der man jederzeit hinausspazieren kann, die aber niemand ungerufen betreten darf – das allein ist schon der Inbegriff des Luxus. Dazu kommt, daß in einem Zeitalter, in dem man für so dumm verkauft wird, daß man das Paradoxe des Begriffes Selbstbedienung nicht mehr bemerkt, der Schlafwagen geradezu das Sinnbild köstlicher Nichtselbstbedienung darstellt. Während man das raffinierte Lämpchen über dem schneeweißen Bett anknipst und in die ungestörte Lektüre eines Kriminalromanes sich vertieft, während einen das Wiegenlied der Räder in Schlaf singt, wacht über den Reisenden sozusagen die ganze Eisenbahn, wachen Lokomotivführer, arbeiten Weichensteller, stempeln Grenzpolizisten; die Lichter kleiner und großer Stationen huschen vorbei, und wenn man am Morgen den Vorhang hochzieht, hat einen der fliegende Teppich teppichweich in fremde Gegenden befördert. Der Schlafwagen ist Fortschritt ohne Mitwirkung. Und wenn Sinclair Lewis in seinem Roman *Cass Timberlane* die Nachteile des Schlafwagens für Hochzeitsreisende schildert, so hat er die physischen Nachteile über die romantischen Vorzüge gesetzt.

III.

Nicht minder vornehm ist der Speisewagen, der vor genau hundert Jahren – für kurze Zeit allerdings nur in Form einer

Aufwärmeküche – zum ersten Mal über die Strecke Chikago – Alton rollte, und noch dazu versinnbildlicht er eine demokratische Noblesse, die sich beinahe jeder leisten kann. Daß die Menüs auf Rädern seit der Gründung der ersten Speisewagengesellschaft durch den belgischen Ingenieur Nagelmackers etwas dünn geworden sind – wer sollte gerade im Speisewagen nicht dünn werden wollen? Noch im Jahre 1897 mußte sich die *Compagnie Internationale des Wagons-Lits* der Schweizer Gotthardbahn gegenüber verpflichten, für jede Mahlzeit »Hors d'oeuvre, Suppe, Fisch, warmes Fleisch mit Gemüse, Extra-Gemüse, Wildbret, Geflügel, Salat, Entremets, Eis, Puddings, Käse und Früchte« zu liefern – es war drei Jahre vor dem neuen Jahrhundert, in dem die Mondfahrer statt eines schönen Beefsteaks häßliche Pillen mit sich führen. Die rollenden Menüs sind kärglicher geworden, aber der Charme des Speisewagens – mit Kellnern, die Balanceakte durchführen, mit folgenschweren Tischbekanntschaften, mit dem raren Gefühl vor allem, daß man stundenlang speisen kann, ohne Zeit zu verlieren –, der Charme des Speisewagens ist nicht verlorengegangen.

IV.

So feiern also die lieben Zwillingsbrüder ihren hundertsten Geburtstag, trotzige Erscheinungen des Luxus in einer Welt, die täglich etwas Neues erfindet, um das Leben teuer und unbequem zu gestalten. Sie werden immer wieder totgesagt, Speise- und Schlafwagen, aber allein die Schweizer Bundesbahn hat im vergangenen Jahr sechsunddreißig neue Wagen eingestellt – für Hundertjährige eine ganz hübsche Fruchtbarkeit. Es könnte sein, daß der Mensch am Ende doch lieber in einem bequemen Bett schläft, statt, mit dem Kopf nach unten, auf den Mond zu fliegen; daß es ihm lieber ist, bei einem Glas Bordeaux die vorbeifliegenden Felder zu betrachten, als, selbst fliegend, Kalorienpillen zu schlucken.

Rhein-Zeitung, März 1964

Frau Schornsteinfeger

I.

Aus jeder dieser drei Geschichten, auf die mein Blick bei der Zeitungslektüre fiel, ließe sich ein Roman schreiben. Ein heiterer, ein ernster, ein tragischer.

II.

Mit der heiteren will ich beginnen, und weil sie heiter ist, spielt sie in Wien. Dort wurde vor einiger Zeit die neunzehnjährige Hanni Ehrenstrasser zur Miß Austria gewählt. Das ging noch gut. Als man sie jedoch zur Miß-Europa-Wahl schicken wollte, gab es Krach. Hanni war nämlich verlobt, mit einem Schornsteinfeger. Der schwarze Mann wollte keine »Miß« zur Frau. So sind Schornsteinfeger, zumindest in Wien. Hanni fuhr dennoch zur Wahl. Schornsteinfeger bringen bekanntlich Glück, wenn sie noch so böse sind. Hanni Ehrenstrasser wurde zur Miß Europa gewählt. Aber was ist Europa? Die ganze Welt mußte es sein. Zur Miß-World-Wahl reiste Hanni nach London. Ihre Chancen standen gut. Da erreichte sie ein Telegramm aus Wien: »*Wenn du sofort heimkehrst, heirate ich dich. Peter.*« Hanni verstand die unausgesprochene Drohung des schwarzen Peter. Miß Europa konnte er zur Not noch verkraften, aber Miß Welt ...? Und so war die Repräsentantin der europäischen Schönheit eines Morgens aus ihrem Hotel verschwunden. Nächste Woche wurde sie Frau Schornsteinfeger. Das gibt es also auch heute noch. Ich war schon immer überzeugt, daß Schornsteinfeger Glück bringen.

III.

In London spielt die ernste Geschichte. Da sprach das Appellationsgericht die zwanzigjährige Delia Foy frei, nachdem ein

Gericht sie wegen Diebstahls zu neun Monaten verurteilt hatte. Drei Jahre lang hatte Delia ein Doppelleben geführt. Eine Universitätskarriere war der Traum von Delias Vater gewesen, einem armen Bauarbeiter. Als Delia bei der ersten Prüfung durchfiel, sagte sie ihren Eltern nichts. Jeden Morgen ging sie fort, die Aktentasche unter dem Arm. Von den Professoren erzählte sie zuhause, von den Studenten. In Wirklichkeit hatte sie die Hohe Schule nie wieder betreten. Sie nahm Privatunterricht. Privatunterricht ist teuer. Delia arbeitete. Als sie ein paar Wochen lang keine Arbeit fand, stahl sie zehn Pfund. Die trug sie zum Privatlehrer. Aber stehlen ist nicht leichter als studieren. Sie wurde ertappt. Und so wäre die mittlerweile erfolgreiche Studentin zu einer vorbestraften Diebin geworden. Aber der Richter fand: »Sie haben sich in ein Lügennetz verstrickt, das Sie zu ersticken drohte. Sie haben sich durch ihr Doppelleben mehr bestraft, als wir es vermöchten. Das Gericht ist sicher, daß Sie es nie wieder tun werden.« Delia hat es versprochen. Ich glaube ihr.

IV.

Eine kleine Ortschaft bei Lunéville in Frankreich ist der Schauplatz der tragischen Geschichte. Dort hat eine Mutter, Madame Blaise, ihre fünfzehnjährige Tochter Michèle sterbend aufgefunden. Ein fremder Mann sei in die Wohnung eingedrungen, berichtete die Sterbende im Ambulanzwagen. Er habe das Gewehr von der Wand gerissen und geschossen. Eine ganz genaue Personenbeschreibung des Mörders gab Michèle. Drei Tage lang durchforschte die Polizei die Gegend. Dann, am Grabe Michèles, gestand ihr Bruder die Tat. In geistiger Umnachtung hatte er sie begangen. Das sterbende Kind hatte bis zum letzten Atemzug gelogen – die Sterbende wollte den Lebenden retten.

Kein Priester konnte Michèle die Absolution erteilen. Der Absolution ist sie gewiß.

V.

Eine heitere, eine ernste, eine tragische Geschichte – in einer einzigen Woche. Sollte, wer weiß, der Mensch nicht doch liebenswert, der Liebe wert sein?

Rhein-Neckar-Zeitung, Oktober 1958

Der gute Mensch von San Franzisko

I.

Es war einmal. So beginnen die Märchen auch noch heute, denn es gibt auch heute noch Märchen. Und wenn sie nicht gestorben sind, so leben sie noch heute. Das ist der Unterschied. Wir werden es gleich sehen.

II.

Der amerikanische Marinekapitän Jesse L. Kenworthy hatte während des ganzen Krieges im Stillen Ozean gekämpft. Er war dreiundfünfzig, als der Krieg zu Ende ging, und er hatte genug gesehen. Er blieb in Japan. Er betrieb Handel zwischen Japan und den Philippinen, aber er betrat kein Schiff mehr. Er verlegte sich aufs Geldverdienen. Fleißig arbeitete er dreizehn Jahre. Nun war er sechsundsechzig und hatte ein kleines Vermögen erspart. Er wollte nach Hause, nach Pennsylvania. In San Franzisko, der schönen Hafenstadt, die man einst Frisko nannte, machte er halt. Und dann begann die Katastrophe.

III.

In einem Taxi fing Jesse L. Kenworthy ein Gespräch mit dem Taxichauffeur an. Nur schlechte Menschen meiden Gespräche mit Friseuren und Taxichauffeuren. Der Kapitän war kein schlechter Mensch. Was er denn im Leben am meisten möchte, fragte Kenworthy den Taxichauffeur. Es war sein Hobby. Er fragte das alle Leute. Er möchte sein Taxi besitzen, sagte der Taxichauffeur. Als er ausstieg, bezahlte Kenworthy den Fahrlohn. Außerdem stellte er einen Scheck auf fünftausend Dollar aus. »Kaufen Sie sich das Auto«, sagte er. »*Good luck.*« Der Taxichauffeur, Bruno Del Carlo, einunddreißig Jahre alt, ging zur Bank. Er nahm sie nicht ernst, die Sache mit dem Scheck. Aber die Sache war ernst. Der Scheck wurde ohne weiteres eingelöst. Und alles wäre in Ordnung gewesen, wenn nicht . . .

IV.

Wenn sich nicht etwas Einzigartiges ereignet hätte. Ein guter Mensch war einem guten Menschen begegnet. Ich kann einem armen Narren doch nicht fünftausend Dollar abnehmen, dachte Bruno Del Carlo. Er ging zur Polizei. Die stöberte den Kapitän auf. Er wohnte bescheiden in einem bescheidenen Hotel. »Es war nett von Bruno, daß er mir seinen Lebenstraum anvertraute«, sagte er. »Das ist doch wohl fünftausend Dollar wert.« Die Polizei war anderer Ansicht. Sie brachte Kapitän Jesse L. Kenworthy, *retired,* in die Irrenanstalt von San Franzisko. Nach mehreren Tagen erst konnte sich Kenworthy mit dem Marineministerium in Verbindung setzen. Die Geschichte wurde publik, doch das Marineministerium griff nicht ein. Erstens war Kenworthy a. D., und zweitens hatte die Polizei zweifellos recht. Nur ein Narr verschenkt fünftausend Dollar an einen unbekannten Taxichauffeur. Kapitän Jesse L. Kenworthy befindet sich immer noch dort, wo ein guter Mensch unserer Tage am besten aufgehoben ist. Und wenn er nicht stirbt, kommt er in die Gummizelle. So enden heute die Märchen.

V.

Ja, die Zeiten sind anders geworden, und man müßte die Märchen modernisieren. Unerkannt streifte der Kalif von Bagdad durch die Straßen. Wenn er einen Armen traf, gab er ihm ein Goldstück. Kurz darauf wurde der Kalif in die Psychiatrische Klinik eingeliefert und einer Schockbehandlung unterzogen. »Ich bin nicht Großmama, ich bin der Wolf«, sagte der Wolf. »Das freut mich, Herr Wolf«, sagte das Rotkäppchen und hüpfte ins Bett. »Spieglein, Spieglein an der Wand, wer ist die Schönste im ganzen Land?« fragte die böse Königin. Und als der Spiegel antwortete, Schneewittchen sei die Schönste im ganzen Land, da ging die Königin zu Helena Rubinstein und ließ sich ein neues Make-up machen. Auch das Sprichwörterbuch bedarf der Neubearbeitung. Wer anderen eine Grube gräbt, wird Bauunternehmer. Morgenstunde hat Managerkrankheit im Munde. Wohltun trägt Irrenhaus ein.

VI.

Lassen Sie es sich trotzdem nicht verdrießen, Captain Kenworthy! Bald werden Sie Gesellschaft bekommen. Bald können Sie mit dem Taxichauffeur Bruno Del Carlo Gummidomino spielen. Wer Geld verschenkt, ist ein Narr. Wer es nicht nimmt, ein noch größerer. Wir, Bewohner der irdischen Irrenanstalt mit 2 689 000 000 Insassen, grüßen Sie in der Isolierzelle von San Franzisko.

Gießener Anzeiger, Februar 1958